个人所得税政策与实务

Policy and Practice of Individual Income Tax

杜成文 主编

天津出版传媒集团

天津人民出版社

图书在版编目（CIP）数据

个人所得税政策与实务 / 杜成文主编. —天津：天津人民出版社，2019.9
ISBN 978-7-201-15135-9

Ⅰ. ①个… Ⅱ. ①杜… Ⅲ. ① 个人所得税 - 税收政策 - 中国 Ⅳ. ①F812.424

中国版本图书馆CIP数据核字(2019)第165598号

个人所得税政策与实务
POLICY AND PRACTICE OF INDIVIDUAL INCOME TAX

出　　版	天津人民出版社
出 版 人	刘　庆
地　　址	天津市和平区西康路35号康岳大厦
邮政编码	300051
邮购电话	022-23332469
网　　址	http://www.tjrmcbs.com
电子信箱	tjrmcbs@126.com

责任编辑	刘子伯
装帧设计	潍坊悦目堂广告设计有限公司

制版印刷	山东彩峰印刷股份有限公司
经　　销	全国新华书店

开　　本	889×1092mm　1/16
印　　章	19.125
字　　数	300千字
版次印次	2019年7月第1版　2019年7月第1次印刷
定　　价	88.00元

序　言

　　个人所得税是以个人（自然人）取得的各项应税所得为征税对象所征收的一种税。在改革开放前相当长的时期里，我国对个人所得不征税。1980 年以后，我国相继制定了个人所得税法、城乡个体工商业户所得税暂行条例及个人收入调节税暂行条例。1993 年10 月，在对原三部个人所得税的法律、法规进行修改、合并的基础上，第八届全国人大常委会第四次会议通过并发布修正后的个人所得税法，国务院配套发布个人所得税法实施条例。全国人大常委会相继于 1999 年 8 月、2005 年 10 月、2007 年 6 月和 12 月、2011 年 6 月对个税法进行五次修正，个税免征额从每月 800 月逐步提高到每月 3500 元。2018 年 8 月 31 日，第十三届全国人大常委会第五次会议通过了新修改的《中华人民共和国个人所得税法》，国家主席习近平签署第九号主席令公布，自 2019 年 1 月 1 日起施行。2018 年 12 月 18 日中华人民共和国国务院令第 707 号，对 1994 年指定的《个人所得税法实施条例》进行第四次修订，并配套发布了《个人所得税专项附加扣除暂行办法》（国发〔2018〕41 号）。

　　这次个人所得税改革，是党中央、国务院在中国特色社会主义进入新时代的背景下，着眼优化税收制度、促进国家治理体系和治理能力现代化，作出的重大决策，党中央、国务院高度重视，全社会广泛关注，纳税人热切期盼。本次个税改革，可以说是一次重要的里程碑式的改革，既实现了个人所得税制模式的重大转换，更带来自然人税收征管服务方式的全面变革。既是一场惠及千家万户的重大税制改革，也是征管方式的重大变革，改革的力度和范围之大前所未有，对税务部门的征管、服务和信息化水平以及纳税人申报和扣缴义务人扣缴都提出了严峻挑战。为了确保培训辅导正确、全面，让广大纳税人不折不扣享受个税改革红利，山东省税务干部学校组织部分专兼职教师编写了《个人所得税政策与实务》一书，本书共分九章，第一章第一节由孙长浦编写，第二节由韩晓露编写，第二章由李逢春编写，第三章由黄世波编写，第四章由罗清平编写，第五章由高建华编写，第六章由刘霞、于金玲编写，第七章由孙法国编写，第八章由许明编写，第九章由于克江编写。由于我国个人所得税正处于改革阶段，新旧政策尚需衔接过渡，加之受作者水平限制，书中不妥之处敬请读者谅解。本书仅供学习使用，实际执行过程中应以国家税法规定为准。

山东省税务干部学校教材编委会

二〇一九年五月

山东省税务干部学校教材编审委员会

主　任：张焕昌
副主任：杜成文　张　冰　王春红
成　员：刘学波　张　波　迟向阳　王　婷　杜春法　李逢春

目　录

第一章
个人所得税概述

第一节 个人所得税简介

一、我国个人所得税的产生

个人所得税是以个人（自然人）取得的各项应税所得为征税对象征收的一种税。个人所得税起源于英国，英国最早从1799年开始试行差别税率征收个人所得税，到了1874年才成为英国一个固定的税种，至今已有200多年的历史。目前，个人所得税已成为世界上大多数国家的主要税种之一，也是美英等国的第一大税种。

我国在"中华民国"时期，曾开征薪给报酬所得税、证券存款利息所得税。新中国成立后，1950年7月政务院公布的《全国税政实施要则》中，就曾列举有对个人所得课税的税种，主要是薪给报酬所得税和存款利息所得税，当时定名为"薪给报酬所得税"。但由于当时我国生产力和人均收入水平低，实行低工资制，虽然设立了这一税种，却一直没有开征。党的十一届三中全会以后，随着改革开放政策的贯彻实施，我国对外贸易、对外经济交往、对外文化技术交流与合作的不断扩大，外籍人员到中国工作、提供劳务并取得各种收入的情况日益增多，为了维护我国税收权益，遵循国际惯例，需相应制定对个人所得征税的法律和法规。为此，1980年9月10日第五届全国人民代表大会第三次会议审议通过了《中华人民共和国个人所得税法》，并同时公布实施。同年12月14日，经国务院批准，财政部公布了《中华人民共和国个人所得税法施行细则》。从此，我国的个人所得税制度开始建立。

二、我国个人所得税的立法进程与改革

为了有效调节不同社会成员间收入水平的差距，国务院于1986年分别发布了《城乡个体工商户所得税暂行条例》和《个人收入调节税暂行条例》，与《中华人民共和国个人所得税法》形成我国个人所得课税三足鼎立的局面。为更好地适应建立社会主义市场经济体制的要求，建立一部统一的既适应中、外籍纳税人，也适应于个体工商户和其他人员的新的个人所得税法，1993年10月31日第八届全国人民代表大会常务委员会第四次会议通过了《关于修改〈中华人民共和国个人所得税法〉的决定》，对个人所得税法进行了修订，将原来的个人所得税、个人收入调节税和城乡个体工商业户所得税三个个人所得课税的法律、法规进行修改和合并。1994年1月28日国务院第142号令发布《中华人民共和国个人所得税法实施条例》。我国1980年9月10日第五届全国人民代表大会第三次会议通过根据1993年10月31日第八届全国人民代表大会常务委员会第四次会议《关于修改〈中华人民共和国个人所得税法〉的决定》第一次修正为了鼓励消费，启动内需，刺激经济增长，1999年8月30日第九届全国人民代表大会常务委员会第十一次会议通过了第二次

修正的《中华人民共和国个人所得税法》，对个人取得的储蓄存款利息所得开征个人所得税，税率为 20%。根据 1999 年 8 月 30 日第九届全国人民代表大会常务委员会第十一次会议《关于修改〈中华人民共和国个人所得税法〉的决定》作了第二次修正。随着居民生活水平的不断提高，原有的费用扣除标准已经不能适应新形势的要求，2005 年 10 月第十届全国人民代表大会常务委员会第十八次会议通过《关于修改〈中华人民共和国个人所得税法〉的决定》，将费用扣除标准自 800 元提升至 1,600 元（自 2006 年 1 月 1 日起执行）。根据 2005 年 10 月 27 日第十届全国人民代表大会常务委员会第十八次会议《关于修改〈中华人民共和国个人所得税法〉的决定》进行第三次修正。随着我国物价水平的上涨，2005 年制定的费用扣除标准已经难以跟上当时的物价水平，2007 年 12 月第十届全国人民代表大会常务委员会第三十一次会议通过《关于修改〈中华人民共和国个人所得税法〉的决定》，将费用扣除标准自 1,600 元提升至 2,000 元（自 2008 年 3 月 1 日起执行）。根据 2007 年 6 月 29 日第十届全国人民代表大会常务委员会第二十八次会议《关于修改〈中华人民共和国个人所得税法〉的决定》进行第四次修正。根据 2007 年 12 月 29 日第十届全国人民代表大会常务委员会第三十一次会议《关于修改〈中华人民共和国个人所得税法〉的决定》作第五次修正 为进一步降低中低收入者税收负担，强化税收对收入分配的调节作用，2011 年 6 月 30 日，第十一届全国人大常委会第二十一次会议通过《关于修改 < 中华人民共和国个人所得税法 > 的决定》，对减除费用标准、税率表、申报时间等方面都进行了调整，使个人所得税法向着"提低、扩中、调高"的改革目标进一步完善（自 2011 年 9 月 1 日起执行）。根据 2011 年 6 月 30 日第十一届全国人民代表大会常务委员会第二十一次会议《关于修改〈中华人民共和国个人所得税法〉的决定》进行第六次修正。根据 2018 年 8 月 31 日第十三届全国人民代表大会常务委员会第五次会议《关于修改〈中华人民共和国个人所得税法〉的决定》作第七次修正。

三、我国个人所得税的特点

目前，我国个人所得税主要有以下特点：

（一）分类课征制和综合课征制相结合

世界各国的个人所得税制大体可分为三种类型：分类所得税制、综合所得税制和混合所得税制。这三种税制各有所长，各国可根据本国具体情况选择、运用。我国原个人所得税采用的是分类所得税制，即将个人取得的各种所得划分为 11 类，分别适用不同的费用减除规定、不同的税率和不同的计税方法。这次改革，我国将个人所得税根据各类个人所得的不同性质和特点。将这两种形式的税率综合运用于个人所得税制。其中，对工资、薪金所得，劳务报酬所得，稿酬所得，特许权使用费所得也一同纳入综合征税范围，适用统一的超额累进税率。对经营所得，利息、股息、红利所得，财产租赁所得，财产转让所得，偶然所得以及其他所得，仍采用分类征税方式，按照规定分别计算个人所得税。

（二）费用扣除额较宽

各国的个人所得税均有费用扣除的规定，只是扣除的方法及额度不尽相同。我国从本国实际情况出发，本着费用扣除从宽、从简的原则。采用费用定额扣除和定率扣除两种方法。对工资薪金所得、劳务报酬所得、稿酬所得、特许权使用费所得综合所得的基本减除费用标准提高到 5000 元 / 月（6 万元 / 年）。

另外，增加六项专项附加扣除项目，进一步提高扣除额。在此次个人所得税改革之前，居民的税前扣除项目有限，因此，扣除额的提高成为减轻居民税收负担的主要手段。本次改革将子女教育支出、继续教育支出、大病医疗支出、养老支出、房屋贷款利息支出以及房屋租赁支出等六项专项支出允许在个人所得税中进行税前扣除。这些专项附加扣除项目都是与民众生活密切相关的必要支出，考虑了纳税人个人负担的差异性，也真正体现了个人所得税对可支配收入课税的目标，更符合个人所得税基本原理，有利于税收公平。

（三）采取源泉扣缴制与自行申报制两种征纳模式

我国个人所得税的征管采取支付单位源泉扣缴制和纳税人自行申报制两种征纳模式，对可以由支付单位实行源泉扣缴的应税所得，由扣缴义务人实行代扣代缴。对于没有扣缴义务人的，以及个人在两处以上取得工资、薪金所得的，由纳税人自行申报纳税。此外，对其他不便于扣缴税款的，亦规定由纳税人自行申报纳税。也就是说，我国对个人所得税采取的是代扣代缴为主，自行申报纳税为辅的征纳模式。

四、个人所得税的作用

个人所得税的作用是由税收的本质所决定，是税收作为一个经济范畴所具有的内在功能的具体表现。税收的功能具有内在性、客观性和稳定性特征。个人所得税具有组织财政收入、收入再分配、调节经济的作用。

（一）组织财政收入

个人所得税以个人所获取的各项所得为课税对象，只要有所得就可以课税，税基广阔，因此个人所得税便成为政府税收收入的重要组成部分，是财政收入的重要来源。

（二）收入再分配

市场经济是有效的资源配置方式，但由于在分配上是按照要素的质量和多少进行分配，往往会造成收入分配的巨大差距，从而影响社会的协调和稳定，进而损害效率。个人所得税是调节收入分配，促进公平的重要工具。个人所得税调节收入分配主要是通过累进税率进行的，在累进税率下随着个人收入的增加，个人所得税适用的边际税率不断提高，从而低收入者适用较低的税率征税，而对高收入者则按较高的税率征税。这有利于改变个人收入分配结构，缩小高收入者和低收入者之间的收入差距，从而有效地促进社会公平和稳定。

（三）调节经济

一方面，个人所得税对个人的劳动与闲暇、储蓄与投资、消费等的选择都会产生较大的影响。另一方面，个人所得税又具有稳定经济的作用：既具有自动稳定功能或"内在稳定器"功能，个人所得税可以不经过税率的调整，即可与经济运行自行配合，并借这种作用对经济进行调节；又能相机选择调节政策，在经济萧条或高涨时，采取与经济风向相逆的税收政策，对个人所得税的税率、扣除、优惠等进行调整，实行减税或增税的政策，从而使经济走出萧条或平抑经济的过度繁荣，保持经济的稳定。

第二节 个人所得税法基本税制要素

主要政策依据：

《中华人民共和国个人所得税法》（以下简称《个人所得税法》）（2018 年修正，主席令第 9 号）

《中华人民共和国个人所得税法实施条例》（以下简称《个人所得税法实施条例》）（国务院令第 707 号）

一、纳税人和扣缴义务人

（一）纳税人

	居民个人	非居民个人
认定标准	1. 中国境内有住所。 2. 中国境内无住所而一个纳税年度内在中国境内居住累计满 183 天。	1. 中国境内无住所又不居住。 2. 中国境内无住所而一个纳税年度内在中国境内居住累计不满 183 天。
概念解释	1. 在中国境内有住所，是指因户籍、家庭、经济利益关系而在中国境内习惯性居住；所称从中国境内和境外取得的所得，分别是指来源于中国境内的所得和来源于中国境外的所得。 2. 无住所个人一个纳税年度内在中国境内累计居住天数，按照个人在中国境内累计停留的天数计算。在中国境内停留的当天满 24 小时的，计入中国境内居住天数，在中国境内停留的当天不足 24 小时的，不计入中国境内居住天数。（财政部 税务总局公告 2019 年第 34 号第二条） 3. 纳税年度，自公历一月一日起至十二月三十一日止。	

【问题 1–1】为什么将居民个人居住时间标准由 1 年改为 183 天？

解答：一是与国际惯例相接轨。据对 OECD 国家、金砖国家和周边主要国家等 42 个国家统计，有 36 个国家（占 86%）的居住时间标准为 183 天或者 183 天以下；

二是与税收协定相互衔接。截至 2018 年 7 月底，我国已与 107 个国家（地区）签订了税收协定，标准是 183 天；

三是简化和规范税收规则。从维护我国税收管辖权和税基安全出发，参照国际通行时间判定标准，有效防范"定期离境"恶意规避居民纳税人身份行为的发生。

【例 1-1】李先生为香港居民，在深圳工作，每周一早上来深圳上班，周五晚上回香港。假如全年按 52 周计算，请问李先生是否构成居民个人？

解析：周一和周五当天停留都不足 24 小时，因此，不计入境内居住天数，再加上周六、周日 2 天也不计入，这样，每周可计入居住天数仅为 3 天。按全年 52 周计算，李先生全年在境内居住天数为 156 天，未超过 183 天，不构成居民个人。

（二）扣缴义务人

个人所得税以所得人为纳税人，以支付所得的单位或者个人为扣缴义务人。扣缴义务人向个人支付应税款项时，应当依照个人所得税法规定预扣或者代扣税款，按时缴款，并专项记载备查。支付，包括现金支付、汇拨支付、转账支付和以有价证券、实物以及其他形式的支付。

【问题 1-2】纳税人办理个人所得税涉税业务时，向扣缴义务人提供的纳税人识别号是什么？

关于自然人纳税人识别号相关政策，由《国家税务总局关于自然人纳税人识别号有关事项的公告》（国家税务总局公告 2018 年第 59 号）具体规定。根据规定，自然人纳税人识别号，是自然人纳税人办理各类涉税事项的唯一代码标识。有中国公民身份号码的，以其中国公民身份号码作为纳税人识别号；没有中国公民身份号码的，由税务机关赋予其纳税人识别号。纳税人首次办理涉税事项时，应当向税务机关或者扣缴义务人出示有效身份证件，并报送相关基础信息。税务机关应当在赋予自然人纳税人识别号后告知或者通过扣缴义务人告知纳税人其纳税人识别号，并为自然人纳税人查询本人纳税人识别号提供便利。自然人纳税人办理纳税申报、税款缴纳、申请退税、开具完税凭证、纳税查询等涉税事项时应当向税务机关或扣缴义务人提供纳税人识别号。

二、征税范围

（一）个人所得项目

《个人所得税法》第二条（中华人民共和国主席令第 9 号）	《个人所得税法实施条例》第六条（中华人民共和国国务院令第 707 号）	《个人所得税法》第二条（中华人民共和国主席令第 9 号）
（一）工资、薪金所得	个人因任职或者受雇取得的工资、薪金、奖金、年终加薪、劳动分红、津贴、补贴以及与任职或者受雇有关的其他所得。	居民个人取得第一项至第四项所得，称为综合所得，按纳税年度合并计算个人所得税；非居民个人取得第一项至第四项所得，按月或者按次分项计算个人所得税。
（二）劳务报酬所得	个人从事劳务取得的所得，包括从事设计、装潢、安装、制图、化验、测试、医疗、法律、会计、咨询、讲学、翻译、审稿、书画、雕刻、影视、录音、录像、演出、表演、广告、展览、技术服务、介绍服务、经纪服务、代办服务以及其他劳务取得的所得。	

（三）稿酬所得	个人因其作品以图书、报刊等形式出版、发表而取得的所得。	
（四）特许权使用费所得	个人提供专利权、商标权、著作权、非专利技术以及其他特许权的使用权取得的所得；提供著作权的使用权取得的所得，不包括稿酬所得。	
（五）经营所得	1. 个体工商户从事生产、经营活动取得的所得，个人独资企业投资人、合伙企业的个人合伙人来源于境内注册的个人独资企业、合伙企业生产、经营的所得； 2. 个人依法从事办学、医疗、咨询以及其他有偿服务活动取得的所得； 3. 个人对企业、事业单位承包经营、承租经营以及转包、转租取得的所得； 4. 个人从事其他生产、经营活动取得的所得。	居民纳税人和非居民纳税人取得第五项至第九项所得，均分别计算个人所得税。
（六）利息、股息、红利所得	个人拥有债权、股权等而取得的利息、股息、红利所得。	
（七）财产租赁所得	个人出租不动产、机器设备、车船以及其他财产取得的所得。	
（八）财产转让所得	个人转让有价证券、股权、合伙企业中的财产份额、不动产、机器设备、车船以及其他财产取得的所得。	
（九）偶然所得	个人得奖、中奖、中彩以及其他偶然性质的所得。	
个人取得的所得，难以界定应纳税所得项目的，由国务院税务主管部门确定。（《个人所得税法实施条例》第六条）		

【问题1-3】如何区分工资、薪金所得与劳务报酬所得？

解答：工资、薪金所得属于非独立个人劳动，即在机关、团体、学校、部队、企事业单位及其他组织中任职、受雇而得到的报酬；劳务报酬所得则是个人独立从事各种技艺、提供各项劳务取得的报酬。二者的区别主要在于前者存在雇佣与被雇佣的关系，后者不存在这种关系。

【问题1-4】如何区分稿酬所得与劳务报酬所得？

解答：稿酬所得，是个人因其作品以图书、报刊等形式出版、发表而取得的所得；劳务报酬所得则是个人独立从事各种技艺、提供各项劳务取得的报酬。二者的区别主要在于作品是否出版发行：如果得以出版、发行，为稿酬所得；否则，为劳务报酬所得。

（二）个人所得形式

个人所得的形式，包括现金、实物、有价证券和其他形式的经济利益；所得为实物的，应当按照取得的凭证上所注明的价格计算应纳税所得额，无凭证的实物或者凭证上所注明的价格明显偏低的，参照市场价格核定应纳税所得额；所得为有价证券的，根据票面价格和市场价格核定应纳税所得额；所得为其他形式的经济利益的，参照市场价格核定应纳税所得额。

（三）个人所得来源地范围

	居民个人	非居民个人
地域范围	从中国境内及境外取得的所得。	从中国境内取得的所得。
税收优惠	在中国境内无住所的个人，在中国境内居住累计满183天的年度连续不满六年的，经向主管税务机关备案，其来源于中国境外且由境外单位或者个人支付的所得，免予缴纳个人所得税； 在中国境内居住累计满183天的任一年度中有一次离境超过30天的，其在中国境内居住累计满183天的年度的连续年限重新起算。	在一个纳税年度内在中国境内居住累计不超过90天的，其来源于中国境内的所得，由境外雇主支付并且不由该雇主在中国境内的机构、场所负担的部分，免予缴纳个人所得税。

（四）个人所得来源地界定

《个人所得税法实施条例》 （中华人民共和国国务院令第707号）

第二条 个人所得税法所称在中国境内有住所，是指因户籍、家庭、经济利益关系而在中国境内习惯性居住；所称从中国境内和境外取得的所得，分别是指来源于中国境内的所得和来源于中国境外的所得。	第三条 除国务院财政、税务主管部门另有规定外，下列所得，不论支付地点是否在中国境内，均为来源于中国境内的所得： （一）因任职、受雇、履约等在中国境内提供劳务取得的所得； （二）将财产出租给承租人在中国境内使用而取得的所得； （三）许可各种特许权在中国境内使用而取得的所得； （四）转让中国境内的不动产等财产或者在中国境内转让其他财产取得的所得； （五）从中国境内企业、事业单位、其他组织以及居民个人取得的利息、股息、红利所得。

三、税率

所得项目	居民个人	非居民个人
（一）工资、薪金所得	综合所得，适用3%-45%的超额累进税率，见《个人所得税税率表（一）》。	各项适用3%-45%的超额累进税率，见《个人所得税税率表（二）》。
（二）劳务报酬所得		
（三）稿酬所得		
（四）特许权使用费所得		
（五）经营所得	适用5%-35%的超额累进税率，见《个人所得税税率表（三）》。	
（六）利息、股息、红利所得	适用20%的比例税率。	
（七）财产租赁所得		
（八）财产转让所得		
（九）偶然所得		

个人所得税税率表（一）

（居民个人综合所得适用）

级数	全年应纳税所得额	税率（%）	速算扣除数
1	不超过 36000 元的部分	3	0
2	超过 36000 元至 144000 元的部分	10	2520
3	超过 144000 元至 300000 元的部分	20	16920
4	超过 300000 元至 420000 元的部分	25	31920
5	超过 420000 元至 660000 元的部分	30	52920
6	超过 660000 元至 960000 元的部分	35	85920
7	超过 960000 元的部分	45	181920

个人所得税税率表（二）

（非居民个人工资、薪金所得，劳务报酬所得，稿酬所得，特许权使用费所得适用）

级数	应纳税所得额	税率（%）	速算扣除数
1	不超过 3000 元的部分	3	0
2	超过 3000 元至 12000 元的部分	10	210
3	超过 12000 元至 25000 元的部分	20	1410
4	超过 25000 元至 35000 元的部分	25	2660
5	超过 35000 元至 55000 元的部分	30	4410
6	超过 55000 元至 80000 元的部分	35	7160
7	超过 80000 元的部分	45	15160

个人所得税税率表（三）

（经营所得适用）

级数	全年应纳税所得额	税率（%）	速算扣除数
1	不超过 30000 元的部分	5	0
2	超过 30000 元至 90000 元的部分	10	1500
3	超过 90000 元至 300000 元的部分	20	10500
4	超过 300000 元至 500000 元的部分	30	40500
5	超过 500000 元的部分	35	65500

四、计税依据

（一）应纳税所得额计算

所得项目	计税依据，即应纳税所得额	
	居民个人	非居民个人
（一）工资、薪金所得	纳税年度收入额 −60000− 专项扣除 − 专项附加扣除 − 依法确定的其他扣除	每月收入额 −5000
（二）劳务报酬所得		每次收入额 = 收入 ×（1−20%）
（三）稿酬所得		每次收入额 = 收入 ×（1−20%），减按 70% 计算
（四）特许权使用费所得		每次收入额 = 收入 ×（1−20%）
（五）经营所得	纳税年度收入总额 − 成本 − 费用 − 损失	
（六）利息、股息、红利所得	每次收入额	
（七）财产租赁所得	每次收入 −800（每次收入不超过 4000 元）	
	每次收入 ×（1−20%）（每次收入超过 4000 元）	
（八）财产转让所得	每次收入额 − 财产原值 − 合理费用	
（九）偶然所得	每次收入额	

【问题1-5】专项扣除、专项附加扣除和依法确定的其他扣除分别指什么？

解答：根据《个人所得税法》第六条规定，专项扣除，包括居民个人按照国家规定的范围和标准缴纳的基本养老保险、基本医疗保险、失业保险等社会保险费和住房公积金等；专项附加扣除，包括子女教育、继续教育、大病医疗、住房贷款利息或者住房租金、赡养老人等支出。

根据《个人所得税法实施条例》第十三条规定，依法确定的其他扣除，包括个人缴付符合国家规定的企业年金、职业年金，个人购买符合国家规定的商业健康保险、税收递延型商业养老保险的支出，以及国务院规定可以扣除的其他项目。专项扣除、专项附加扣除和依法确定的其他扣除，以居民个人一个纳税年度的应纳税所得额为限额；一个纳税年度扣除不完的，不结转以后年度扣除。

【问题1-6】捐赠支出是否可以从应纳税所得额中扣减？

解答：根据《个人所得税法》第六条规定，个人将其所得对教育、扶贫、济困等公益慈善事业进行捐赠，捐赠额未超过纳税人申报的应纳税所得额百分之三十的部分，可以从其应纳税所得额中扣除；国务院规定对公益慈善事业捐赠实行全额税前扣除的，从其规定。

【问题1-7】应纳税所得额计算中每次如何确定？

解答：根据《个人所得税法实施条例》第十四条规定，应纳税所得额计算中每次，分别按下列方法确定：

（1）劳务报酬所得、稿酬所得、特许权使用费所得，属于一次性收入的，以取得该项收入为一次；属于同一项目连续性收入的，以一个月内取得的收入为一次。

（2）财产租赁所得，以一个月内取得的收入为一次。

（3）利息、股息、红利所得，以支付利息、股息、红利时取得的收入为一次。

（4）偶然所得，以每次取得该项收入为一次。

（二）境外所得抵免

《个人所得税法》 （中华人民共和国主席令第9号）
第八条　有下列情形之一的，税务机关有权按照合理方法进行纳税调整： （一）个人与其关联方之间的业务往来不符合独立交易原则而减少本人或者其关联方应纳税额，且无正当理由； （二）居民个人控制的，或者居民个人和居民企业共同控制的设立在实际税负明显偏低的国家（地区）的企业，无合理经营需要，对应当归属于居民个人的利润不作分配或者减少分配； （三）个人实施其他不具有合理商业目的的安排而获取不当税收利益。 税务机关依照前款规定作出纳税调整，需要补征税款的，应当补征税款，并依法加收利息。

五、征收管理

所得项目	计税依据，即应纳税所得额	
	居民个人	非居民个人

（一）工资、薪金所得	居民个人取得综合所得，按年计算个人所得税；需要办理汇算清缴的，应当在取得所得的次年三月一日至六月三十日内办理汇算清缴。	非居民个人取得工资、薪金所得，劳务报酬所得，稿酬所得和特许权使用费所得，有扣缴义务人的，由扣缴义务人按月或者按次代扣代缴税款，不办理汇算清缴。
（二）劳务报酬所得		
（三）稿酬所得		
（四）特许权使用费所得		
（五）经营所得	纳税人取得经营所得，按年计算个人所得税，由纳税人在月度或者季度终了后十五日内向税务机关报送纳税申报表，并预缴税款；在取得所得的次年三月三十一日前办理汇算清缴。	
（六）利息、股息、红利所得	纳税人取得利息、股息、红利所得，财产租赁所得，财产转让所得和偶然所得，按月或者按次计算个人所得税，有扣缴义务人的，由扣缴义务人按月或者按次代扣代缴税款。	
（七）财产租赁所得		
（八）财产转让所得		
（九）偶然所得		

【问题1-8】专项附加扣是否可以在扣缴税款时扣除？

解答：根据《个人所得税法实施条例》第二十八条规定，居民个人取得工资、薪金所得时，可以向扣缴义务人提供专项附加扣除有关信息，由扣缴义务人扣缴税款时减除专项附加扣除。纳税人同时从两处以上取得工资、薪金所得，并由扣缴义务人减除专项附加扣除的，对同一专项附加扣除项目，在一个纳税年度内只能选择从一处取得的所得中减除。居民个人取得劳务报酬所得、稿酬所得、特许权使用费所得，应当在汇算清缴时向税务机关提供有关信息，减除专项附加扣除。

（一）扣缴规定

《个人所得税法》 （中华人民共和国主席令第9号）	《个人所得税法实施条例》 （中华人民共和国国务院令第707号）
	第二十六条　个人所得税法第十条第二款所称全员全额扣缴申报，是指扣缴义务人在代扣税款的次月十五日内，向主管税务机关报送

第十条 扣缴义务人应当按照国家规定办理全员全额扣缴申报，并向纳税人提供其个人所得和已扣缴税款等信息。

第十四条 扣缴义务人每月或者每次预扣、代扣的税款，应当在次月十五日内缴入国库，并向税务机关报送扣缴个人所得税申报表。

纳税人办理汇算清缴退税或者扣缴义务人为纳税人办理汇算清缴退税的，税务机关审核后，按照国库管理的有关规定办理退税。

第十七条 对扣缴义务人按照所扣缴的税款，付给百分之二的手续费。

其支付所得的所有个人的有关信息、支付所得数额、扣除事项和数额、扣缴税款的具体数额和总额以及其他相关涉税信息资料。

第三十条 扣缴义务人应当按照纳税人提供的信息计算办理扣缴申报，不得擅自更改纳税人提供的信息。

纳税人发现扣缴义务人提供或者扣缴申报的个人信息、所得、扣缴税款等与实际情况不符的，有权要求扣缴义务人修改。扣缴义务人拒绝修改的，纳税人应当报告税务机关，税务机关应当及时处理。

纳税人、扣缴义务人应当按照规定保存与专项附加扣除相关的资料。税务机关可以对纳税人提供的专项附加扣除信息进行抽查，具体办法由国务院税务主管部门另行规定。税务机关发现纳税人提供虚假信息的，应当责令改正并通知扣缴义务人；情节严重的，有关部门应当依法予以处理，纳入信用信息系统并实施联合惩戒。

第三十一条 纳税人申请退税时提供的汇算清缴信息有错误的，税务机关应当告知其更正；纳税人更正的，税务机关应当及时办理退税。

扣缴义务人未将扣缴的税款解缴入库的，不影响纳税人按照规定申请退税，税务机关应当凭纳税人提供的有关资料办理退税。

（二）自行申报

自行申报情形	纳税期限
（一）取得综合所得需要办理汇算清缴	需要办理汇算清缴的，应当在取得所得的次年三月一日至六月三十日内办理汇算清缴，纳税人可以委托扣缴义务人或者其他单位和个人办理汇算清缴。 取得综合所得需要办理汇算清缴的情形包括： 1. 从两处以上取得综合所得，且综合所得年收入额减除专项扣除的余额超过6万元；

	2. 取得劳务报酬所得、稿酬所得、特许权使用费所得中一项或者多项所得，且综合所得年收入额减除专项扣除的余额超过 6 万元； 3. 纳税年度内预缴税额低于应纳税额； 4. 纳税人申请退税。纳税人申请退税，应当提供其在中国境内开设的银行账户，并在汇算清缴地就地办理税款退库。
（二）取得应税所得没有扣缴义务人	纳税人取得应税所得没有扣缴义务人的，应当在取得所得的次月十五日内向税务机关报送纳税申报表，并缴纳税款。
（三）取得应税所得，扣缴义务人未扣缴税款	纳税人取得应税所得，扣缴义务人未扣缴税款的，纳税人应当在取得所得的次年六月三十日前，缴纳税款；税务机关通知限期缴纳的，纳税人应当按照期限缴纳税款。
（四）取得境外所得	居民个人从中国境外取得所得的，应当在取得所得的次年三月一日至六月三十日内申报纳税。
（五）因移居境外注销中国户籍	纳税人因移居境外注销中国户籍的，应当在注销中国户籍前办理税款清算。
（六）非居民个人在中国境内从两处以上取得工资、薪金所得	非居民个人在中国境内从两处以上取得工资、薪金所得的，应当在取得所得的次月十五日内申报纳税。
（七）国务院规定的其他情形	

练习与解析

一、单项选择题

1. 我国个人所得税法划分居民和非居民纳税人的标准是（　　）。

A. 习惯性住所标准
B. 时间标准
C. 永久性住所标准
D. 习惯性住所和时间标准

【答案】D

【答案解析】根据《个人所得税法》第一条规定，我国个人所得税法按住所和居住时间划分个人所得税纳税人，将其划分为居民纳税人和非居民纳税人，赋予不同的纳税义务。

2. 在中国境内无住所而一个纳税年度内在中国境内居住累计满（　　）的个人，为居民个人。

A. 90 天
B. 182 天
C. 183 天
D. 365 天

【答案】C

【答案解析】根据《个人所得税法》第一条规定，在中国境内无住所而一个纳税年度内在中国境内居住累计满一百八十三天的个人，为居民个人。

3. 非居民个人的工资、薪金所得，以每月收入额减除费用（　　）后的余额为应纳税所得额。

A. 3500
B. 5000
C. 60000
D. 90000

【答案】B

【答案解析】根据《个人所得税法》第六条规定，非居民个人的工资、薪金所得，以每月收入额减除费用五千元后的余额为应纳税所得额。

3. 综合所得在确认收入额时，下列说法错误的是（　　）。

A. 劳务报酬所得以收入减除 20% 的费用后的余额为收入额

B. 特许权使用费所得以收入减除 20% 的费用后的余额为收入额

C. 稿酬所得以收入减除 20% 的费用后的余额为收入额

D. 稿酬所得以收入的 56% 作为收入额

【答案】D

【答案解析】根据《个人所得税法》第六条规定，劳务报酬所得、稿酬所得、特许权使用费所得以收入减除 20% 的费用后的余额为收入额。稿酬所得的收入额减按 70% 计算。稿酬所得以收入的 56% 作为应纳税所得额。

4. 个人将其所得对教育、扶贫、济困等公益慈善事业进行捐赠，捐赠额未超过纳税人申报的（　　）的部分，可以从其应纳税所得额中扣除。

A. 应纳税所得额百分之十二

B.年度会计利润百分之十二

C.应纳税所得额百分之三十

D.年度会计利润百分之三十

【答案】C

【答案解析】根据《个人所得税法》第六条规定，个人将其所得对教育、扶贫、济困等公益慈善事业进行捐赠，捐赠额未超过纳税人申报的应纳税所得额百分之三十的部分，可以从其应纳税所得额中扣除；国务院规定对公益慈善事业捐赠实行全额税前扣除的，从其规定。

5.关于个人所得税的纳税人识别号，下列说法错误的是（　）。

A.纳税人有中国公民身份号码的，以中国公民身份号码为纳税人识别号

B.纳税人没有中国公民身份号码的，由税务机关赋予其纳税人识别号

C.扣缴义务人扣缴税款时，税务机关应当赋予其纳税人识别号

D.扣缴义务人扣缴税款时，纳税人应当向扣缴义务人提供纳税人识别号

【答案】C

【答案解析】根据《个人所得税法》第九条规定，纳税人有中国公民身份号码的，以中国公民身份号码为纳税人识别号；纳税人没有中国公民身份号码的，由税务机关赋予其纳税人识别号。扣缴义务人扣缴税款时，纳税人应当向扣缴义务人提供纳税人识别号。C选项，不应是税务机关"赋予"，而是纳税人"提供"。

7.个人所得税需要办理汇算清缴的，应当在取得所得的次年（　）内办理汇算清缴。

A.一月一日至三月三十一日

B.三月一日至六月三十日

C.一月一日至五月三十一日

D.三月一日至五月三十一日

【答案】B

【答案解析】根据《个人所得税法》第十一条规定，需要办理汇算清缴的，应当在取得所得的次年三月一日至六月三十日内办理汇算清缴。

8.个人所得税的预扣预缴，下列说法不正确的是（　）。

A.居民个人向扣缴义务人提供专项扣除信息的，扣缴义务人按月预扣预缴税款时可以不予扣除

B.预扣预缴办法由国务院税务主管部门制定

C.个人所得税有扣缴义务人的，由扣缴义务人按月或者按次预扣预缴税款

D.非居民个人取得工资、薪金所得，劳务报酬所得，稿酬所得和特许权使用费所得，有扣缴义务人的，由扣缴义务人按月或者按次代扣代缴税款，不办理汇算清缴

【答案】A

【答案解析】根据《个人所得税法》第十一条规定，居民个人取得综合所得，按年计算个人所得税；有扣缴义务人的，由扣缴义务人按月或者按次预扣预缴税款；需要办理汇算清缴的，应当在取得所得的次年三月一日至六月三十日内办理汇算清缴。预扣预缴办法由国务院税务主管部门制定。居民个人向扣缴义务人提供专项附加扣除信息的，扣缴义务人按月预扣预缴税款时应当

按照规定予以扣除，不得拒绝。非居民个人取得工资、薪金所得，劳务报酬所得，稿酬所得和特许权使用费所得，有扣缴义务人的，由扣缴义务人按月或者按次代扣代缴税款，不办理汇算清缴。

9. 纳税人取得经营所得，按年计算个人所得税，由纳税人在月度或者季度终了后（　　）日内向税务机关报送纳税申报表，并预缴税款。

A.7
B.10
C.15
D.30

【答案】C

【答案解析】根据《个人所得税法》第十二条规定，纳税人取得经营所得，按年计算个人所得税，由纳税人在月度或者季度终了后十五日内向税务机关报送纳税申报表，并预缴税款；在取得所得的次年三月三十一日前办理汇算清缴。

10. 纳税人因移居境外注销中国户籍的，应当（　　）。

A. 在注销中国户籍前办理税款清算

B. 就其境内所得申报缴纳个人所得税

C. 就其境外所得申报缴纳个人所得税

D. 就其中国境内转让的房产缴纳个人所得税

【答案】A

【答案解析】根据《个人所得税法》第十三条规定，纳税人因移居境外注销中国户籍的，应当在注销中国户籍前办理税款清算。

二、多项选择题

1. 以下属于非居民个人的有（　　）。

A. 在中国境内有住所但不居住的个人

B. 在中国境内无住所又不居住的个人

C. 在中国境内无住所而一个纳税年度内在中国境内居住累计不满一百八十三天的个人

D. 在中国境内无住所而一个纳税年度内在中国境内居住累计不满三百六十五天的个人

【答案】BC

【答案解析】根据《个人所得税法》第一条规定，在中国境内无住所又不居住，或者无住所而一个纳税年度内在中国境内居住累计不满一百八十三天的个人，为非居民个人。非居民个人从中国境内取得的所得，依照本法规定缴纳个人所得税。

2. 下列属劳务报酬所得的是（　　）。

A. 个人从事设计取得的收入

B. 个人利用业余时间，为外单位提供翻译服务取得的收入

C. 个人从事经纪服务取得的收入

D. 个人从本单位取得的半年奖

【答案】ABC

【答案解析】根据《个人所得税法实施条例》第六条规定，劳务报酬所得，是指个人从事设计、装潢、安装、制图、化验、测试、医疗、法律、会计、咨询、讲学、新闻、广播、翻译、审稿、书画、雕刻、影视、录音、录像、演出、表演、广告、展览、技术服务、介绍服务、经纪服务、代办服

务以及其他劳务取得的所得。D 选项，个人从本单位取得的半年奖属于"工资、薪金所得"。

3.下列属于来源于中国境内所得的是（　　）。

A.因任职、受雇、履约等在中国境内提供劳务但由境外支付的所得

B.将财产出租给承租人在中国境内使用且由境内支付的所得

C.许可各种特许权在中国境内使用而取得的所得

D.转让中国境内的不动产取得的所得

【答案】ABCD

【答案解析】根据《个人所得税法实施条例》第三条，除国务院财政、税务主管部门另有规定外，下列所得，不论支付地点是否在中国境内，均为来源于中国境内的所得：因任职、受雇、履约等在中国境内提供劳务取得的所得；将财产出租给承租人在中国境内使用而取得的所得；许可各种特许权在中国境内使用而取得的所得；转让中国境内的不动产等财产或者在中国境内转让其他财产取得的所得；从中国境内企业、事业单位、其他组织以及居民个人取得的利息、股息、红利所得。

4.下列各项所得，属于居民个人综合所得的是（　　）。

A.工资、薪金所得

B.劳务报酬所得

C.稿酬所得

D.财产转让所得

【答案】ABC

【答案解析】根据《个人所得税法》第二条规定，居民个人综合所得包括工资、薪金所得，劳务报酬所得，稿酬所得以及特许权使用费所得。

5.下列关于个人所得税税率的说法错误的是（　　）

A.非居民个人工资、薪金所得按月计算，适用 3%-45% 的超率累进税率

B.非居民个人连续取得劳务报酬的，适用 20% 的比例税率

C.财产转让所得，适用 20% 的比例税率

D.财产租赁所得，适用 3%-45% 的超额累进税率

【答案】ABD

【答案解析】A 选项，非居民个人工资、薪金所得按月计算，适用 3%-45% 的超额累进税率；B 选项，非居民个人连续取得劳务报酬的，适用 3%-45% 的超额累进税率；D 选项，财产租赁所得，适用 20% 的比例税率。

6.居民个人取得综合所得需要汇算清缴的是（　　）

A.从两处取得工资、薪金所得，且年收入额减除专项扣除的余额超过 10 万元

B.同时取得劳务报酬所得和稿酬所得，且年收入额减除专项扣除的余额超过 6 万元

C.纳税人仅从一处取得工资、薪金所得，且单位扣缴税款与年度应纳税额相等

D.纳税年度内预缴税额 5 万元，应纳税额 6 万元

【答案】ABD

【答案解析】根据《个人所得税法实施条例》第二十五条规定，取得综合所得需要办理汇算清缴的情形包括：从两处以上取得综合所得，且综合所得年收入额减除专项扣除的余额超过 6 万元；

取得劳务报酬所得、稿酬所得、特许权使用费所得中一项或者多项所得，且综合所得年收入额减除专项扣除的余额超过 6 万元；纳税年度内预缴税额低于应纳税额；纳税人申请退税。C 选项，纳税人仅从一处取得工资、薪金所得，且单位扣缴税款与年度应纳税额相等，无需进行汇算清缴。

7. 以下需要纳税人自行申报个人所得税的是（　）

A. 取得综合所得需要办理汇算清缴

B. 取得应税所得没有扣缴义务人

C. 取得境外所得

D. 非居民个人在中国境内从两处以上取得工资、薪金所得

【答案】ABCD

【答案解析】根据《个人所得税法》第十条规定，有下列情形之一的，纳税人应当依法办理纳税申报：取得综合所得需要办理汇算清缴；取得应税所得没有扣缴义务人；取得应税所得，扣缴义务人未扣缴税款；取得境外所得；因移居境外注销中国户籍；非居民个人在中国境内从两处以上取得工资、薪金所得；国务院规定的其他情形。

8. 以下属于专项扣除的是（　）

A. 超标准的基本养老保险

B. 符合标准的基本医疗保险

C. 符合标准的失业保险

D. 超标准的住房公积金

【答案】BC

【答案解析】根据《个人所得税法》第六条规定，专项扣除，包括居民个人按照国家规定的范围和标准缴纳的基本养老保险、基本医疗保险、失业保险等社会保险费和住房公积金等。

9. 以下属于专项附加扣除的是（　）

A. 子女教育

B. 继续教育

C. 大病医疗

D. 住房租金

【答案】ABCD

【答案解析】根据《个人所得税法》第六条规定，专项附加扣除，包括子女教育、继续教育、大病医疗、住房贷款利息或者住房租金、赡养老人等支出。

10. 计算居民综合所得的应纳税所得时，可以扣除的项目有（　）

A. 费用 60000 元

B. 专项扣除

C. 专项附加扣除

D. 依法确定的其他扣除

【答案】ABCD

【答案解析】根据《个人所得税法》第六条规定，居民个人的综合所得，以每一纳税年度的收入额减除费用六万元以及专项扣除、专项附加扣除和依法确定的其他扣除后的余额，为应纳税

所得额。

三、判断题

1. 个人所得税以所得人为纳税人，以税务机关指定的单位或者个人为扣缴义务人。

【答案】错误

【答案解析】根据《个人所得税法》第九条规定，个人所得税以所得人为纳税人，以支付所得的单位或者个人为扣缴义务人。

2. 财产转让所得，以转让财产的收入额减除财产净值和合理费用后的余额，为应纳税所得额。

【答案】错误

【答案解析】根据《个人所得税法》第六条规定，财产转让所得，以转让财产的收入额减除财产原值和合理费用后的余额，为应纳税所得额。

3. 无住所个人在中国境内停留的当天满 12 小时的，计入中国境内居住天数，在中国境内停留的当天不足 12 小时的，不计入中国境内居住天数。

【答案解析】根据《财政部 税务总局关于在中国境内无住所的个人居住时间判定标准的公告》（财政部 税务总局公告 2019 年第 34 号）第二条规定，无住所个人一个纳税年度内在中国境内累计居住天数，按照个人在中国境内累计停留的天数计算。在中国境内停留的当天满 24 小时的，计入中国境内居住天数，在中国境内停留的当天不足 24 小时的，不计入中国境内居住天数。

4. 个人转让股权办理变更登记的，税务机关应当查验与该股权交易相关的个人所得税的完税凭证。

【答案】错误

【答案解析】根据《个人所得税法》第十五条规定，个人转让股权办理变更登记的，市场主体登记机关应当查验与该股权交易相关的个人所得税的完税凭证。由市场主体登记机关查验，而不是税务机关查验。

5. 两个以上的个人共同取得同一项目收入的，应当对每个人取得的收入分别按照个人所得税法的规定计算纳税。

【答案】正确

【答案解析】根据《中华人民共和国个人所得税法实施条例》第十八条规定，两个以上的个人共同取得同一项目收入的，应当对每个人取得的收入分别按照个人所得税法的规定计算纳税。

第二章
居民个人综合所得

主要政策依据：

《中华人民共和国个人所得税法》（以下简称《税法》）（2018 年修正，主席令第 9 号）；

《中华人民共和国个人所得税法实施条例》（以下简称《实施条例》）（国务院令第 707 号）；

《国务院关于印发个人所得税专项附加扣除暂行办法的通知》（国发〔2018〕41 号）；

《国家税务总局关于全面实施新个人所得税法若干征管衔接问题的公告》（国家税务总局公告 2018 年第 56 号）；

《国家税务总局关于发布《个人所得税专项附加扣除操作办法（试行）》的公告》（国家税务总局公告 2018 年第 60 号）；

《国家税务总局关于发布《个人所得税扣缴申报管理办法》（试行）的公告》（国家税务总局公告 2018 年第 61 号）；

《国家税务总局关于个人所得税自行纳税申报有关问题的公告》（国家税务总局公告 2018 年第 62 号）；

《关于个人所得税法修改后有关优惠政策衔接问题的通知》（财税〔2018〕164 号）；

《财政部 税务总局关于继续有效的个人所得税优惠政策目录的公告》（财政部 税务总局公告 2018 年第 177 号）。

第一节 征税范围

《个人所得税法》 （中华人民共和国主席令第九号）	《个人所得税法实施条例》 （中华人民共和国国务院令第707号）
第二条　下列各项个人所得，应当缴纳个人所得税： 　　（一）工资、薪金所得； 　　（二）劳务报酬所得； 　　（三）稿酬所得； 　　（四）特许权使用费所得； …… 　　居民个人取得前款第一项至第四项所得（以下称综合所得），按纳税年度合并计算个人所得税。	第六条　个人所得税法规定的各项个人所得的范围： 　　（一）工资、薪金所得，是指个人因任职或者受雇取得的工资、薪金、奖金、年终加薪、劳动分红、津贴、补贴以及与任职或者受雇有关的其他所得。 　　（二）劳务报酬所得，是指个人从事劳务取得的所得，包括从事设计、装潢、安装、制图、化验、测试、医疗、法律、会计、咨询、讲学、翻译、审稿、书画、雕刻、影视、录音、录像、演出、表演、广告、展览、技术服务、介绍服务、经纪服务、代办服务以及其他劳务取得的所得。 　　（三）稿酬所得，是指个人因其作品以图书、报刊等形式出版、发表而取得的所得。 　　（四）特许权使用费所得，是指个人提供专利权、商标权、著作权、非专利技术以及其他特许权的使用权取得的所得；提供著作权的使用权取得的所得，不包括稿酬所得。 　　第八条　个人所得的形式，包括现金、实物、有价证券和其他形式的经济利益；所得为实物的，应当按照取得的凭证上所注明的价格计算应纳税所得额，无凭证的实物或者凭证上所注明的价格明显偏低的，参照市场价格核定应纳税所得额；所得为有价证券的，根据票面价格和市场价格核定应纳税所得额；所得为其他形式的经济利益的，参照市场价格核定应纳税所得额。

　　居民个人的综合所得，包括工资薪金所得、劳务报酬所得、稿酬所得和特许权使用费所得，这四类所得的共同特点都属于劳动性质的所得。

一、工资薪金所得

具体内容	工资、薪金所得，是指个人因任职或者受雇取得的工资、薪金、奖金、年终加薪、劳动分红、津贴、补贴以及与任职或者受雇有关的其他所得。
特点	工资、薪金所得属于综合所得范畴。属于非独立个人劳务活动，即个人所从事的是由他们制定、安排并接受管理的劳动，获得工资薪金所得的个人与支付所得的单位与个人之间，存在雇佣关系。
特别说明	下列不属于工资、薪金性质的补贴、津贴或者不属于纳税人本人工资、薪金所得项目的收入，不征税： 1. 独生子女补贴； 2. 执行公务员工资制度未纳入基本工资总额的补贴、津贴差额和家属成员的副食品补贴； 3. 托儿补助费； 4. 差旅费津贴、误餐补助。 国家税务总局关于印发《征收个人所得税若干问题的规定》的通知（国税发〔1994〕89号）
工资、薪金所得与劳务报酬所得的区分	新老《个人所得税法实施条例》对工资、薪金所得的界定没有差异。工资薪金所得是属于非独立个人劳务活动，即在机关、团体、学校、部队、企事业单位及其他组织中任职、受雇而得到的报酬；劳务报酬所得则是个人独立从事各种技艺、提供各项劳务取得的报酬。两者的主要区别在于，前者存在雇佣与被雇佣关系，后者则不存在这种关系。

二、劳务报酬所得

具体内容	劳务报酬所得是指个人从事劳务取得的所得，包括从事设计、装潢、安装、制图、化验、测试、医疗、法律、会计、咨询、讲学、翻译、审稿、书画、雕刻、影视、录音、录像、演出、表演、广告、展览、技术服务、介绍服务、经纪服务、代办服务以及其他劳务取得的所得。
特点	劳务报酬所得属于劳动性质的所得，属于综合所得范畴。劳务报酬所得属于独立个人劳务活动，获得劳务报酬所得的个人与支付所得的单位与个人之间，不存在雇佣关系。
特别说明	个人兼有不同的劳务报酬所得，应当分别减除费用，计算缴纳个人所得税。个人由于担任董事职务所取得的董事费收入，属于劳务报酬所得性质，按照劳务报酬所得项目征收个人所得税。 国家税务总局关于印发《征收个人所得税若干问题的规定》的通知（国税发〔1994〕89号）

劳务报酬所得与工资、薪金所得的区分	工资、薪金所得是属于非独立个人劳务活动，即在机关、团体、学校、部队、企事业单位及其他组织中任职、受雇而得到的报酬；劳务报酬所得则是个人独立从事各种技艺、提供各项劳务取得的报酬。两者的主要区别在于，前者存在雇佣与被雇佣关系，后者则不存在这种关系。
新《个人所得税法实施条例》删除了"新闻""广播"项目。	

三、稿酬所得

具体内容	稿酬所得是指个人因其作品以图书、报刊等形式出版、发表而取得的所得。
特点	稿酬所得属于劳动性质的所得，属于综合所得范畴。
特别说明	（一）个人每次以图书、报刊方式出版、发表同一作品（文字作品、书画作品、摄影作品以及其他作品），不论出版单位是预付还是分笔支付稿酬，或者加印该作品后再付稿酬，均应合并其稿酬所得按一次计征个人所得税。在两处或两处以上出版、发表或再版同一作品而取得稿酬所得，则可分别各处取得的所得或再版所得按分次所得计征个人所得税。 （二）个人的同一作品在报刊上连载，应合并其因连载而取得的所有稿酬所得为一次，按税法法规计征个人所得税。在其连载之后又出书取得稿酬所得，或先出书后连载取得稿酬所得，应视同再版稿酬分次计征个人所得税。 （三）作者去世后，对取得其遗作稿酬的个人，按稿酬所得征收个人所得税。. 国家税务总局关于印发《征收个人所得税若干问题的规定》的通知（国税发〔1994〕89号）

四、特许权使用费所得

具体内容	特许权使用费所得是指个人提供专利权、商标权、著作权、非专利技术以及其他特许权的使用权取得的所得；提供著作权的使用权取得的所得，不包括稿酬所得。
特点	特许权使用费所得属于劳动性质的所得，属于综合所得范畴。
特别说明	（一）个人每次以图书、报刊方式出版、发表同一作品（文字作品、书画作品、摄影作品以及其他作品），不论出版单位是预付还是分笔支付稿酬，或者加印该作品后再付稿酬，均应合并其稿酬所得按一次计征个人所得税。在两处或两处以上出版、发表或再版同一作品而取得稿酬所得，则可分别各处取得的所得或再版所得按分次所得计征个人所得税。 作者将自己的文字作品手稿原件或复印件公开拍卖（竞价）取得的所得，应按特许权使用费所得项目征收个人所得税。 国家税务总局关于印发《征收个人所得税若干问题的规定》的通知（国税发〔1994〕89号）

第二节 应纳税所得额

《个人所得税法》 （中华人民共和国主席令第九号）	《个人所得税法实施条例》 （中华人民共和国国务院令第707号）
第六条 应纳税所得额的计算： （一）居民个人的综合所得，以每一纳税年度的收入额减除费用六万元以及专项扣除、专项附加扣除和依法确定的其他扣除后的余额，为应纳税所得额。 劳务报酬所得、稿酬所得、特许权使用费所得以收入减除百分之二十的费用后的余额为收入额。稿酬所得的收入额减按百分之七十计算。 个人将其所得对教育、扶贫、济困等公益慈善事业进行捐赠，捐赠额未超过纳税人申报的应纳税所得额百分之三十的部分，可以从其应纳税所得额中扣除；国务院规定对公益慈善事业捐赠实行全额税前扣除的，从其规定。	第十三条 个人所得税法第六条第一款第一项所称依法确定的其他扣除，包括个人缴付符合国家规定的企业年金、职业年金，个人购买符合国家规定的商业健康保险、税收递延型商业养老保险的支出，以及国务院规定可以扣除的其他项目。 专项扣除、专项附加扣除和依法确定的其他扣除，以居民个人一个纳税年度的应纳税所得额为限额；一个纳税年度扣除不完的，不结转以后年度扣除。 第十四条 个人所得税法第六条第一款第二项、第四项、第六项所称每次，分别按照下列方法确定： （一）劳务报酬所得、稿酬所得、特许权使用费所得，属于一次性收入的，以取得该项收入为一次；属于同一项目连续性收入的，以一个月内取得的收入为一次。

一、收入额

居民个人的综合所得，以每一纳税年度的收入额减除费用六万元以及专项扣除、专项附加扣除和依法确定的其他扣除后的余额，为应纳税所得额。劳务报酬所得、稿酬所得、特许权使用费所得以收入减除百分之二十的费用后的余额为收入额。稿酬所得的收入额减按百分之七十计算。

居民个人办理年度综合所得汇算清缴时，应当依法计算劳务报酬所得、稿酬所得、特许权使用费所得的收入额，并入年度综合所得计算应纳税款，税款多退少补。

二、扣除项目

居民个人在计算应纳税所得额时，可以扣除的项目为基本减除费用、专项扣除、专项附加扣除和依法确定的其他扣除。

（一）基本减除费用

1、基本减除费用标准

基本减除费用标准，是最基础的生计扣除，影响到每个人的税收负担。基本减除费用与个人收入高低无关，一般是参考一定时期居民基本生活费用支出情况来确定，并随着居民基本生活费用支出的变化而适时动态调整。新个人所得税法将综合所得的基本减除费用标准从原来每人每月3500元提高至5000元（每人每年6万元）。确定这一标准，统筹考虑了城镇居民人均基本消费支出、每个就业者家庭平均负担人数、居民消费价格指数等多种因素，既覆盖了人均消费支出，也体现了一定的前瞻性。同时原来的1300元附加减除费用不再执行。基本减除费用调整情况如下表：

项目	2005 年 12 月 31 日前	2006 年 1 月 1 日至 2008 年 2 月 29 日	2008 年 3 月 1 日至 2011 年 8 月 31 日	2011 年 9 月 1 日至 2018 年 9 月 30 日	2018 年 1 月 1 日开始
费用扣除定额	800	1600	2000	3500	5000
附加扣除费用	3200	3200	2800	1300	取消
合计	4000	4800	4800	4800	5000

2、减除费用、免征额与起征点

（1）减除费用，是居于应税项目的基本原理，对部分税种的部分应税项目，在计算税款时采允许减除一定费用（或者说金额）之后的余额作为依据。这种采用减除费用的计税办法，多数属于是以所得类为征税对象的项目。根据减除费用方式的不同，有三种形式：

一是按固定值减除费用金额。新个人所得税法规定，从2018年10月1日开始，每月减除由3500元提高到5000元的标准，从2019年1月1日开始，对综合所得的基本减除费用标准为每年60000元。

二是按比例值减除费用金额。比如房产税依照房产原值一次减除10%至30%后的余值计算缴纳。

三是复合型减除费用金额。比如《个人所得税扣缴申报管理办法(试行)》规定，预扣预缴税款时，劳务报酬所得、稿酬所得、特许权使用费所得每次收入不超过四千元的，减除费用按八百元计算；每次收入四千元以上的，减除费用按收入的百分之二十计算。

（2）免征额，一般是指某一税种中，对其计算应该缴纳的税款的依据（即计税依据）规定的一个数值节点。纳税人达到该节点的，仅就其超过该数值以上的数额部分进行计算，缴纳税款；该数值节点对应的数额，纳税人不需要缴纳税款。比如《财税【2018】164号第五条》规定，个人与用人单位解除劳动关系取得一次性补偿收入（包括用人单位发放的经济补偿金、生活补助费和其他补助费），在当地上年职工平均工资3倍数额以内的部分，免征个人所得税；超过3倍数额的部分，不并入当年综合所得，单独适用综合所得税率表，计算纳税。

（3）起征点，一般是指某一税种中，对其计算应该缴纳的税款的依据（即计税依据）规定的一个数值节点。纳税人达到该节点的，必须按照全部数额进行计算，缴纳税款；没有达到该数值节点的，纳税人就不要缴纳税款，享受免税。

3、劳务报酬所得、稿酬所得和特许权使用费所得费用扣除劳务报酬所得、稿酬所得和特许权使用费所得以收入减除 20% 的费用后的余额为收入额，其中稿酬所得的收入额按 70% 计算。这是平移了原来的个人所得税费用扣除和稿酬所得的税收优惠。对工资薪金所得以外的综合所得，在减除必要的费用后计算收入额，体现量能课税、以净所得课税的原则。

（二）专项扣除

专项扣除，包括居民个人按照国家规定的范围和标准缴纳的基本养老保险、基本医疗保险、失业保险等社会保险费和住房公积金等。

1、基本社会保险

根据《财政部、国家税务总局关于基本养老保险费基本医疗保险费失业保险费住房公积金有关个人所得税政策的通知》（财税〔2006〕10号）规定，企事业单位按照国家或省（自治区、直辖市）人民政府规定的缴费比例或办法实际缴付的基本养老保险费、基本医疗保险费和失业保险费，免征个人所得税；个人按照国家或省（自治区、直辖市）人民政府规定的缴费比例或办法实际缴付的基本养老保险费、基本医疗保险费和失业保险费，允许在个人应纳税所得额中扣除。个人实际领（支）取原提存的基本养老保险金、基本医疗保险金、失业保险金和住房公积金时，免征个人所得税。

企事业单位和个人超过规定的比例和标准缴付的基本养老保险费、基本医疗保险费和失业保险费，应将超过部分并入个人当期的工资、薪金收入，计征个人所得税。

2、住房公积金

《财政部、国家税务总局关于基本养老保险费基本医疗保险费失业保险费住房公积金有关个人所得税政策的通知》（财税〔2006〕10号）规定：根据《住房公积金管理条例》、《建设部 财政部 中国人民银行关于住房公积金管理若干具体问题的指导意见》（建金管〔2005〕5号）等规定精神，单位和个人分别在不超过职工本人上一年度月平均工资 12% 的幅度内，其实际缴存的住房公积金，允许在个人应纳税所得额中扣除。单位和职工个人缴存住房公积金的月平均工资不得超过职工工作地所在设区城市上一年度职工月平均工资的 3 倍，具体标准按照各地有关规定执行。

单位和个人超过上述规定比例和标准缴付的住房公积金，应将超过部分并入个人当期的工资、薪金收入，计征个人所得税。

注意：在计算住房公积金个人所得税税前扣除限额时，需要符合"不超过职工本人上一年度月平均工资 12% 的幅度"这个条件，即关注两个要素：一是缴存基数（本人上一年度月平均工资）和缴存比例（12%）都要符合标准，只要一个要素超出标准，那超出的公积金就不能在个人所得税税前扣除。

另根据"单位和职工个人缴存住房公积金的月平均工资不得超过职工工作地所在设区城市上一年度职工月平均工资的 3 倍"规定，准予税前扣除的缴存基数，应以"本人上一年度实际月平均工资""职工工作地所在设区城市上一年度职工月平均工资的 3 倍""该职工实际缴纳的住房公积金数额"孰小原则确定。

（三）专项附加扣除

专项附加扣除，包括子女教育、继续教育、大病医疗、住房贷款利息或者住房租金、赡养老人等支出。增加专项附加扣除内容，是这次个人所得税改革的最大亮点，是国家充分考虑个人教育、医疗、住房、养老等民生支出情况。

（四）依法确定的其他扣除

其他扣除，包括个人缴付符合国家规定的企业年金、职业年金，个人购买符合国家规定的商业健康保险、税收递延型商业养老保险的支出，以及国务院规定可以扣除的其他项目。

个人将其所得对教育、扶贫、济困等公益慈善事业进行捐赠，捐赠额未超过纳税人申报的应纳税所得额百分之三十的部分，可以从其应纳税所得额中扣除；国务院规定对公益慈善事业捐赠实行全额税前扣除的，从其规定。

三、应纳税所得额

扣缴义务人在支付居民个人资薪金所得时，应当按照累计预扣法计算预扣税款，并按月办理扣缴申报；在支付劳务报酬所得、稿酬所得和特许权使用费所得时，应当按次或者按月预扣预缴税款。应纳税所得的计算如下：

所得类型	项目	累计预扣预缴应纳税所得额	年度汇算清缴应纳税所得额
（一）工资薪金所得	政策依据	国家税务总局关于发布《个人所得税扣缴申报管理办法》（试行）的公告（国家税务总局公告2018年第61号）	
	政策内容	第六条 扣缴义务人向居民个人支付工资、薪金所得时，应当按照累计预扣法计算预扣税款，并按月办理扣缴申报。 累计预扣法，是指扣缴义务人在一个纳税年度内预扣预缴税款时，以纳税人在本单位截至当前月份工资、薪金所得累计收入减除累计免税收入、累计减除费用、累计专项扣除、累计专项附加扣除和累计依法确定的其他扣除后的余额为累计预扣预缴应纳税所得额。	
	公式	累计预扣预缴应纳税所得额＝累计收入－累计免税收入－累计减除费用－累计专项扣除－累计专项附加扣除－累计依法确定的其他扣除	

		其中：累计减除费用，按照 5000 元/月乘以纳税人当年截至本月在本单位的任职受雇月份数计算。居民个人向扣缴义务人提供有关信息并依法要求办理专项附加扣除的，扣缴义务人应当按照规定在工资、薪金所得按月预扣预缴税款时予以扣除，不得拒绝。	居民个人的综合所得，以每一纳税年度的收入额减除费用六万元以及专项扣除、专项附加扣除和依法确定的其他扣除后的余额，为应纳税所得额。 公式： 居民综合所得应纳税所得额 = 每一纳税年度的收入额 - 费用六万元 - 专项扣除 - 专项附加扣除 - 依法确定的其他扣除。 其中：劳务报酬所得、稿酬所得、特许权使用费所得以收入减除百分之二十的费用后的余额为收入额，稿酬所得的收入额减按百分之七十计算。 时间： 年度汇算清缴时（次 3 月 1 日至 6 月 30）日
	时间	扣缴义务人向居民个人支付工资、薪金所得时	
（二）劳务报酬所得	政策依据	国家税务总局关于发布《个人所得税扣缴申报管理办法》（试行）的公告（国家税务总局公告 2018 年第 61 号）	
	政策内容	第八条 扣缴义务人向居民个人支付劳务报酬所得时，应当按照以下方法按次或者按月预扣预缴税款： 劳务报酬所得以收入减除费用后的余额为收入额。 减除费用：预扣预缴税款时，劳务报酬所得每次收入不超过四千元的，减除费用按八百元计算；每次收入四千元以上的，减除费用按收入的百分之二十计算。 应纳税所得额：劳务报酬所得以每次收入额为预扣预缴应纳税所得额，计算应预扣预缴税额。	
	公式	当每次收入不超过 4000 元的，预扣预缴应纳税所得额 = 每次收入 -800； 预扣预缴应纳税所得额 4000 元以上的时，预扣预缴应纳税所得额 = 收入 ×（1-20%）	
	时间	每次支付特许权使用费时	

（三）稿酬所得	政策依据	国家税务总局关于发布《个人所得税扣缴申报管理办法》（试行）的公告（国家税务总局公告 2018 年第 61 号）	居民个人的综合所得，以每一纳税年度的收入额减除费用六万元以及专项扣除、专项附加扣除和依法确定的其他扣除后的余额，为应纳税所得额。 公式： 居民综合所得应纳税所得额 = 每一纳税年度的收入额 – 费用六万元 – 专项扣除 – 专项附加扣除 – 依法确定的其他扣除。 其中：劳务报酬所得、稿酬所得、特许权使用费所得以收入减除百分之二十的费用后的余额为收入额，稿酬所得的收入额减按百分之七十计算。 时间： 年度汇算清缴时（次 3 月 1 日至 6 月 30）日
	政策内容	第八条 扣缴义务人向居民个人支付稿酬所得时，应当按照以下方法按次或者按月预扣预缴税款： 稿酬所得以收入减除费用后的余额为收入额；其中，稿酬所得的收入额减按百分之七十计算。 减除费用：预扣预缴税款时，稿酬所得每次收入不超过四千元的，减除费用按八百元计算；每次收入四千元以上的，减除费用按收入的百分之二十计算。 应纳税所得额：稿酬所得，以每次收入额为预扣预缴应纳税所得额，计算应预扣预缴税额。	
	公式	当每次收入不超过 4000 元的， 预扣预缴应纳税所得额（每次收入 –800）×70%； 当每次收入 4000 元以上的， 预扣预缴应纳税所得额 = 收入 ×（1–20%）×70%	
	时间	每次支付稿酬时	
	政策依据	国家税务总局关于发布《个人所得税扣缴申报管理办法》（试行）的公告（国家税务总局公告 2018 年第 61 号）	
	政策内容	第八条 扣缴义务人向居民个人支付特许权使用费所得时，应当按照以下方法按次或者按月预扣预缴税款： 特许权使用费所得以收入减除费用后的余额为收入额。 减除费用：预扣预缴税款时，特许权使用费所得每次收入不超过四千元的，减除费用按八百元计算；每次收入四千元以上的，减除费用按收入的百分之二十计算。	

（四）特许权使用费所得		应纳税所得额：特许权使用费所得，以每次收入额为预扣预缴应纳税所得额，计算应预扣预缴税额。	
	公式	当每次收入不超过 4000 元的， 预扣预缴应纳税所得额 = 每次收入 -800； 当每次收入 4000 元以上的， 预扣预缴应纳税所得额 = 收入 ×（1-20%）	
	时间	每次支付特许权使用费时	
每次的解释		劳务报酬所得、稿酬所得、特许权使用费所得，属于一次性收入的，以取得该项收入为一次；属于同一项目连续性收入的，以一个月内取得的收入为一次。	

【例 2-1】自然人 A 属于独女，父母均 65 岁。2019 年 1-12 月每月取得工资薪金收入均为 14000 元，每月个人扣除三险一金 3500 元，子女教育扣除 1000 元，夫妻约定按 50% 扣除。12 月份取得劳务报酬 3800 元。

1 月份累计预扣预缴应纳税所得额 =14000-5000-3500-500-2000=3000 元

2 月份累计预扣预缴应纳税所得额 =14000 × 2-5000 × 2-3500 × 2-500 × 2-2000 × 2=6000 元

3 月份累计预扣预缴应纳税所得额 =14000 × 3-5000 × 3-3500 × 3-500 × 3-2000 × 3=9000 元

……

12 月份累计预扣预缴应纳税所得额 =14000 × 12-5000 × 12-3500 × 12-500 × 12-2000 × 12=36000 元

劳务报酬预扣预缴应纳税所得额 =3800-800=3000 元

年度汇算清缴应纳税所得额 =140000 × 12+3800 × 80%-60000-3500 × 12-500 × 12-2000 × 12=39040

【例 2-2】自然人 B 在 2019 年 2 月 25 日取得演唱收入 600 万元。

预扣预缴应纳税所得额 =600 ×（1-20%）=480 万元

【例 2-3】自然人 C 在 2019 年 3 月 10 日获取特许权使用费收入 60000 元。

预扣预缴应纳税所得额 =60000 ×（1-20%）=48000 元

【例 2-4】自然人 D 在 2019 年 1 月取得稿酬收入 60000 元.

预扣预缴应纳税所得额 =60000 ×（1-20%）× 70%=33600 元

第三节 专项附加扣除

一、专项附加扣除的内容与原则

《国务院关于印发个人所得税专项附加扣除暂行办法的通知》（国发〔2018〕41 号）	
专项附加扣除内容	专项附加扣除的原则
第二条　本办法所称个人所得税专项附加扣除，是指个人所得税法规定的子女教育、继续教育、大病医疗、住房贷款利息或者住房租金、赡养老人等 6 项专项附加扣除。	第三条　个人所得税专项附加扣除遵循公平合理、利于民生、简便易行的原则。

二、享受扣除及办理时间

《国务院关于印发个人所得税专项附加扣除暂行办法的通知》（国发〔2018〕41 号）《国家税务总局关于发布《个人所得税专项附加扣除操作办法（试行）》的公告》（国家税务总局公告 2018 年第 60 号）				
专项附加扣除		享受扣除期间	办理扣除时间	
			有工资薪金收入	无工资薪金收入
子女教育	子女学前教育	子女年满 3 周岁当月至小学入学前一月		
	子女学历教育	子女年满 3 周岁当月至小学入学前一月		
	问题：1.子女 6 月高中毕业，9 月上大学，7-8 月能不能享受子女教育扣除？　解答：可以。可以扣除。对于连续性的学历（学位）教育，升学衔接期间属于子女教育期间，可以申报扣除子女教育专项附加扣除。　2.本科毕业之后，准备考研究生的期间，父母是否可以扣除子女教育？				

	解答：不可以，该生已经本科毕业，未实际参与全日制学历教育，尚未取得研究生学籍，不符合《暂行办法》相关规定。研究生考试通过入学后，可以享受高等教育阶段子女教育。3.大学期间参军，学校保留学籍，是否可以按子女教育扣除？ 解答：服兵役是公民的义务，大学期间参军是积极响应国家的号召，休学保留学籍期间，属于高等教育阶段，可以申报扣除子女教育专项附加扣除。		自符合条件开始，可以向支付工资、薪金所得的扣缴义务人提供上述专项附加扣除有关信息，由扣缴义务人在预扣预缴税款时，按其在本单位本年可享受的累计扣除额办理扣除；也可以在次年3月1日至6月30日内，向汇缴地主管税务机关办理汇算清缴申报时扣除。述专项附加扣除的，对同一专项附加扣除项目，一个纳税年度内，纳税人只能选择从其中一处扣除。	在次年3月1日至6月30日内，向汇缴地主管税务机关办理汇算清缴申报时扣除。
继续教育	学历（学位）继续教育	在中国境内接受学历（学位）继续教育入学的当月至学历（学位）继续教育结束的当月，同一学历（学位）继续教育的扣除期限最长不得超过48个月		
	职业资格继续教育	取得相关证书的当年。		
	问题：1.纳税人因病、因故等原因休学且学籍继续保留的休学期间，以及施教机构按规定组织实施的寒暑假是否连续计算？ 解答：学历（学位）继续教育的扣除期限最长不得超过48个月。48个月包括纳税人因病、因故等原因休学且学籍继续保留的休学期间，以及施教机构按规定组织实施的寒暑假期连续计算。 2.没有证书的兴趣培训费用可扣除吗？ 解答：目前，继续教育专项附加扣除的范围限定学历继续教育、技能人员职业资格继续教育和专业技术人员职业资格继续教育的支出，上述培训之外的兴趣培训不在扣除范围内。		

住房贷款利息	贷款合同约定开始还款的当月至贷款全部归还或贷款合同终止的当月，扣除期限最长不得超过 240 个月	自符合条件开始，可以向支付工资、薪金所得的扣缴义务人提供上述专项附加扣除有关信息，由扣缴义务人在预扣预缴税款时，按其在本单位本年可享受的累计扣除额办理扣除；也可以在次年 3 月 1 日至 6 月 30 日内，向汇缴地主管税务机关办理汇算清缴申报时扣除。述专项附加扣除的，对同一专项附加扣除项目，一个纳税年度内，纳税人只能选择从其中一处扣除。	在次年 3 月 1 日至 6 月 30 日内，向汇缴地主管税务机关办理汇算清缴申报时扣除。
	问题：我刚办的房贷期限是 30 年，我现在扣完子女教育和赡养老人就不用缴税了，我可以选择过两年再开始办理房贷扣除吗？ 解答：住房贷款利息支出扣除实际可扣除时间为，贷款合同约定开始还款的当月至贷款全部归还或贷款合同终止的当月，扣除期限最长不得超过 240 个月。因此，在不超过 240 个月以内，您可以根据个人情况办理符合条件的住房贷款利息扣除。		
住房租金	租赁合同（协议）约定的房屋租赁期开始的当月至租赁期结束的当月。提前终止合同（协议）的，以实际租赁期限为准		
	问题：纳税人首次享受住房租金扣除的时间是什么时候？ 解答：纳税人首次享受住房租赁扣除的起始时间为租赁合同约定起租的当月，截止日期是租约结束或者在主要工作城市已有住房。		
赡养老人	被赡养人年满 60 周岁的当月至赡养义务终止的年末。		
	问题：自然人甲一直与 69 岁的父亲相依为命，2019 年 2 月 1 日其父因病去世。甲 2019 年 3 月以后赡养老人专项附加扣除是否可以扣除。 解答：可以。赡养老人专项附加扣除期间为被赡养人年满 60 周岁的当月至赡养义务终止的年末。即到 2019 年 12 月 31 日。		

	医疗保障信息系统记录的医药费用实际支出的当年。		
	问题：大病医疗支出中，纳税人年末住院，第二年年初出院，这种跨年度的医疗费用，如何计算扣除额？是分两个年度分别扣除吗？ 答：纳税人年末住院，第二年年初出院，一般是在出院时才进行医疗费用的结算。纳税人申报享受大病医疗扣除，以医疗费用结算单上的结算时间为准，因此该医疗支出属于是第二年的医疗费用，到2019年结束时，如果达到大病医疗扣除的"起扣线"，可以在2020年汇算清缴时享受扣除。		由纳税人在次年3月1日至6月30日内，自行向汇缴地主管税务机关办理汇算清缴申报时扣除

说明：一个纳税年度内，纳税人在扣缴义务人预扣预缴税款环节未享受或未足额享受专项附加扣除的，可以在当年内向支付工资、薪金的扣缴义务人申请在剩余月份发放工资、薪金时补充扣除，也可以在次年3月1日至6月30日内，向汇缴地主管税务机关办理汇算清缴时申报扣除。

三、专项附加扣除的具体规定

《国务院关于印发个人所得税专项附加扣除暂行办法的通知》（国发〔2018〕41号
《国家税务总局关于发布《个人所得税专项附加扣除操作办法（试行）》的公告》（国家税务总局公告2018年第60号）

项目	政策享受条件	扣除标准	扣除主体	应当留存备查资料	说明
子女教育	子女年满3岁至小学入学前（处于学前教育阶段）或者接受全日制学历教育（学历教育包括义务教育（小学、初中教育）、	每个子女每月扣除1000元	父母可以选择由其中一方按扣除标准的100%扣除，也可以选择由双方分别按扣除标准的50%扣除，具体扣除方式在一个纳税年度内不能变更。	境外学校录取通知书、留学签证等相关教育的证明资料备查（纳税人子女在中国境外接受教育的）。	具体扣除方式在一个纳税年度内不能变更。

	高中阶段教育（普通高中、中等职业、技工教育）、高等教育（大学专科、大学本科、硕士研究生、博士研究生教育））			

问题1：有多子女的父母，可以对不同的子女选择不同的扣除方式吗？

解答：可以。有多子女的父母，可以对不同的子女选择不同的扣除方式，即对子女甲可以选择由一方按照每月1000元的标准扣除，对子女乙可以选择由双方分别按照每月500元的标准扣除。

问题2：监护人不是父母可以扣除吗？

答：可以，前提是确实担任未成年人的监护人。

问题3：对于存在离异重组等情况的家庭子女而言，该如何享受政策？

答：具体扣除方法由父母双方协商决定，一个孩子扣除总额不能超过1000元/月，扣除人不能超过2个。

问题4：大学期间参军，学校保留学籍，是否可以按子女教育扣除？

答：服兵役是公民的义务，大学期间参军是积极响应国家的号召，休学保留学籍期间，属于高等教育阶段，可以申报扣除子女教育专项附加扣除。

| 继续教育 | 纳税人在中国境内接受学历（学位）继续教育的支出 | 每个月扣除400元（同一学历（学位）继续教育的扣除期限不能超过48个月） | 纳税人本人扣除；个人接受本科及以下学历（学位）继续教育，符合规定扣除条件的，可以选择由其父母扣除，也可以选择由本人扣除。 | 无需留存备查资料 | |
| | 技能人员职业资格继续教育、专业技术人员职业资格继续教育 | 按照一年3600元定额扣除 | 纳税人本人扣除 | 应当留存相关证书等资料备查 | |

<table>
<tr><td colspan="6">问题 1：参加自学考试，纳税人应当如何享受扣除？

解答：按照《高等教育自学考试暂行条例》的有关规定，高等教育自学考试应考者取得一门课程的单科合格证书后，省考委即应为其建立考籍管理档案。具有考籍管理档案的考生，可以按照《暂行办法》的规定，享受继续教育专项附加扣除。

问题 2：同时接受多个学历继续教育或者取得多个专业技术人员职业资格证书，是否均需要填写？是否可以多扣？

解答：对同时接受多个学历继续教育，或者同时取得多个职业资格证书的，只需填报其中一个即可。按年扣 3600 元。但如果同时存在学历继续教育、职业资格继续教育两类继续教育情形，则每一类都要填写。

问题 3：我现在处于本硕博连读的博士阶段，父母已经申报享受了子女教育。我博士读书时取得律师资格证书，可以申报扣除继续教育吗？

解答：如您有综合所得（比如稿酬或劳务报酬等），一个纳税年度内，在取得证书的当年，可以享受职业资格继续教育扣除（3600 元 / 年）。

问题 4：如果在国外进行的学历继续教育，或者是拿到了国外颁发的技能证书，能否享受每月 400 元或每年 3600 元的扣除？

解答：根据《暂行办法》规定，纳税人在中国境内接受的学历（学位）继续教育支出，以及接受技能人员职业资格继续教育、专业技术人员职业资格继续教育支出可以扣除。由于您在国外接受的学历继续教育和国外颁发的技能证书，不符合"中国境内"的规定，不能享受专项附加扣除政策。</td></tr>
<tr>
<td>住房贷款利息</td>
<td>纳税人本人或者配偶单独或者共同使用商业银行或者住房公积金个人住房贷款为本人或者其配偶购买中国境内住房，发生的首套住房贷款利息支出</td>
<td>在实际发生贷款利息的年度，按照每月 1000 元的标准定额扣除，扣除期限最长不超过 240 个月</td>
<td>经夫妻双方约定，可以选择由其中一方扣除；夫妻双方婚前分别购买住房发生的首套住房贷款，其贷款利息支出，婚后可以选择其中一套购买的住房，由购买方按扣除标准的 100% 扣除，也可以由夫妻双方对各自购买的住房分别按扣除标准的 50% 扣除，具体扣除方式在一个纳税年度内不能变更。</td>
<td>应当留存住房贷款合同、贷款还款支出凭证备查。</td>
<td>具体扣除方式在一个纳税年度内不能变更。</td>
</tr>
</table>

	问题1：父母和子女共同购房，房屋产权证明、贷款合同均登记为父母和子女，住房贷款利息专项附加扣除如何享受？ 解答：父母和子女共同购买一套房子，不能既由父母扣除，又由子女扣除，应该由主贷款人扣除。如主贷款人为子女的，由子女享受贷款利息专项附加扣除；主贷款人为父母中一方的，由父母任一方享受贷款利息扣除。 问题2：我有一套住房，是公积金和商贷的组合贷款，公积金中心按首套贷款利率发放，商业银行贷款按普通商业银行贷款利率发放，是否可以享受住房贷款利率扣除？ 解答：一套采用组合贷款方式购买的住房，如公积金中心或者商业银行其中之一，是按照首套房屋贷款利率发放的贷款，则可以享受住房贷款利息扣除。 问题3：丈夫婚前购买的首套住房，婚后由丈夫还贷，首套住房利息是否只能由丈夫扣除？妻子是否可以扣除？ 答：按照《暂行办法》规定，经夫妻双方约定，可以选择由夫妻中一方扣除，具体扣除方式在一个纳税年度内不能变更。				
住房租金	纳税人及配偶在主要工作城市没有自有住房而发生的住房租金支出	（一）直辖市、省会(首府)城市、计划单列市以及国务院确定的其他城市，扣除标准为每月1500元； （二）除第一项所列城市以外，市辖区户籍人口超过100万的城市，扣除标准为每月1100元；市辖区户籍人口不超过100万的城市，扣除标准为每月800元。	夫妻双方主要工作城市相同的，只能由一方扣除住房租金支出。 住房租金支出由签订租赁住房合同的承租人扣除。	应当留存住房租赁合同、协议等有关资料备查。	纳税人及其配偶在一个纳税年度内不能同时分别享受住房贷款利息和住房租金专项附加扣除。
	问题1：住房租金专项附加扣除中的主要工作城市是如何定义的？ 解答：主要工作城市是指纳税人任职受雇的直辖市、计划单列市、副省级城市、地级市(地区、州、盟)全部行政区域范围。无任职受雇单位的，为综合所得汇算清缴地的税务机关所在城市。 问题2：住房租金专项附加扣除的扣除主体是谁？ 解答：住房租金支出由签订租赁住房合同的承租人扣除。夫妻双方主要工作城市相同的，				

只能由一方（即承租人）扣除住房租金支出。夫妻双方主要工作城市不相同的，且各自在其主要工作城市都没有住房的，可以分别扣除住房租金支出。夫妻双方不得同时分别享受住房贷款利息扣除和住房租金扣除。

问题 3：某些行业员工流动性比较大，一年换几个城市租赁住房，或者当年度一直外派并在当地租房子，如何申报住房租金专项附加扣除？

解答：对于为外派员工解决住宿问题的，不应扣除住房租金。对于外派员工自行解决租房问题的，对于一年内多次变换工作地点的，个人应及时向扣缴义务人或者税务机关更新专项附加扣除相关信息，允许一年内按照更换工作地点的情况分别进行扣除。

问题 4：我年度中间换租造成中间有重叠租赁月份的情况，如何填写相关信息？

解答：纳税人年度中间月份更换租赁住房、存在租赁期有交叉情形的，纳税人在填写租赁日期时应当避免日期有交叉。

如果此前已经填报过住房租赁信息的，只能填写新增租赁信息，且必须晚于上次已填报的住房租赁期止所属月份。确需修改已填报信息的，需联系扣缴义务人在扣缴客户端修改。

问题 5：个人的工作城市与实际租赁房屋地不一致，是否符合条件扣除住房租赁支出？

解答：纳税人在主要工作城市没有自有住房而实际租房发生的住房租金支出，可以按照实际工作地城市的标准定额扣除住房租金。

赡养老人	纳税人赡养一位及以上被赡养人（父母，以及子女均已去世的年满60岁的祖父母、外祖父母）年满60岁的	（一）纳税人为独生子女的，按照每月2000元的标准定额扣除；（二）纳税人为非独生子女的，由其与兄弟姐妹分摊每月2000元的扣除额度，每人分摊的额度不能超过每月1000元。可以由赡养人均摊或者约定分摊，也可以由被赡养人指定分摊。	子女	约定或者指定分摊的须签订书面分摊协议，指定分摊优先于约定分摊。	具体分摊方式和额度在一个纳税年度内不能变更。

问题 1：赡养老人专项附加扣除的扣除主体是谁？

解答：赡养老人专项附加扣除的扣除主体包括：一是负有赡养义务的所有子女。《婚姻法》规定：婚生子女、非婚生子女、养子女、继子女有赡养扶助父母的义务。二是祖父母、外祖父母的子女均已经去世，负有赡养义务的孙子女、外孙子女。

问题 2：赡养岳父岳母或公婆的费用是否可以享受个人所得税附加扣除？

解答：不可以。被赡养人是指年满 60 岁的父母，以及子女均已去世的年满 60 岁的祖父母、外祖父母。

问题 3：非独生子女的兄弟姐妹都已去世，是否可以按独生子女赡养老人扣除 2000 元/月？

解答：一个纳税年度内，如纳税人的其他兄弟姐妹均已去世，其可在第二年按照独生子女赡养老人标准 2000 元/月扣除。如纳税人的兄弟姐妹在 2019 年 1 月 1 日以前均已去世，则选择按"独生子女"身份享受赡养老人扣除标准；如纳税人已按"非独生子女"身份填报，可修改已申报信息，1 月按非独生子女身份扣除少享受的部分，可以在下月领工资时补扣除。

问题 4：独生子女家庭，父母离异后再婚的，如何享受赡养老人专项附加扣除？

解答：对于独生子女家庭，父母离异后重新组建家庭，在新组建的两个家庭中，只要父母中一方没有纳税人以外的其他子女进行赡养，则纳税人可以按照独生子女标准享受每月 2000 元赡养老人专项附加扣除。除上述情形外，不能按照独生子女享受扣除。在填写专项附加扣除信息表时，纳税人需注明与被赡养人的关系。

大病医疗	在一个纳税年度内，纳税人、未成年子女发生的与基本医保相关的医药费用支出，扣除医保报销后个人负担（指医保目录范围内的自付部分）累计超过 15000 元的部分。纳税人及其配偶、未成年子女发生的医药费用支出，按本办法第十一条规定分别计算扣除额。	在 80000 元限额内据实扣除	纳税人或者纳税人配偶一方扣除。	应当留存医药服务收费及医保报销相关票据原件（或者复印件）等资料备查；

问题 1：夫妻同时有大病医疗支出，想全部都在男方扣除，扣除限额是 16 万吗？

解答：夫妻两人同时有符合条件的大病医疗支出，可以选择都在男方扣除，扣除限额分别计算，每人最高扣除限额为 8 万元，合计最高扣除限额为 16 万元。

问题 2：纳税人父母的大病医疗支出，是否可以在纳税人税前扣除？

解答：目前未将纳税人父母纳入大病医疗扣除范围。

四、专项附加扣除的征管要求（国家税务总局公告 2018 年第 60 号）

（一）报送信息及留存备查资料

1、对纳税人报送信息的要求

（1）信息报送

纳税人选择在扣缴义务人发放工资、薪金所得时享受专项附加扣除的，首次享受时应当填写并向扣缴义务人报送《扣除信息表》；更换工作单位的纳税人，需要由新任职、受雇扣缴义务人办理专项附加扣除的，应当在入职的当月，填写并向扣缴义务人报送《扣除信息表》。

纳税人选择在汇算清缴申报时享受专项附加扣除的，应当填写并向汇缴地主管税务机关报送《扣除信息表》。

（2）信息更新

纳税年度中间相关信息发生变化的，纳税人应当更新《扣除信息表》相应栏次，并及时报送给扣缴义务人。

（3）信息确认

纳税人次年需要由扣缴义务人继续办理专项附加扣除的，应当于每年 12 月份对次年享受专项附加扣除的内容进行确认，并报送至扣缴义务人。纳税人未及时确认的，扣缴义务人于次年 1 月起暂停扣除，待纳税人确认后再行办理专项附加扣除。

2、对扣缴义务人报送信息的要求

扣缴义务人应当将纳税人报送的专项附加扣除信息，在次月办理扣缴申报时一并报送至主管税务机关。

3、信息受理

纳税人将需要享受的专项附加扣除项目信息填报至《扣除信息表》相应栏次。填报要素完整的，扣缴义务人或者主管税务机关应当受理；填报要素不完整的，扣缴义务人或者主管税务机关应当及时告知纳税人补正或重新填报。纳税人未补正或重新填报的，暂不办理相关专项附加扣除，待纳税人补正或重新填报后再行办理。

4、留存备查资料

（1）子女教育

子女在境外接受教育的，应当留存境外学校录取通知书、留学签证等境外教育佐证资料。

（2）继续教育

纳税人需要留存备查资料包括：纳税人接受技能人员职业资格继续教育、专业技术人员职业资格继续教育的，应当留存职业资格相关证书等资料。

（3）贷款利息

纳税人需要留存备查资料包括：住房贷款合同、贷款还款支出凭证等资料。

（4）住房租金

纳税人需要留存备查资料包括：住房租赁合同或协议等资料。

（5）赡养老人

纳税人需要留存备查资料包括：约定或指定分摊的书面分摊协议等资料。

（6）大病医疗

纳税人需要留存备查资料包括：大病患者医药服务收费及医保报销相关票据原件或复印件，或者医疗保障部门出具的纳税年度医药费用清单等资料。

（二）信息报送方式

纳税人可以通过远程办税端、电子或者纸质报表等方式，向扣缴义务人或者主管税务机关报送个人专项附加扣除信息。

1. 纳税年度内由扣缴义务人办理专项附加扣除

纳税人选择纳税年度内由扣缴义务人办理专项附加扣除的，按下列规定办理：

（1）纳税人通过远程办税端选择扣缴义务人并报送专项附加扣除信息的，扣缴义务人根据接收的扣除信息办理扣除。

（2）纳税人通过填写电子或者纸质《扣除信息表》直接报送扣缴义务人的，扣缴义务人将相关信息导入或者录入扣缴端软件，并在次月办理扣缴申报时提交给主管税务机关。《扣除信息表》应当一式两份，纳税人和扣缴义务人签字（章）后分别留存备查。纳税人应当对报送的专项附加扣除信息的真实性、准确性、完整性负责。

2. 年度终了后办理汇算清缴申报时扣除

纳税人选择年度终了后办理汇算清缴申报时享受专项附加扣除的，既可以通过远程办税端报送专项附加扣除信息，也可以将电子或者纸质《扣除信息表》（一式两份）报送给汇缴地主管税务机关。

报送电子《扣除信息表》的，主管税务机关受理打印，交由纳税人签字后，一份由纳税人留存备查，一份由税务机关留存；报送纸质《扣除信息表》的，纳税人签字确认、主管税务机关受理签章后，一份退还纳税人留存备查，一份由税务机关留存。

扣缴义务人和税务机关应当告知纳税人办理专项附加扣除的方式和渠道，鼓励并引导纳税人采用远程办税端报送信息。

（三）后续管理

1、资料保存

（1）纳税人资料保存要求

纳税人应当将《扣除信息表》及相关留存备查资料，自法定汇算清缴期结束后保存五年。

（2）扣缴义务人资料保存要求

纳税人报送给扣缴义务人的《扣除信息表》，扣缴义务人应当自预扣预缴年度的次年起留存五年。

2、资料抽查

（1）税务机关

税务机关定期对纳税人提供的专项附加扣除信息开展抽查。税务机关核查时，纳税人无法提供留存备查资料，或者留存备查资料不能支持相关情况的，税务机关可以要求纳税人提供其他佐证；不能提供其他佐证材料，或者佐证材料仍不足以支持的，不得享受相关专项附加扣除。

（2）相关单位和个人

税务机关核查专项附加扣除情况时，可以提请有关单位和个人协助核查，相关单位和个人应当协助。

（3）涉税风险

纳税人有下列情形之一的，主管税务机关应当责令其改正；情形严重的，应当纳入有关信用信息系统，并按照国家有关规定实施联合惩戒；涉及违反税收征管法等法律法规的，税务机关依法进行处理：

①报送虚假专项附加扣除信息；

②重复享受专项附加扣除；

③超范围或标准享受专项附加扣除；

④拒不提供留存备查资料；

⑤税务总局规定的其他情形。

纳税人在任职、受雇单位报送虚假扣除信息的，税务机关责令改正的同时，通知扣缴义务人。

2、扣缴义务人的责任与义务

（1）按规定为纳税人办理专项附加扣除

纳税人向扣缴义务人提供专项附加扣除信息的，扣缴义务人应当按照规定予以扣除，不得拒绝。

（2）为纳税人保密

扣缴义务人应当为纳税人报送的专项附加扣除信息保密。

（3）不得擅自更改纳税人提供的信息

扣缴义务人应当及时按照纳税人提供的信息计算办理扣缴申报，不得擅自更改纳税人提供的相关信息。

（4）向税务机关报告

扣缴义务人发现纳税人提供的信息与实际情况不符，可以要求纳税人修改。纳税人拒绝修改的，扣缴义务人应当向主管税务机关报告，税务机关应当及时处理。

（5）向纳税人反馈扣缴税款

除纳税人另有要求外，扣缴义务人应当于年度终了后两个月内，向纳税人提供已办理的专项附加扣除项目及金额等信息。

五、个人所得税专项附加扣除信息表及填表说明

纳税人根据自己的情况，将符合政策条件需要享受的专项附加扣除项目信息填报至《扣除信息表》（见下表）相应栏次，纳税人应当对报送的专项附加扣除信息的真实性、准确性、完整性负责。

（一）个人所得税专项附加扣除信息表

个人所得税专项附加扣除信息表

填报日期： 年 月 日　　　　　　　　　　扣除年度：

纳税人姓名：　　　　　　　　　　　　　　纳税人识别号：□□□□□□□□□□□□□□□□□□

纳税人信息	手机号码		电子邮箱	
	联系地址		配偶情况	□有配偶　□无配偶
纳税人配偶信息	姓名		身份证件类型	身份证件号码 □□□□□□□□□□□□□□□□□□

一、子女教育

较上次报送信息是否发生变化：　□首次报送（请填写全部信息）　□无变化（不需重新填写）　□有变化（请填写发生变化项目的信息）

子女一	姓名		身份证件类型		身份证件号码 □□□□□□□□□□□□□□□□□□
	出生日期		当前受教育阶段		□学前教育阶段　□义务教育　□高中阶段教育　□高等教育
	当前受教育阶段起始时间	年 月	当前受教育阶段结束时间	年 月	子女教育终止时间 *不再受教育时填写　年 月
	就读国家（或地区）		就读学校		本人扣除比例　□100%（全额扣除）　□50%（平均扣除）
子女二	姓名		身份证件类型		身份证件号码 □□□□□□□□□□□□□□□□□□
	出生日期		当前受教育阶段		□学前教育阶段　□义务教育　□高中阶段教育　□高等教育
	当前受教育阶段起始时间	年 月	当前受教育阶段结束时间	年 月	子女教育终止时间 *不再受教育时填写　年 月
	就读国家（或地区）		就读学校		本人扣除比例　□100%（全额扣除）　□50%（平均扣除）

二、继续教育

较上次报送信息是否发生变化：　□首次报送（请填写全部信息）　□无变化（不需重新填写）　□有变化（请填写发生变化项目的信息）

学历（学位）继续教育	当前继续教育起始时间	年 月	当前继续教育结束时间	年 月	学历（学位）继续教育阶段	□专科　□本科　□硕士研究生　□博士研究生　□其他
职业资格继续教育	职业资格继续教育类型	□技能人员　□专业技术人员			证书名称	
	证书编号		发证机关		发证（批准）日期	

三、住房贷款利息

较上次报送信息是否发生变化：　□首次报送（请填写全部信息）　□无变化（不需重新填写）　□有变化（请填写发生变化项目的信息）

房屋信息	住房坐落地址	省（区、市）　市　县（区）　街道（乡、镇）
	产权证号/不动产登记号/商品房买卖合同号/预售合同号	
	本人是否借款人	□是　□否 　是否婚前各自首套贷款，且婚后分别扣除50%　□是　□否
房贷信息	公积金贷款	贷款合同编号	
	贷款期限（月）		首次还款日期
	商业贷款	贷款合同编号	贷款银行
	贷款期限（月）		首次还款日期

四、住房租金

较上次报送信息是否发生变化：　□首次报送（请填写全部信息）　□无变化（不需重新填写）　□有变化（请填写发生变化项目的信息）

房屋信息	住房坐落地址		省（区、市）　市　县（区）　街道（乡、镇）□□□□□□□□□□
租赁情况	出租方（个人）姓名	身份证件类型	身份证件号码 □□□□□□□□□□□□□□□□□
	出租方（单位）名称		纳税人识别号（统一社会信用代码）
	主要工作城市（*填写市一级）		住房租赁合同编号（非必填）
	租赁期起		租赁期止

五、赡养老人

较上次报送信息是否发生变化：　□首次报送（请填写全部信息）　□无变化（不需重新填写）　□有变化（请填写发生变化项目的信息）

	纳税人身份		□独生子女　□非独生子女
被赡养人一	姓名	身份证件类型	身份证件号码 □□□□□□□□□□□□□□□□□
	出生日期	与纳税人关系	□父亲　□母亲　□其他
被赡养人二	姓名	身份证件类型	身份证件号码 □□□□□□□□□□□□□□□□□
	出生日期	与纳税人关系	□父亲　□母亲　□其他
共同赡养人信息	姓名	身份证件类型	身份证件号码 □□□□□□□□□□□□□□□□□
	姓名	身份证件类型	身份证件号码 □□□□□□□□□□□□□□□□□
	姓名	身份证件类型	身份证件号码 □□□□□□□□□□□□□□□□□
分摊方式 *独生子女不需填写	□平均分摊　□赡养人约定分摊　□被赡养人指定分摊		本年每月扣除金额

六、大病医疗（仅限综合所得年度汇算清缴申报时填写）

较上次报送信息是否发生变化：　□首次报送（请填写全部信息）　□无变化（不需重新填写）　□有变化（请填写发生变化项目的信息）

患者一	姓名	身份证件类型	身份证件号码 □□□□□□□□□□□□□□□□□
	医药费用总金额	个人负担金额	与纳税人关系　□本人　□配偶　□未成年子女
患者二	姓名	身份证件类型	身份证件号码 □□□□□□□□□□□□□□□□□
	医药费用总金额	个人负担金额	与纳税人关系　□本人　□配偶　□未成年子女

需要在任职受雇单位预扣预缴工资、薪金所得个人所得税时享受专项附加扣除的，填写本栏

重要提示：当您填写本栏，表示您已同意该任职受雇单位使用本表信息为您办理专项附加扣除。

扣缴义务人名称		扣缴义务人纳税人识别号（统一社会信用代码） □□□□□□□□□□□□□□□□□□

本人承诺：我已仔细阅读了填表说明，并根据《中华人民共和国个人所得税法》及其实施条例、《个人所得税专项附加扣除暂行办法》《个人所得税专项附加扣除操作办法（试行）》等相关法律法规规定填写本表。本人已就所填的扣除信息进行了核对，并对所填内容的真实性、准确性、完整性负责。

纳税人签字：　　　　　　年　月　日

扣缴义务人签章：	代理机构签章：	受理人：
经办人签字：	代理机构统一社会信用代码： 经办人签字：	受理税务机关（章）：
接收日期：　年　月　日	经办人身份证件号码：	受理日期：　年　月　日

国家税务总局监制

（二）《个人所得税专项附加扣除信息表》填表说明

1、填表须知

本表根据《中华人民共和国个人所得税法》及其实施条例、《个人所得税专项附加扣除暂行办法》《个人所得税专项附加扣除操作办法（试行）》等法律法规有关规定制定。

（1）纳税人按享受的专项附加扣除情况填报对应栏次；纳税人不享受的项目，无需填报。纳税人未填报的项目，默认为不享受。

（2）较上次报送信息是否发生变化：纳税人填报本表时，对各专项附加扣除，首次报送的，在"首次报送"前的框内划"√"。继续报送本表且无变化的，在"无变化"前的框内划"√"；发生变化的，在"有变化"前的框内划"√"，并填写发生变化的扣除项目信息。

（3）身份证件号码应从左向右顶格填写，位数不满18位的，需在空白格处划"/"。

（4）如各类扣除项目的表格篇幅不够，可另附多张《个人所得税专项附加扣除信息表》。

2、适用范围

（1）本表适用于享受子女教育、继续教育、大病医疗、住房贷款利息或住房租金、赡养老人六项专项附加扣除的自然人纳税人填写。选择在工资、薪金所得预扣预缴个人所得税时享受的，纳税人填写后报送至扣缴义务人；选择在年度汇算清缴申报时享受专项附加扣除的，纳税人填写后报送至税务机关。

（2）纳税人首次填报专项附加扣除信息时，应将本人所涉及的专项附加扣除信息表内各信息项填写完整。纳税人相关信息发生变化的，应及时更新此表相关信息项，并报送至扣缴义务人或税务机关。

纳税人在以后纳税年度继续申报扣除的，应对扣除事项有无变化进行确认。

3、各栏填写说明

（1）表头项目

填报日期：纳税人填写本表时的日期。

扣除年度：填写纳税人享受专项附加扣除的所属年度。

纳税人姓名：填写自然人纳税人姓名。

纳税人识别号：纳税人有中国居民身份证的，填写公民身份号码；没有公民身份号码的，填写税务机关赋予的纳税人识别号。

（2）表内基础信息栏

纳税人信息：填写纳税人有效的手机号码、电子邮箱、联系地址。其中，手机号码为必填项。

纳税人配偶信息：纳税人有配偶的填写本栏，没有配偶的则不填。具体填写纳税人配偶的姓名、有效身份证件名称及号码。

（3）表内各栏

①．子女教育

子女姓名、身份证件类型及号码：填写纳税人子女的姓名、有效身份证件名称及号码。

出生日期：填写纳税人子女的出生日期，具体到年月日。

当前受教育阶段：选择纳税人子女当前的受教育阶段。区分"学前教育阶段、义务教育、高中阶段教育、高等教育"四种情形，在对应框内打"√"。

当前受教育阶段起始时间：填写纳税人子女处于当前受教育阶段的起始时间，具体到年月。

当前受教育阶段结束时间：纳税人子女当前受教育阶段的结束时间或预计结束的时间，具体到年月。

子女教育终止时间：填写纳税人子女不再接受符合子女教育扣除条件的学历教育的时间，具体到年月。

就读国家（或地区）、就读学校：填写纳税人子女就读的国家或地区名称、学校名称。

本人扣除比例：选择可扣除额度的分摊比例，由本人全额扣除的，选择"100%"，分摊扣除的，选"50%"，在对应框内打"√"。

②继续教育

当前继续教育起始时间：填写接受当前学历（学位）继续教育的起始时间，具体到年月。

当前继续教育结束时间：填写接受当前学历（学位）继续教育的结束时间，或预计结束的时间，具体到年月。

学历（学位）继续教育阶段：区分"专科、本科、硕士研究生、博士研究生、其他"四种情形，在对应框内打"√"。

职业资格继续教育类型：区分"技能人员、专业技术人员"两种类型，在对应框内打"√"。证书名称、证书编号、发证机关、发证（批准）日期：填写纳税人取得的继续教育职业资格证书上注明的证书名称、证书编号、发证机关及发证（批准）日期。

③住房贷款利息

住房坐落地址：填写首套贷款房屋的详细地址，具体到楼门号。

产权证号/不动产登记号/商品房买卖合同号/预售合同号：填写首套贷款房屋的产权证、不动产登记证、商品房买卖合同或预售合同中的相应号码。如所购买住房已取得房屋产权证的，填写产权证号或不动产登记号；所购住房尚未取得房屋产权证的，填写商品房买卖合同号或预售合同号。

本人是否借款人：按实际情况选择"是"或"否"，并在对应框内打"√"。本人是借款人的情形，包括本人独立贷款、与配偶共同贷款的情形。如果选择"否"，则表头位置须填写配偶信息。

是否婚前各自首套贷款，且婚后分别扣除50%：按实际情况选择"是"或"否"，并在对应框内打"√"。该情形是指夫妻双方在婚前各有一套首套贷款住房，婚后选择按夫妻双方各50%份额扣除的情况。不填默认为"否"。

公积金贷款｜贷款合同编号：填写公积金贷款的贷款合同编号。

商业贷款｜贷款合同编号：填写与金融机构签订的住房商业贷款合同编号。

贷款期限（月）：填写住房贷款合同上注明的贷款期限，按月填写。

首次还款日期：填写住房贷款合同上注明的首次还款日期。

贷款银行：填写商业贷款的银行总行名称。

④住房租金

住房坐落地址：填写纳税人租赁房屋的详细地址，具体到楼门号。

出租方（个人）姓名、身份证件类型及号码：租赁房屋为个人的，填写本栏。具体填写住房租赁合同中的出租方姓名、有效身份证件名称及号码。

出租方（单位）名称、纳税人识别号（统一社会信用代码）：租赁房屋为单位所有的，填写单位法定名称全称及纳税人识别号（统一社会信用代码）。

主要工作城市：填写纳税人任职受雇的直辖市、计划单列市、副省级城市、地级市（地区、州、盟）。无任职受雇单位的，填写其办理汇算清缴地所在城市。

住房租赁合同编号（非必填）：填写签订的住房租赁合同编号。

租赁期起、租赁期止：填写纳税人住房租赁合同上注明的租赁起、止日期，具体到年月。提前终止合同（协议）的，以实际租赁期限为准。

⑤赡养老人

纳税人身份：区分"独生子女、非独生子女"两种情形，并在对应框内打"√"。

被赡养人姓名、身份证件类型及号码：填写被赡养人的姓名、有效证件名称及号码。

被赡养人出生日期：填写被赡养人的出生日期，具体到年月。

与纳税人关系：按被赡养人与纳税人的关系填报，区分"父亲、母亲、其他"三种情形，在对应框内打"√"。

共同赡养人：纳税人为非独生子女时填写本栏，独生子女无须填写。填写与纳税人实际承担共同赡养义务的人员信息，包括姓名、身份证件类型及号码。

分摊方式：纳税人为非独生子女时填写本栏，独生子女无须填写。区分"平均分摊、赡养人约定分摊、被赡养人指定分摊"三种情形，并在对应框内打"√"。

本年度月扣除金额：填写扣除年度内，按政策规定计算的纳税人每月可以享受的赡养老人专项附加扣除的金额。

⑥大病医疗

患者姓名、身份证件类型及号码：填写享受大病医疗专项附加扣除的患者姓名、有效证件名称及号码。

医药费用总金额：填写社会医疗保险管理信息系统记录的与基本医保相关的医药费用总金额。

个人负担金额：填写社会医疗保险管理信息系统记录的基本医保目录范围内扣除医保报销后的个人自付部分。

与纳税人关系：按患者与纳税人的关系填报，区分"本人、配偶或未成年子女"三种情形，在对应框内打"√"。

⑦扣缴义务人信息

纳税人选择由任职受雇单位办理专项附加扣除的填写本栏。

扣缴义务人名称、纳税人识别号（统一社会信用代码）：纳税人由扣缴义务人在工资、薪金所得预扣预缴个人所得税时办理专项附加扣除的，填写扣缴义务人名称全称及纳税人识别号或统一社会信用代码。

（4）签字（章）栏次

"声明"栏：需由纳税人签字。

"扣缴义务人签章"栏：扣缴单位向税务机关申报的，应由扣缴单位签章，办理申报的经办人签字，并填写接收专项附加扣除信息的日期。

"代理机构签章"栏：代理机构代为办理纳税申报的，应填写代理机构统一社会信用代码，加盖代理机构印章，代理申报的经办人签字，并填写经办人身份证件号码。

纳税人或扣缴义务人委托专业机构代为办理专项附加扣除的，需代理机构签章。

"受理机关"栏：由受理机关填写。

第四节 依法确定的其他扣除

一、企业年金和职业年金

企业年金和职业年金个人所得税有关问题，在《关于企业年金 职业年金个人所得税有关问题的通知》（财税〔2013〕103 号）进行了明确。

政策规定	政策解读
一、企业年金和职业年金缴费的个人所得税处理 1. 企业和事业单位 (以下统称单位) 根据国家有关政策规定的办法和标准，为在本单位任职或者受雇的全体职工缴付的企业年金或职业年金 (以下统称年金) 单位缴费部分，在计入个人账户时，个人暂不缴纳个人所得税。 2. 个人根据国家有关政策规定缴付的年金个人缴费部分，在不超过本人缴费工资计税基数的 4% 标准内的部分，暂从个人当期的应纳税所得额中扣除。 3. 超过本通知第一条第 1 项和第 2 项规定的标准缴付的年金单位缴费和个人缴费部分，应并入个人当期的工资、薪金所得，依法计征个人所得税。税款由建立年金的单位代扣代缴，并向主管税务机关申报解缴。 4. 企业年金个人缴费工资计税基数为本人上一年度月平均工资。月平均工资按国家统计局规定列入工资总额统计的项目计算。月平均工资超过职工工作地所在设区城市上一年度职工月平均工资 300% 以上的部分，不计入个人缴费工资计税基数。 职业年金个人缴费工资计税基数为职工岗位工资和薪级工资之和。职工岗位工资和薪级工资之和超过职工工作地所在设区城市上一年度职工月平均工资 300% 以上的部分，不计入个人缴费工资计税基数。 二、年金基金投资运营收益的个人所得税处理 年金基金投资运营收益分配计入个人账户时，个人暂不缴纳个人所得税。	企业年金和职业年金缴费环节和年金基金投资运营收益环节，暂不缴纳个人所得税，是为促进我国多层次养老保险体系的发展。 年金缴费环节，由个人所在单位为其缴费的，暂不缴纳个人所得税的前期是按照国家有关政策规定的办法和标准缴费，如果超出标准，对超出标准部分要并入当月工资薪金所得，一并计算预扣预缴个人所得税。

二、商业健康保险

对商业健康保险，个人所得税扣除问题，在《财政部 国家税务总局 保监会关于将商业健康保险个人所得税试点政策推广到全国范围实施的通知》（财税〔2017〕39号）、《国家税务总局关于推广实施商业健康保险个人所得税政策有关征管问题的公告》（国家税务总局公告2017年第17号）做出了相关规定。

	39号政策规定	17号公告政策规定
一、政策内容	对个人购买符合规定的商业健康保险产品的支出，允许在当年（月）计算应纳税所得额时予以税前扣除，扣除限额为2400元/年（200元/月）。单位统一为员工购买符合规定的商业健康保险产品的支出，应分别计入员工个人工资薪金，视同个人购买，按上述限额予以扣除。 2400元/年（200元/月）的限额扣除为个人所得税法规定减除费用标准之外的扣除。	
二、适用对象	适用商业健康保险税收优惠政策的纳税人，是指取得工资薪金所得、连续性劳务报酬所得的个人。	取得连续性劳务报酬所得，是指个人连续3个月以上（含3个月）为同一单位提供劳务而取得的所得。
三、商业健康保险产品的规范和条件	符合规定的商业健康保险产品，是指保险公司参照个人税收优惠型健康保险产品指引框架及示范条款（见附件）开发的、符合下列条件的健康保险产品： （一）健康保险产品采取具有保障功能并设立有最低保证收益账户的万能险方式，包含医疗保险和个人账户积累两项责任。被保险人个人账户由其所投保的保险公司负责管理维护。 （二）被保险人为16周岁以上、未满法定退休年龄的纳税人群。保险公司不得因被保险人既往病史拒保，并保证续保。 （三）医疗保险保障责任范围包括被保险人医保所在地基本医疗保险基金支付范围内的自付费用及部分基本医疗保险基金支付范围外的费用，费用的报销范围、比例和额	保险公司销售符合规定的商业健康保险产品，及时为购买保险的个人开具发票和保单凭证，并在保单凭证上注明税优识别码。 个人购买商业健康保险未获得税优识别码的，其支出金额不得税前扣除。 税优识别码，是指为确保税收优惠商业健康保险保单的唯一性、真实性和有效性，由商业健康保险信息平台按照"一人一单一码"的原则对投保人进行校验后，下发给保险公司，并在保单凭证上打印的数字识别码。

	度由各保险公司根据具体产品特点自行确定。 （四）同一款健康保险产品，可依据被保险人的不同情况，设置不同的保险金额，具体保险金额下限由保监会规定。 （五）健康保险产品坚持"保本微利"原则，对医疗保险部分的简单赔付率低于规定比例的，保险公司要将实际赔付率与规定比例之间的差额部分返还到被保险人的个人账户。 根据目标人群已有保障项目和保障需求的不同，符合规定的健康保险产品共有三类，分别适用于：1. 对公费医疗或基本医疗保险报销后个人负担的医疗费用有报销意愿的人群；2. 对公费医疗或基本医疗保险报销后个人负担的特定大额医疗费用有报销意愿的人群；3. 未参加公费医疗或基本医疗保险，对个人负担的医疗费用有报销意愿的人群。 符合上述条件的个人税收优惠型健康保险产品，保险公司应按《保险法》规定程序上报保监会审批。	
四、税收征管	（一）单位统一组织为员工购买或者单位和个人共同负担购买符合规定的商业健康保险产品，单位负担部分应当实名计入个人工资薪金明细清单，视同个人购买，并自购买产品次月起，在不超过200元/月的标准内按月扣除。一年内保费金额超过2400元的部分，不得税前扣除。以后年度续保时，按上述规定执行。个人自行退保时，应及时告知扣缴单位。个人相关退保信息保险公司应及时传递给税务机关。 （二）取得工资薪金所得或连续性劳务报酬所得的个人，自行购买符合规定的商业健康保险产品的，应当及时向代扣代缴单位提供保单凭证。扣缴单位自个人提交保单凭证的次月起，在不超过200元/月的标准内按月扣除。一年内保费金额超过2400元的部	有扣缴义务人的个人自行购买、单位统一组织为员工购买或者单位和个人共同负担购买符合规定的商业健康保险产品，扣缴义务人在填报《扣缴个人所得税报告表》或《特定行业个人所得税年度申报表》时，应将当期扣除的个人购买商业健康保险支出金额填至申报表"税前扣除项目"的"其他"列中（需注明商业健康保险扣除金额），并同时填报《商业健康保险税前扣除情况明细表》（见附件）。

		其中，个人自行购买符合规定的商业健康保险产品的，应及时向扣缴义务人提供保单凭证，扣缴义务人应当依法为其税前扣除，不得拒绝。个人从中国境内两处或者两处以上取得工资薪金所得，且自行购买商业健康保险的，只能选择在其中一处扣除。 　　个人未续保或退保的，应于未续保或退保当月告知扣缴义务人终止商业健康保险税前扣除。
	分，不得税前扣除。以后年度续保时，按上述规定执行。个人自行退保时，应及时告知扣缴义务人。 　　（三）个体工商户业主、企事业单位承包承租经营者、个人独资和合伙企业投资者自行购买符合条件的商业健康保险产品的，在不超过2400元/年的标准内据实扣除。一年内保费金额超过2400元的部分，不得税前扣除。以后年度续保时，按上述规定执行。	
五、部门协作	商业健康保险个人所得税税前扣除政策涉及环节和部门多，各相关部门应密切配合，切实落实好商业健康保险个人所得税政策。 　　（一）财政、税务、保监部门要做好商业健康保险个人所得税优惠政策宣传解释，优化服务。税务、保监部门应建立信息共享机制，及时共享商业健康保险涉税信息。 　　（二）保险公司在销售商业健康保险产品时，要为购买健康保险的个人开具发票和保单凭证，载明产品名称及缴费金额等信息，作为个人税前扣除的凭据。保险公司要与商业健康保险信息平台保持实时对接，保证信息真实准确。 　　（三）扣缴单位应按照本通知及税务机关有关要求，认真落实商业健康保险个人所得税前扣除政策。 　　（四）保险公司或商业健康保险信息平台应向税务机关提供个人购买商业健康保险的相关信息，并配合税务机关做好相关税收征管工作。	
六、实施时间	本通知自2017年7月1日起执行。	

三、税收递延型养老保险

为贯彻落实党的十九大精神，推进多层次养老保险体系建设，对养老保险第三支柱进行有益探索，在《财政部 税务总局 人力资源社会保障部 中国银行保险监督管理委员会 证监会关于开展个人税收递延型商业养老保险试点的通知》（财税〔2018〕22号）中，就开展个人税收递延型商业养老保险试点有关问题进行了明确。

（一）政策内容

政策规定	政策解读
一、关于试点政策 （一）试点地区及时间。 　自2018年5月1日起，在上海市、福建省（含厦门市）和苏州工业园区实施个人税收递延型商业养老保险试点。试点期限暂定一年。 （二）试点政策内容。 　对试点地区个人通过个人商业养老资金账户购买符合规定的商业养老保险产品的支出，允许在一定标准内税前扣除；计入个人商业养老资金账户的投资收益，暂不征收个人所得税；个人领取商业养老金时再征收个人所得税。具体规定如下： 　1.个人缴费税前扣除标准。 　取得工资薪金、连续性劳务报酬所得的个人，其缴纳的保费准予在申报扣除当月计算应纳税所得额时予以限额据实扣除，扣除限额按照当月工资薪金、连续性劳务报酬收入的6%和1000元孰低办法确定。取得个体工商户生产经营所得、对企事业单位的承包承租经营所得的个体工商户业主、个人独资企业投资者、合伙企业自然人合伙人和承包承租经营者，其缴纳的保费准予在申报扣除当年计算应纳税所得额时予以限额据实扣除，扣除限额按照不超过当年应税收入的6%和12000元孰低办法确定。 　2.账户资金收益暂不征税。 　计入个人商业养老资金账户的投资收益，在缴费期间暂不征收个人所得税。 　3.个人领取商业养老金征税。 　个人达到国家规定的退休年龄时，可按月或按年领取商业养老金，领取期限原则上为终身或不少于15年。个人身故、发生保险合同约定的全残或罹患重大疾病的，可以一次性领取商业养老金。 　对个人达到规定条件时领取的商业养老金收入，其中25%部分予以免税，其余75%部分按照10%的比例税率计算缴纳个人所得税，	该政策是为贯彻落实党的十九大精神，推进多层次养老保险体系建设，对养老保险第三支柱进行的有益探索。因此选择部分省市，如上海市、福建省（含厦门市）和苏州工业园区进行个人税收递延型商业养老保险试点。

税款计入"其他所得"项目。适用试点税收政策的纳税人,是指在试点地区取得工资薪金、连续性劳务报酬所得的个人,以及取得个体工商户生产经营所得、对企事业单位的承包承租经营所得的个体工商户业主、个人独资企业投资者、合伙企业自然人合伙人和承包承租经营者,其工资薪金、连续性劳务报酬的个人所得税扣缴单位,或者个体工商户、承包承租单位、个人独资企业、合伙企业的实际经营地均位于试点地区内。

取得连续性劳务报酬所得,

(四)试点期间个人商业养老资金账户和信息平台。

1.个人商业养老资金账户是由纳税人指定的、用于归集税收递延型商业养老保险缴费、收益以及资金领取等的商业银行个人专用账户。该账户封闭运行,与居民身份证件绑定,具有唯一性。

2.试点期间使用中国保险信息技术管理有限责任公司建立的信息平台(以下简称"中保信平台")。个人商业养老资金账户在中保信平台进行登记,校验其唯一性。个人商业养老资金账户变更银行须经中保信平台校验后,进行账户结转,每年允许结转一次。中保信平台与税务系统、商业保险机构和商业银行对接,提供账户管理、信息查询、税务稽核、外部监管等基础性服务。

(五)试点期间商业养老保险产品及管理。

个人商业养老保险产品按稳健型产品为主、风险型产品为辅的原则选择,采取名录方式确定。试点期间的产品是指由保险公司开发,符合"收益稳健、长期锁定、终身领取、精算平衡"原则,满足参保人对养老账户资金安全性、收益性和长期性管理要求的商业养老保险产品。具体商业养老保险产品指引由中国银行保险监督管理委员会提出,商财政部、人社部、税务总局后发布。

(六)试点期间税收征管。

1.关于缴费税前扣除。

个人购买符合规定的商业养老保险产品、享受递延纳税优惠时,以中保信平台出具的税延养老扣除凭证为扣税凭据。取得工资、薪金所得和连续性劳务报酬所得的个人,应及时将相关凭证提供给扣缴单位。扣缴单位应按照本通知有关要求,认真落实个人税收递延型商业养老保险试点政策,为纳税人办理税前扣除有关事项。

个人在试点地区范围内从两处或者两处以上取得所得的,只能选择在其中一处享受试点政策。

2.关于领取商业养老金时的税款征收。

个人按规定领取商业养老金时,由保险公司代扣代缴其应缴的个人所得税。

二、试点期间其他相关准备工作

试点期间，中国银行保险监督管理委员会、证监会做好相关准备工作，完善养老账户管理制度，制定银行、公募基金类产品指引等相关规定，指导相关金融机构产品开发。做好中国证券登记结算有限责任公司信息平台（以下简称"中登公司平台"）与商业银行、税务等信息系统的对接准备工作。同时，由人社部、财政部牵头，联合税务总局、中国银行保险监督管理委员会、证监会等单位，共同研究建立第三支柱制度和管理服务信息平台。

试点结束后，根据试点情况，结合养老保险第三支柱制度建设的有关情况，有序扩大参与的金融机构和产品范围，将公募基金等产品纳入个人商业养老账户投资范围，相应将中登公司平台作为信息平台，与中保信平台同步运行。第三支柱制度和管理服务信息平台建成以后，中登公司平台、中保信平台与第三支柱制度和管理服务信息平台对接，实现养老保险第三支柱宏观监管。

三、部门协作

（一）信息平台应向税务机关提供个人税收递延型商业养老保险有关信息，并配合税务机关做好相关税收征管工作。

（二）保险公司在销售个人税收递延型商业养老保险产品时，应为购买商业养老保险产品的个人开具发票和保单凭证，载明产品名称及缴费金额等信息。保险公司与信息平台实时对接，保证信息真实准确。

（三）试点地区财政、人社、税务、金融监管等相关部门应各司其职，密切配合，认真组织落实本通知，并及时总结、动态评估试点经验。对实施过程中遇到的困难和问题，及时向财政部、人社部、税务总局和金融监管部门反映。

（二）个人税收递延型商业养老保险税前扣除情况明细表

个人税收递延型商业养老保险税前扣除情况明细表

所属期：　年　月　日至　年　月　日　　　金额单位：人民币元（列至角分）

单位或个人情况		
填表人身份	☐ 扣缴义务人　　　☐ 个体工商户和承包承租经营者 ☐ 个人独资企业投资者　☐ 合伙企业自然人合伙人　　☐ 其他	
单位名称		纳税人识别号 （统一社会信用代码）

税收递延型商业养老保险税前扣除情况

序号	姓名	身份证件类型	身份证件号码	税延养老账户编号	申报扣除期	报税校验码	年度保费	月度保费	本期扣除金额

谨声明：此表是根据《中华人民共和国个人所得税法》及有关法律法规规定填写的，是真实的、完整的、可靠的。

纳税人或扣缴义务人负责人签字：　　　　　　年　月　日

代理申报机构（人）签章：	主管税务机关受理章：
经办人： 经办人身份证件类型： 经办人身份证件号码： 经办人执业证件号码： 代理申报日期：　年　月　日	受理人： 受理日期：　年　月　日

（三）个人税收递延型商业养老保险税前扣除情况明细表填报说明

本表适用于个人购买符合规定的税收递延型商业养老保险支出税前扣除申报。本表随《扣缴个人所得税报告表》《特定行业个人所得税年度申报表》《个人所得税生产经营所得纳税申报表（B表）》等申报表一并报送；实行核定征收的，可单独报送。

1、所属期：应与《扣缴个人所得税报告表》等申报表上注明的"税款所属期"一致。

2、单位和个人情况

（1）单位名称：填写涉及商业养老保险扣除政策的扣缴义务人、个体工商户、承包承租的企事业单位、个人独资企业、合伙企业的单位名称。

（2）纳税人识别号（统一社会信用代码）：填写上述单位的相应号码。

3、税收递延型商业养老保险税前扣除情况

（1）姓名、身份证件类型、身份证件号码：填写购买税延养老保险的个人信息，相关信息应与《扣缴个人所得税报告表》等申报表上载明的明细信息保持一致；个体工商户业主、个人独资企业投资者、合伙企业自然人合伙人、承包承租经营者和其他自行纳税申报个人按照本人实际情况填写。

（2）税延养老账户编号、报税校验码：按照中国保险信息技术管理有限责任公司相关信息平台出具的《个人税收递延型商业养老保险扣除凭证》载明的对应项目填写。

（3）申报扣除期：取得工资薪金所得、连续性劳务报酬所得（特定行业除外）的个人，填写申报扣除的月份；取得个体工商户的生产经营所得、对企事业单位的承包承租经营所得的个人及特定行业取得工资薪金的个人，填写申报扣除的年份。

（4）年度保费：取得个体工商户的生产经营所得、对企事业单位的承包承租经营所得的个人及特定行业取得工资薪金的个人，填写《个人税收递延型商业养老保险扣除凭证》载明的年度保费金额。

（5）月度保费：取得工资薪金所得、连续性劳务报酬所得（特定行业除外）的个人，填写《个人税收递延型商业养老保险扣除凭证》载明的月度保费金额，一次性缴费的保单填写月平均保费金额。

（6）本期扣除金额：

①取得工资薪金所得、连续性劳务报酬所得（特定行业除外）的个人，应按税延养老保险扣除凭证记载的当月金额和扣除限额孰低的方法计算可扣除额。扣除限额按照申报扣除当月的工资薪金、连续性劳务报酬收入的6%和1000元孰低的办法确定。

②取得个体工商户的生产经营所得、对企事业单位的承包承租经营所得的个人及特定行业取得工资薪金的个人，按税延养老保险扣除凭证记载的当年金额和扣除限额孰低的方法计算可扣除额。扣除限额按照不超过当年应税收入的6%和12000元孰低的办法确定。

四、捐赠的扣除

政策依据	个人所得税法第六条第三款	个人所得税法实施条例第十九条	财税〔2017〕60号《关于北京2022年冬奥会和冬残奥会税收政策的通知》
政策内容	个人将其所得对教育、扶贫、济困等公益慈善事业进行捐赠，捐赠额未超过纳税人申报的应纳税所得额百分之三十的部分，可以从其应纳税所得额中扣除；国务院规定对公益慈善事业捐赠实行全额税前扣除的，从其规定。	个人所得税法第六条第三款所称个人将其所得对教育、扶贫、济困等公益慈善事业进行捐赠，是指个人将其所得通过中国境内的公益性社会组织、国家机关向教育、扶贫、济困等公益慈善事业的捐赠；所称应纳税所得额，是指计算扣除捐赠额之前的应纳税所得额。	（三）个人捐赠北京2022年冬奥会、冬残奥会、测试赛的资金和物资支出可在计算个人应纳税所得额时予以全额扣除。

第五节 应纳税额的计算

一、预扣预缴税款的计算

（一）扣缴义务人向居民个人支付工资、薪金所得预扣预缴税款的计算

1、应纳税所得额的计算

扣缴义务人向居民个人支付工资、薪金所得时，应当按照累计预扣法计算预扣税款，并按月办理扣缴申报。

累计预扣法，是指扣缴义务人在一个纳税年度内预扣预缴税款时，以纳税人在本单位截至当前月份工资、薪金所得累计收入减除累计免税收入、累计减除费用、累计专项扣除、累计专项附加扣除和累计依法确定的其他扣除后的余额为累计预扣预缴应纳税所得额。

2、适用个人所得税预扣率

扣缴义务人在一个纳税年度内在对居民个人发放工资薪金预扣预缴税款时，适用个人所得税预扣率表一（见下表）

个人所得税预扣率表一（居民个人工资、薪金所得预扣预缴适用）

级数	累计预扣预缴应纳税所得额	预扣率（%）	速算扣除数
1	不超过 36000 元的	3	0
2	超过 36000 元至 144000 元的部分	10	2520
3	超过 144000 元至 300000 元的部分	20	16920
4	超过 300000 元至 420000 元的部分	25	31920
5	超过 420000 元至 660000 元的部分	30	52920
6	超过 660000 元至 960000 元的部分	35	85920
7	超过 960000 元的部分	45	181920

3、应纳税额的计算

按照累计预扣预缴应纳税所得额和适用的个人所得税预扣率，计算出累计应预扣预缴税额，再减除累计减免税额和累计已预扣预缴税额，其余额为本期应预扣预缴税额。余额为负值时，暂不退税。纳税年度终了后余额仍为负值时，由纳税人通过办理综合所得年度汇算清缴，税款多退少补。

具体计算公式如下：

本期应预扣预缴税额 =（累计预扣预缴应纳税所得额 × 预扣率 – 速算扣除数）– 累计减免税额 – 累计已预扣预缴税额

【例2-5】某职员2015年入职，2019年每月应发工资均为10000元，每月减除费用5000元，"三险一金"等专项扣除为1500元，从1月起享受子女教育专项附加扣除1000元，假设没有减免收入及减免税额等情况。以前三个月为例，应当按照以下方法计算预扣预缴税额：

1月份：(10000-5000-1500-1000）× 3% =75元；

2月份：(10000 × 2-5000 × 2-1500 × 2-1000 × 2）× 3%-75 =75元；

3月份：(10000 × 3-5000 × 3-1500 × 3-1000 × 3）× 3%-75-75 =75元；

进一步计算可知，该纳税人全年累计预扣预缴应纳税所得额为30000元，一直适用3%的税率，因此各月应预扣预缴的税款相同。

【例2-6】某职员2015年入职，2019年每月应发工资均为30000元，每月减除费用5000元，"三险一金"等专项扣除为4500元，享受子女教育、赡养老人两项专项附加扣除共计2000元，假设没有减免收入及减免税额等情况。以前三个月为例，应当按照以下方法计算各月应预扣预缴税额：

1月份：(30000-5000-4500-2000）× 3% = 555元；

2月份：(30000 × 2-5000 × 2-4500 × 2-2000 × 2）× 10%-2520 -555 =625元；

3月份：(30000 × 3-5000 × 3-4500 × 3-2000 × 3）× 10%-2520 -555-625 =1850元；

上述计算结果表明，由于2月份累计预扣预缴应纳税所得额为37000元，已适用10%的税率，因此2月份和3月份应预扣预缴税款有所增加。

（二）扣缴义务人向居民个人支付劳务报酬所得、稿酬所得、特许权使用费所得所得预扣预缴税款的计算

扣缴义务人向居民个人支付劳务报酬所得、稿酬所得、特许权使用费所得时，应当按照以下方法按次或者按月预扣预缴税款：

1、预扣预缴应纳税所得额的计算

劳务报酬所得、稿酬所得、特许权使用费所得以收入减除费用后的余额为收入额；其中，稿酬所得的收入额减按百分之七十计算。

减除费用：预扣预缴税款时，劳务报酬所得、稿酬所得、特许权使用费所得每次收入不超过四千元的，减除费用按八百元计算；每次收入四千元以上的，减除费用按收入的百分之二十计算。

2、预扣率

劳务报酬所得适用个人所得税预扣率表二（见下表），稿酬所得、特许权使用费所得适用百分之二十的比例预扣率。

个人所得税预扣率表二
（居民个人劳务报酬所得预扣预缴适用）

级数	累计预扣预缴应纳税所得额	预扣率（%）	速算扣除数
1	不超过 20000 元的	20	0
2	超过 20000 元至 50000 元的部分	30	2000
3	超过 50000 元的部分	40	7000

3、按次或者按月预扣预缴税款的计算

（1）劳务报酬所得应预扣预缴税额的计算

劳务报酬所得应预扣预缴税额＝应纳税所得额 × 预扣率

【例 2-7】假如某居民个人取得劳务报酬所得 2000 元，则这笔劳务报酬所得应预扣预缴税额计算过程为：

收入额：2000-800=1200 元

应预扣预缴税额：1200 × 20%=240 元

【例 2-8】假如某居民个人取得劳务报酬所得 600 万元，则这笔劳务报酬所得应预扣预缴税额计算过程为：

收入额：6000000 ×（1-20%）=4800000 元

应预扣预缴税额：4800000 × 40%-7000=1913000 元

（2）稿酬所得、特许权使用费所得按次或者按月预扣预缴税款的计算

稿酬所得、特许权使用费所得按次或者按月预扣预缴税款＝预扣预缴应纳税所得额 × 预扣率 20%

【例 2-9】假如某居民个人取得稿酬所得 40000 元，则这笔所得应预扣预缴税额计算过程为：

预扣预缴应纳税所得额：（40000-40000 × 20%）× 70%=22400 元

应预扣预缴税额：22400 × 20%=4480 元

个人所得税扣缴申报表填报

（1）个人所得税扣缴申报表（如下）

个人所得税扣缴申报表

税款所属期：　年　月　日至　年　月　日

扣缴义务人名称：

扣缴义务人纳税人识别号（统一社会信用代码）：□□□□□□□□□□□□□□□□□□

金额单位：人民币元（列至角分）

序号	姓名	身份证件类型	身份证件号码	纳税人识别号	是否为非居民个人	所得项目	本月（次）情况														累计情况											税款计算							备注
							收入额计算			减除费用	专项扣除				其他扣除						累计收入额	累计减除费用	累计专项扣除	累计专项附加扣除					累计其他扣除	减按计税比例	准予扣除的捐赠额	应纳税所得额	税率/预扣率	速算扣除数	应纳税额	减免税额	已缴税额	应补/退税额	
							收入	费用	免税收入		基本养老保险费	基本医疗保险费	失业保险费	住房公积金	年金	商业健康保险	税延养老保险	财产原值	允许扣除的税费	其他				子女教育	赡养老人	住房贷款利息	住房租金	继续教育											
1	2	3	4	5	6	7	8	9	10	11	12	13	14	15	16	17	18	19	20	21	22	23	24	25	26	27	28	29	30	31	32	33	34	35	36	37	38	39	40
合计																																							

经办人签字：	受理人：
经办人身份证件号码：	
代理机构签章：	受理税务机关（章）：
代理机构统一社会信用代码：	受理日期：　年　月　日

（2）《个人所得税扣缴申报表》填表说明

①适用范围

本表适用于扣缴义务人向居民个人支付工资、薪金所得，劳务报酬所得，稿酬所得和特许权使用费所得的个人所得税全员全额预扣预缴申报；向非居民个人支付工资、薪金所得，劳务报酬所得，稿酬所得和特许权使用费所得的个人所得税全员全额扣缴申报；以及向纳税人（居民个人和非居民个人）支付利息、股息、红利所得，财产租赁所得，财产转让所得和偶然所得的个人所得税全员全额扣缴申报。

②报送期限

扣缴义务人应当在每月或者每次预扣、代扣税款的次月15日内，将已扣税款缴入国库，并向税务机关报送本表。

③本表各栏填写

A．税款所属期：填写扣缴义务人预扣、代扣税款当月的第1日至最后1日。如：2019年3月20日发放工资时代扣的税款，税款所属期填写"2019年3月1日至2019年3月31日"。

B．扣缴义务人名称：填写扣缴义务人的法定名称全称。

C．扣缴义务人纳税人识别号（统一社会信用代码）：填写扣缴义务人的纳税人识别号或者统一社会信用代码。

D．第2列"姓名"：填写纳税人姓名。

E．第3列"身份证件类型"：填写纳税人有效的身份证件名称。中国公民有中华人民共和国居民身份证的，填写居民身份证；没有居民身份证的，填写中华人民共和国护照、港澳居民来往内地通行证或者港澳居民居住证、台湾居民通行证或者台湾居民居住证、外国人永久居留身份证、外国人工作许可证或者护照等。

F. 第4列"身份证件号码"：填写纳税人有效身份证件上载明的证件号码。

G. 第5列"纳税人识别号"：有中国公民身份号码的，填写中华人民共和国居民身份证上载明的"公民身

H. 第6列"是否为非居民个人"：纳税人为居民个人的填"否"。为非居民个人的，根据合同、任职期限、预期工作时间等不同情况，填写"是，且不超过90天"或者"是，且超过90天不超过183天"。不填默认为"否"。

其中，纳税人为非居民个人的，填写"是，且不超过90天"的，当年在境内实际居住超过90天的次月15日内，填写"是，且超过90天不超过183天"。

I. 第7列"所得项目"：填写纳税人取得的个人所得税法第二条规定的应税所得项目名称。同一纳税人取得多项或者多次所得的，应分行填写。

J. 第8～21列"本月（次）情况"：填写扣缴义务人当月（次）支付给纳税人的所得，以及按规定各所得项目当月（次）可扣除的减除费用、专项扣除、其他扣除等。其中，工资、薪金所得预扣预缴个人所得税时扣除的专项附加扣除，按照纳税年度内纳税人在该任职受雇单位截至当月可享受的各专项附加扣除项目的扣除总额，填写至"累计情况"中第25～29列相应栏，本月情况中则无须填写。

"收入额计算"：包含"收入""费用""免税收入"。收入额＝第8列－第9列－第10列。

第8列"收入"：填写当月（次）扣缴义务人支付给纳税人所得的总额。

第9列"费用"：取得劳务报酬所得、稿酬所得、特许权使用费所得时填写，取得其他各项所得时无须填写本列。居民个人取得上述所得，每次收入不超过4000元的，费用填写"800"元；每次收入4000元以上的，费用按收入的20%填写。非居民个人取得劳务报酬所得、稿酬所得、特许权使用费所得，费用按收入的20%填写。

第10列"免税收入"：填写纳税人各所得项目收入总额中，包含的税法规定的免税收入金额。其中，税法规定"稿酬所得的收入额减按70%计算"，对稿酬所得的收入额减计的30%部分，填入本列。

第11列"减除费用"：按税法规定的减除费用标准填写。如，2019年纳税人取得工资、薪金所得按月申报时，填写5000元。纳税人取得财产租赁所得，每次收入不超过4000元的，填写800元；每次收入4000元以上的，按收入的20%填写。

第12～15列"专项扣除"：分别填写按规定允许扣除的基本养老保险费、基本医疗保险费、失业保险费、住房公积金（以下简称"三险一金"）的金额。

第16～21列"其他扣除"：分别填写按规定允许扣除的项目金额。

K. 第22～30列"累计情况"：本栏适用于居民个人取得工资、薪金所得，保险营销员、证券经纪人取得佣金收入等按规定采取累计预扣法预扣预缴税款时填报。

第22列"累计收入额"：填写本纳税年度截至当前月份，扣缴义务人支付给纳税人的工资、薪金所得，或者支付给保险营销员、证券经纪人的劳务报酬所得的累计收入额。

第23列"累计减除费用"：按照5000元/月乘以纳税人当年在本单位的任职受雇或者从

业的月份数计算。

第 24 列"累计专项扣除"：填写本年度截至当前月份，按规定允许扣除的"三险一金"的累计金额。

第 25 ～ 29 列"累计专项附加扣除"：分别填写截至当前月份，纳税人按规定可享受的子女教育、赡养老人、住房贷款利息或者住房租金、继续教育扣除的累计金额。大病医疗扣除由纳税人在年度汇算清缴时办理，此处无须填报。

第 30 列"累计其他扣除"：填写本年度截至当前月份，按规定允许扣除的年金（包括企业年金、职业年金）、商业健康保险、税延养老保险及其他扣除项目的累计金额。

L. 第 31 列"减按计税比例"：填写按规定实行应纳税所得额减计税收优惠的减计比例。无减计规定的，可不填，系统默认为 100%。如，某项税收政策实行减按 60% 计入应纳税所得额，则本列填 60%。

M. 第 32 列"准予扣除的捐赠额"：是指按照税法及相关法规、政策规定，可以在税前扣除的捐赠额。

N. 第 33 ～ 39 列"税款计算"：填写扣缴义务人当月扣缴个人所得税款的计算情况。

第 33 列"应纳税所得额"：根据相关列次计算填报。

居民个人取得工资、薪金所得，填写累计收入额减除累计减除费用、累计专项扣除、累计专项附加扣除、累计其他扣除后的余额。

非居民个人取得工资、薪金所得，填写收入额减去减除费用后的余额。

居民个人或者非居民个人取得劳务报酬所得、稿酬所得、特许权使用费所得，填写本月（次）收入额减除其他扣除后的余额。

保险营销员、证券经纪人取得的佣金收入，填写累计收入额减除累计减除费用、累计其他扣除后的余额。

居民个人或者非居民个人取得利息、股息、红利所得和偶然所得，填写本月（次）收入额。

居民个人或者非居民个人取得财产租赁所得，填写本月（次）收入额减去减除费用、其他扣除后的余额。

居民个人或者非居民个人取得财产转让所得，填写本月（次）收入额减除财产原值、允许扣除的税费后的余额。

其中，适用"减按计税比例"的所得项目，其应纳税所得额按上述方法计算后乘以减按计税比例的金额填报。

按照税法及相关法规、政策规定，可以在税前扣除的捐赠额，可以按上述方法计算后从应纳税所得额中扣除。

第 34 ～ 35 列"税率／预扣率""速算扣除数"：填写各所得项目按规定适用的税率（或预扣率）和速算扣除数。没有速算扣除数的，则不填。

第 36 列"应纳税额"：根据相关列次计算填报。第 36 列 = 第 33 列 × 第 34 列 - 第 35 列。

第 37 列"减免税额"：填写符合税法规定可减免的税额，并附报《个人所得税减免税事项报告表》。居民个人工资、薪金所得，以及保险营销员、证券经纪人取得佣金收入，填写本年度累计减免税额；居民个人取得工资、薪金以外的所得或非居民个人取得各项所得，填写本月（次）减免税额。

第 38 列"已缴税额"：填写本年或本月（次）纳税人同一所得项目，已由扣缴义务人实际扣缴的税款金额。

第 39 列"应补／退税额"：根据相关列次计算填报。第 39 列 = 第 36 列 - 第 37 列 - 第 38 列。

④其他事项说明

以纸质方式报送本表的，应当一式两份，扣缴义务人、税务机关各留存一份。

二、年度应纳税额的计算

（一）年度应纳税所得额的计算（详见本章第二节）

（二）适用税率

综合所得，适用百分之三至百分之四十五的超额累进税率（见下表）。

个人所得税税率表一
（综合所得适用）

级数	全年应纳税所得额	预扣率（%）	速算扣除数
1	不超过 36000 元的	3	0
2	超过 36000 元至 144000 元的部分	10	2520
3	超过 144000 元至 300000 元的部分	20	16920
4	超过 300000 元至 420000 元的部分	25	31920
5	超过 420000 元至 660000 元的部分	30	52920
6	超过 660000 元至 960000 元的部分	35	85920
7	超过 960000 元的部分	45	181920

（三）应纳税额的计算

居民综合所得年度应纳税额 = 居民综合所得应纳税所得额 × 适用税率 - 速算扣除数

居民综合所得应纳税所得额 = 每一纳税年度的收入额 - 费用六万元 - 专项扣除 - 专项附加扣除 - 依法确定的其他扣除

居民个人办理年度综合所得汇算清缴时，应当依法计算劳务报酬所得、稿酬所得、特许权使用费所得的收入额，并入年度综合所得计算应纳税款，税款多退少补。

【例 2-10】2019 年，孙某每月取得固定工资薪金 7000 元，全年共取得工资薪金 84000 元，提供信息技术服务取得劳务报酬 18000 元，发表文章取得稿酬 150000 元。符合条件的专项扣除和专项附加扣除合计 35000 元。计算孙某 2019 年度个人所得税。

计算如下：

1. 收入总额 =84000+18000×（1−20%）+150000×（1−20%×70%=84000+14400+84000=182400 元

2. 应纳税所得额 =182400−60000−35000=87400 元

3. 应纳个人所得税 =87400×10%−2520=6220 元

三、特殊项目应纳税额的计算

（一）不含税收入

在实践中，有的单位或雇主为纳税人承担税款，即纳税人取得不含税收入。在该情况下，要将不含税收入换算为应纳税所得额，然后计算应纳税额，否则，如果直接用实际取得的不含税收入乘以税率，就会缩小税基，降低适用税率，造成税款流失。

根据《国家税务总局关于印发《征收个人所得税若干问题的规定》的通知》（国税发〔1994〕89 号）第十四条规定：单位或个人为纳税义务人负担个人所得税税款，应将纳税义务人取得的不含税收入换算为应纳税所得额，计算征收个人所得税。计算公式如下：

应纳税所得额 =（不含税收入额 − 费用扣除标准 − 速算扣除数）/（1− 税率）

应纳税额 = 应纳税所得额 × 适用税率 − 速算扣除数

【例 2-11】山东某公司为雇员居民个人甲缴纳个人所得税，2019 年公司实际支付给甲工资薪金所得 30 万元，不考虑其他扣除问题。

应纳税所得额 =（不含税收入额 − 费用扣除标准 − 速算扣除数）/（1− 税率）

$\qquad$ =（300000−60000−16920）/(1−20%)

$\qquad$ =278850

应纳税额 = 278850×20%−16920=38850

（二）全年一次性奖金

政策规定（财税〔2018〕164 号）	政策解读
一、关于全年一次性奖金、中央企业负责人年度绩效薪金延期兑现收入和任期奖励的政策 （一）居民个人取得全年一次性奖金，符合《国家税务总局关于调整个人取得全年一次性奖金等计算征收个人所得税方法问题的通知》（国税发〔2005〕9 号）规定的，在 2021 年 12 月 31 日前，不并入当年综合所得，以全年一次性奖金收入除以 12 个月得到的数额，按照本通知所附按月换算后的综合所得税率表（以下简称月度税率表），确定适用税率和速算扣除数，单独计算纳税。计算公式为：	全年一次性奖金是指行政机关、企事业单位等扣缴义务人根据其全年经济效益和对雇员全年工作业绩的综合考核情况，向雇员发放的一次性奖金。

应纳税额 = 全年一次性奖金收入 × 适用税率 – 速算扣除数

居民个人取得全年一次性奖金，也可以选择并入当年综合所得计算纳税。

自2022年1月1日起，居民个人取得全年一次性奖金，应并入当年综合所得计算缴纳个人所得税。

（二）中央企业负责人取得年度绩效薪金延期兑现收入和任期奖励，符合《国家税务总局关于中央企业负责人年度绩效薪金延期兑现收入和任期奖励征收个人所得税问题的通知》（国税发〔2007〕118号）规定的，在2021年12月31日前，参照本通知第一条第（一）项执行；2022年1月1日之后的政策另行明确。

上述一次性奖金也包括年终加薪、实行年薪制和绩效工资办法的单位根据考核情况兑现的年薪和绩效工资。在一个纳税年度内，对每一个纳税人，该计税办法只允许采用一次。

【例2-12】居民个人甲2019年1月30日取得一次性奖金30000元，当月工资收入7000元，"三险一金"500元，赡养老人专项附加扣除1000元，无其他扣除项目。请计算甲1月份应纳个人所得税额。

解析如下：

一次性奖金与当月工资薪金分别计算纳税：

1、1月份工资薪金个人所得税的计算

1月份工资薪金累计预扣预缴应纳税所得额=（7000-5000-500-1000）=500元

本期预扣预缴个人所得税额=500×3%=15元

2、一次性奖金应纳税所得额的计算

30000/12=2500，适用3%税率。

应纳税额=30000×3%=900元

3、甲1月应纳个人所得税

15+900=915元

一次性奖金与当月工资薪金合并计算纳税：

累计预扣预缴应纳税所得额=30000+7000-5000-500-1000=30500

适用3%预扣率，速算扣除数为0。

本期预扣预缴个人所得税应纳税额=30500×3%=915元

（三）个人因解除劳动关系、提前退休、内部退养取得的一次性补偿收入

政策规定（财税〔2018〕164号）	政策解读
五、关于解除劳动关系、提前退休、内部退养的一次性补偿收入的政策 （一）个人与用人单位解除劳动关系取得一次性补偿收入（包括用人单位发放的经济补偿金、生活补助费和其他补助费），在当地上年职工平均工资3倍数额以内的部分，免征个人所得税；超过3倍数额的部分，不并入当年综合所得，单独适用综合所得税率表，计算纳税。	

（二）个人办理提前退休手续而取得的一次性补贴收入，应按照办理提前退休手续至法定离退休年龄之间实际年度数平均分摊，确定适用税率和速算扣除数，单独适用综合所得税率表，计算纳税。计算公式： 应纳税额 ={〔（一次性补贴收入 ÷ 办理提前退休手续至法定退休年龄的实际年度数）－费用扣除标准〕× 适用税率 – 速算扣除数}× 办理提前退休手续至法定退休年龄的实际年度数 （三）个人办理内部退养手续而取得的一次性补贴收入，按照《国家税务总局关于个人所得税有关政策问题的通知》（国税发〔1999〕58 号）规定计算纳税。	实行内部退养的个人在其办理内部退养手续后至法定离退休年龄之间从原任职单位取得的工资、薪金，不属于离退休工资，应按"工资、薪金所得"项目计征个人所得税。

【例 2-13】A 有限公司的职工甲，任公司职业经理人。2019 年 4 月与公司解除劳动合同，取得了取得一次性的补偿金 1000000 元（含税）。假设当地上年职工月平均工资 4000 元，离职时在公司工作 5 年。A 公司应如何为甲扣缴个人所得税？

解析：甲获取 1000000 元属于个人与用人单位解除劳动关系取得一次性补偿收入，按照政策规定在当地上年职工平均工资 3 倍数额以内的部分，免征个人所得税；超过 3 倍数额的部分，不并入当年综合所得，单独适用综合所得税率表，计算纳税。A 公司应扣缴个人所得税计算如下：

免税补偿收入 =4000×12×3=144000

应税补偿收入 =1000000–144000=856000 元

适用税率 35%，速算扣除数 85920，

856000×35%–85920=213680 元

【例 2-14】A 有限公司的职工甲，2019 年 8 月办理提前退休手续，正式退休时间是 2022 年 8 月，离退休还差 3 年。甲取得了取得提前退休补贴 300000 元(含税)。A 公司应如何为甲扣缴个人所得税？

解析：甲获取 300000 元属于提前退休补贴，按照政策规定应按照办理提前退休手续至法定离退休年龄之间实际年度数平均分摊，确定适用税率和速算扣除数，单独适用综合所得税率表，计算纳税。计算公式：

应纳税额 ={〔（一次性补贴收入 ÷ 办理提前退休手续至法定退休年龄的实际年度数）－费用扣除标准〕× 适用税率 – 速算扣除数}× 办理提前退休手续至法定退休年龄的实际年度数。A 公司应扣缴个人所得税计算如下：

300000/3–60000=40000

适用税率 10%，速算扣除数 2520

应纳税额 =（40000×10%–2520）×3=4440 元

【例 2-15】某单位职工甲 2019 年 8 月份办理了内部退养手续，并领取一次性收入 84000 元，当月取得原任职单位工资 5200 元(其至法定离退休年龄还有 2 年).计算王某 2019 年 4 月份应缴纳个人所得税税额。A 公司应如何为甲扣缴个人所得税？

解析：甲获取 84000 元属于提前退休补贴，按照国税发〔1999〕58 号文规定，公司应扣缴个人所得税计算如下：

（1）先将取得的一次性收入总额，按办理内部退养手续后至法定离退休年龄之间的所属月份进行平均，计算其平均数，即 84000 元 ÷24 个月 =3500 元；

（2）将第一步计算所到的平均数与领取当月的＂工资、薪金＂所得合并后减除当月费用扣除标准，以余额为基数确定适用税率.

(3500+5200-5000)=3700 元

查月综合所得适用税率表，月所得 3700 元适用税率为 10%，速算扣除数 210 元 .

（3）加上取得的一次性收入，减除费用扣除标准，按适用税率计征个人所得税。将当月工资、薪金加上取得的一次性收入，减除费用扣除标准，按适用税率计征个人所得税.

应纳税额 =(5200+84000-5000)×10%-210=8210 元

（四）股权激励所得

1. 上市公司股权激励

政策规定（财税〔2018〕164 号）	政策解读
二、关于上市公司股权激励的政策 （一）居民个人取得股票期权、股票增值权、限制性股票、股权奖励等股权激励（以下简称股权激励），符合《关于个人股票期权所得征收个人所得税问题的通知》（财税〔2005〕35 号）、《关于股票增值权所得和限制性股票所得征收个人所得税有关问题的通知》（财税〔2009〕5 号）、《关于将国家自主创新示范区有关税收试点政策推广到全国范围实施的通知》（财税〔2015〕116 号）第四条、《关于完善股权激励和技术入股有关所得税政策的通知》（财税〔2016〕101 号）第四条第（一）项规定的相关条件的，在 2021 年 12 月 31 日前，不并入当年综合所得，全额单独适用综合所得税率表，计算纳税。计算公式为： 应纳税额 = 股权激励收入 × 适用税率 – 速算扣除数 （二）居民个人一个纳税年度内取得两次以上（含两次）股权激励的，应合并按本通知第二条第（一）项规定计算纳税。 （三）2022 年 1 月 1 日之后的股权激励政策另行明确。	股权激励，不像年终奖有选择权，而是必须按照单独的计算，不得并入综合所得，这和前面年终奖的可以选择不一样；同时，股权激励也没有先除以 12 个月，然后再确定税率，而是直接确定税率。另外，如果有多次股权激励，要合并计算。最后，特别要注意的是，这里确定税率，是年综合所得税率，而不是按换算后到月的综合所得税率。

【例 2-16】自然人 D 在 2019 年第一次取得股权激励收入是 6 万元，第二次股权激励收入为 12 万元。

第一次股权激励收入为 6 万元，在 36 000 到 144 000 之间，适用税率为 10%，应交个税 = 60 000×10% – 2 520 = 3 840 元；	第二次股权激励收入为 12 万元，先合并计算，即 12+6 = 18 万计算，税率为 20%，应纳税额 = 180 000×20% – 16 920 = 19 080 元，因为前面已经交了 3 840 元，所以要补交 = 19 080–3 840 = 15240 元。

2. 非上市公司股权激励

政策规定（财税〔2016〕101号）	政策解读
一、对符合条件的非上市公司股票期权、股权期权、限制性股票和股权奖励实行递延纳税政策 （一）非上市公司授予本公司员工的股票期权、股权期权、限制性股票和股权奖励，符合规定条件的，经向主管税务机关备案，可实行递延纳税政策，即员工在取得股权激励时可暂不纳税，递延至转让该股权时纳税；股权转让时，按照股权转让收入减除股权取得成本以及合理税费后的差额，适用"财产转让所得"项目，按照20%的税率计算缴纳个人所得税。 股权转让时，股票（权）期权取得成本按行权价确定，限制性股票取得成本按实际出资额确定，股权奖励取得成本为零。 （二）享受递延纳税政策的非上市公司股权激励（包括股票期权、股权期权、限制性股票和股权奖励，下同）须同时满足以下条件： 1. 属于境内居民企业的股权激励计划。 2. 股权激励计划经公司董事会、股东（大）会审议通过。未设股东（大）会的国有单位，经上级主管部门审核批准。股权激励计划应列明激励目的、对象、标的、有效期、各类价格的确定方法、激励对象获取权益的条件、程序等。 3. 激励标的应为境内居民企业的本公司股权。股权奖励的标的可以是技术成果投资入股到其他境内居民企业所取得的股权。激励标的股票（权）包括通过增发、大股东直接让渡以及法律法规允许的其他合理方式授予激励对象的股票（权）。 4. 激励对象应为公司董事会或股东（大）会决定的技术骨干和高级管理人员，激励对象人数累计不得超过本公司最近6个月在职职工平均人数的30%。 5. 股票（权）期权自授予日起应持有满3年，且自行权日起持有满1年；限制性股票自授予日起应持有满3年，且解禁后持有满1年；股权奖励自获得奖励之日起应持有满3年。上述时间条件须在股权激励计划中列明。 6. 股票（权）期权自授予日至行权日的时间不得超过10年。 7. 实施股权奖励的公司及其奖励股权标的公司所属行业均不属于《股权奖励税收优惠政策限制性行业目录》范围（见附件）。公司所属行业按公司上一纳税年度主营业务收入占比最高的行业确定。	非上市公司股权激励，不同于上市公司股权激励政策。上市公司股权激励属于工资薪金所得，在2022年1月1日前，按照工资薪金所得单独的计算纳税，不并入综合所得。非上市公司股权授予本公司员工的股票期权、股权期权、限制性股票和股权奖励，符合规定条件的，在员工授予时，暂不纳税；在转让时，按照"财产转让所得"项目，按照20%的税率计算缴纳个人所得税。

（三）本通知所称股票（权）期权是指公司给予激励对象在一定期限内以事先约定的价格购买本公司股票（权）的权利；所称限制性股票是指公司按照预先确定的条件授予激励对象一定数量的本公司股权，激励对象只有工作年限或业绩目标符合股权激励计划规定条件的才可以处置该股权；所称股权奖励是指企业无偿授予激励对象一定份额的股权或一定数量的股份。

（四）股权激励计划所列内容不同时满足第一条第（二）款规定的全部条件，或递延纳税期间公司情况发生变化，不再符合第一条第（二）款第 4 至 6 项条件的，不得享受递延纳税优惠，应按规定计算缴纳个人所得税。

（五）单位低价向职工售房

政策规定（财税〔2018〕164 号）	政策解读
六、关于单位低价向职工售房的政策 单位按低于购置或建造成本价格出售住房给职工，职工因此而少支出的差价部分，符合《财政部 国家税务总局关于单位低价向职工售房有关个人所得税问题的通知》（财税〔2007〕13 号）第二条规定的，不并入当年综合所得，以差价收入除以 12 个月得到的数额，按照月度税率表确定适用税率和速算扣除数，单独计算纳税。计算公式为： 应纳税额 = 职工实际支付的购房价款低于该房屋的购置或建造成本价格的差额 × 适用税率 − 速算扣除数	除了国家机关、企事业单位及其他组织根据住房制度改革政策的有关规定，在住房制度改革期间，按照所在地县级以上人民政府规定的房改成本价格向职工出售公有住房，职工因支付的房改成本价格低于房屋建造成本价格或市场价格而取得的差价收益情形以外，根据《中华人民共和国个人所得税法》及其实施条例的有关规定，单位按低于购置或建造成本价格出售住房给职工，职工因此而少支出的差价部分，属于个人所得税应税所得，应按照"工资、薪金所得"项目缴纳个人所得税。 前款所称差价部分，是指职工实际支付的购房价款低于该房屋的购置或建造成本价格的差额。

（六）关于保险营销员、证券经纪人佣金收入

政策规定（财税〔2018〕164 号）	政策解读
三、关于保险营销员、证券经纪人佣金收入的政策 保险营销员、证券经纪人取得的佣金收入，属于劳务报酬所得，以不含增值税的收入减除20%的费用后的余额为收入额，收入额减去展业成本以及附加税费后，并入当年综合所得，计算缴纳个人所得税。	关于保险营销员、证券经纪人佣金收入的政策问题，财税〔2018〕164 号明确四点： 一是明确保险营销员、证券经纪人佣金收入，属于劳务报酬所得； 二是明确保险营销员、证券经纪人佣金收入额的确认。以不含增值税的收入减除 20% 的费用后的余额为收入额；

政策规定（财税〔2018〕164号）	政策解读
保险营销员、证券经纪人展业成本按照收入额的25%计算。 扣缴义务人向保险营销员、证券经纪人支付佣金收入时，应按照《个人所得税扣缴申报管理办法（试行）》（国家税务总局公告2018年第61号）规定的累计预扣法计算预扣税款。	三是保险营销员、证券经纪人佣金收入应纳税额的计算。收入额减去展业成本以及附加税费后，并入当年综合所得，计算缴纳个人所得税。保险营销员、证券经纪人展业成本按照收入额的25%计算。 四是明确保险营销员、证券经纪人佣金收入适用累计预扣法计算预扣税款。即扣缴义务人向保险营销员、证券经纪人支付佣金收入时，应按照《个人所得税扣缴申报管理办法（试行）》（国家税务总局公告2018年第61号）规定的累计预扣法计算预扣税款。

按月换算后的综合所得税率表（月度税率表）

级数	全月应纳税所得额	预扣率（%）	速算扣除数
1	不超过3000元的	3	0
2	超过3000元至12000元的部分	10	210
3	超过12000元至25000元的部分	20	1410
4	超过25000元至35000元的部分	25	2660
5	超过35000元至55000元的部分	30	4410
6	超过55000元至80000元的部分	35	7160
7	超过80000元的部分	45	15160

【例2-16】2019年3月，甲作为高端人才被引进H高校任教。该高校将购置价值680万元的住宅以500万元价格出售给甲。请计算甲取得该住房应缴纳个人所得税。

解析：H高校将购置成本价格680万元的住房按500万元的价格出售给甲，甲因此而少支出的180万元的差价，按照财税〔2018〕164号第六条，属于个人所得税应税所得，应按照"工资、薪金所得"项目，但不并入当年综合所得，以差价收入除以12个月得到的数额，按照月度税率表确定适用税率和速算扣除数，单独计算纳税。计算公式为：

应纳税额＝职工实际支付的购房价款低于该房屋的购置或建造成本价格的差额 × 适用税率－

速算扣除数

因此，甲取得该住房应缴纳的个人所得税计算如下：

（1）计算甲少支付住房差价：

6800000－5000000＝1800000万元

（2）差价除以12个月，计算商数

1800000/12＝150000

（3）按照计算的商数判断适用税率和速算扣除数

适用税率为45%，速算扣除数15160元

应纳税额＝1800000×45%－15160＝794840

（七）企业年金和职业年金

政策规定（财税〔2018〕164号）	政策解读
四、关于个人领取企业年金、职业年金的政策 个人达到国家规定的退休年龄，领取的企业年金、职业年金，符合《财政部 人力资源社会保障部 国家税务总局关于企业年金 职业年金个人所得税有关问题的通知》（财税〔2013〕103号）规定的，不并入综合所得，全额单独计算应纳税款。其中按月领取的，适用月度税率表计算纳税；按季领取的，平均分摊计入各月，按每月领取额适用月度税率表计算纳税；按年领取的，适用综合所得税率表计算纳税。 个人因出境定居而一次性领取的年金个人账户资金，或个人死亡后，其指定的受益人或法定继承人一次性领取的年金个人账户余额，适用综合所得税率表计算纳税。对个人除上述特殊原因外一次性领取年金个人账户资金或余额的，适用月度税率表计算纳税。	企业和事业单位根据国家有关政策规定的办法和标准，为在本单位任职或者受雇的全体职工缴付的企业年金或职业年金单位缴费部分，在计入个人账户时，个人暂不缴纳个人所得税。 新《个人所得税法实施条例》规定，《个人所得税法》规定居民个人综合所得收入额中可以扣除的"依法确定的其他扣除"，包括个人缴付符合国家规定的企业年金、职业年金。因此，自2019年1月1日起，对于个人依照《企业年金办法》《机关事业单位职业年金办法》缴付的企业年金、职业年金，可以在综合所得计缴个人所得税时，在收入额中可以全额扣除。企业年金个人缴费工资计税基数为本人上一年度月平均工资。月平均工资按国家统计局规定列入工资总额统计的项目计算。月平均工资超过职工工作地所在设区城市上一年度职工月平均工资300%以上的部分，不计入个人缴费工资计税基数。 职业年金个人缴费工资计税基数为职工岗位工资和薪级工资之和。职工岗位工资和薪级工资之和超过职工工作地所在设区城市上一年度职工月平均工资300%以上的部分，不计入个人缴费工资计税基数。

第六节 境外已纳税额的抵免

一、消除国际重复征税的方法

因为国家之间税收管辖权的交叉，造成国际重复征税。为了消除国家之间重复征税，采用的方法常见有免税法、扣除法和抵免法等。

（一）免税法

免税法就是居住国（国籍国）政府对本国居民（公民）来源或存在于国外的所得和一般财产价值免于课税。其指导原则是，承认非居住国地域管辖权优先执行的地位，对本国居民（公民）来源于国外并已在国外纳税的那部分所得或财产，在一定条件下，放弃行使居民（公民）管辖权，以免除国际双重征税。免税法又分为全额免税法和累进免税法两种。

1、全额免税法

全额免税法是指居住国（国籍国）政府在运用其对居民（公民）纳税人的国内所得或财产进行课税所适用的税率时，不考虑纳税人已被本国免于征税的那一部分国外所得或财产。其计算公式可表示如下：

在本国应纳税额 = 国内所得或财产 × 本国税率

2、累进免税法

累进免税法是指在量能课税的原则下，尽管居住国（国籍国）政府对本国居民（公民）纳税人已向外国政府纳的国外所得或财产给予免税，但在确定本国内部的所得或财产所适用的累进税率时，仍需将已免于征税的国外所得或财产考虑在内。其计算公式可表示如下：

在本国应纳税额 = 国内外所得或财产总额 × 本国税率 ×（国内所得或财产额 / 国内外所得或财产总额）

由于在执行免税法的过程中，当居住国（国籍国）的税率高于收入来源国时，其实际免除的税额会大于国外已纳税额，从而使居住国（国籍国）少征部分税款，因此，采用此法的国家为数不多，即使采用此法，也往往要附加一些限制性条款。例如，澳大利亚规定，免税法仅对国外的经营所得适用；法国规定，来自国外的投资所得即利息、股息和特许权使用费不适用免税法。目前，实行免税法的国家有波兰、丹麦（限于股息和常设机构的所得）、法国（限于常设机构的所得）、爱尔兰（限于专利权使用费）、瑞士（限于常设机构和不动产所得）、罗马尼亚、南斯拉夫、澳大利亚（对英联邦以外的国家和地区）、斐济、新西兰（限于股息）、玻利维亚、巴西、智利、多米尼加、哥斯达黎加、厄瓜多尔、萨尔瓦多（限于法人所得）、危地马拉、尼加拉瓜、巴拿马、巴拉圭、委内瑞拉、文莱、尼泊尔、孟加拉等。欧洲联盟1990年第435号指令（简称母子公司指令）规定，成员国对合格子公司分配给母公司的利润必须予以免税，以避免对欧洲联盟合格母子公司间的利润分配造成双重课税。

（二）扣除法

扣除法就是居住国（国籍国）政府允许本国居民（公民）用已缴非居住国的所得税税额作为一个扣除项目，冲抵本国应税所得后，就其余额计征所得税或财产税。扣除法的指导原则是对本国居民（公民）有限度地放弃居民（公民）管辖权。其计算公式可表示如下：

在本国应纳税额 =（国内外所得或财产总额 – 国外已纳所得税或财产税税额）× 本国税率

由于扣除法对本国居民（公民）的国外已纳税额只是给予了一部分扣除的照顾，而并没有免除纳税人国际双重征税的负担，目前采用此法的国家不多。实行扣税法的国家有秘鲁、挪威、西班牙、葡萄牙、哥伦比亚、肯尼亚、泰国等。有些国家，如美国、英国、加拿大等，把扣除法作为避免国际双重征税的一种辅助措施，在抵免法不能适用时，才使用扣除法。如加拿大税法规定，如果居民纳税人一家从国外控股公司取得股息的公司，则对该股息只能使用扣除法。

（三）抵免法

抵免法是指居住国（国籍国）政府允许本国居民（公民）在本国税法规定的限度内，用已缴非居住国的所得税或财产税税款，来抵免应汇总缴纳本国政府相应税额的一部分。抵免法的指导原则是资本输出中性原则（capital export neutrality），即拥有国外收入的居民（公民）在纳税地位上应当与那些仅有来源于本国收入的纳税人相同，或者至少不优于纯国内收入的纳税人。正是由于这一原则，在抵免法下，居住国的税收状况最终决定着跨国纳税人的税收负担。

1、抵免法的种类

抵免法的内容复杂，种类也比较多，按照不同的分类标准，抵免法可分为多种不同的类型。按照居民纳税人与收入来源国征纳关系的不同，可分为直接抵免和间接抵免两种。

（1）间接抵免

这是适用于被同一税源联系起来的不同经济实体的跨国纳税人之间发生国际双重征税的抵免方法。所谓的"间接"抵免，是指允许跨国纳税人在非居住国（非国籍国）间接缴纳的税款，抵免在本国应缴纳的税款。间接抵免实质上是专门适用于跨国母子公司之间的抵免。母子公司及多层母子公司是当今跨国公司的重要组织形式，母公司和子公司分别是两个独立的经济实体，子公司缴纳的公司所得税不能像分公司那样在母公司所在国获得直接抵免。显然，当母公司向居住国政府申报应税所得额时，不能把外国子公司的全部所得并入计算，只能合并计算母公司从外国子公司取得的股息所还原出来的那部分所得。与此相适应，子公司在外国缴纳的所得税也不能全额在母公司抵免，所能抵免的只是子公司分配给母公司的股息应承担的那一部分所得税。

（2）直接抵免

这是适用于同一个经济实体的跨国纳税人的抵免方法。这里所讲的是由于税收管辖权重叠导致法律性国际双重征税的同一经济实体的跨国纳税人，包括同一跨国自然人和同一跨国法人的总分支机构在内。所谓"直接"，是指对跨国纳税人在收入来源国直接缴纳的税款的抵免。例如，对个人在来源国缴纳的工资、薪金等收入的所得税额的抵免，对居住国总公司的国外分公司在来源国缴纳的税款进行抵免。直接抵免又有全额抵免和限额抵免之分。

①全额抵免

全额抵免是指允许本国居民（公民）纳税人已向外国政府缴纳的所得或财产税款全部在本国应

纳税额中抵免，即使在非居住国缴纳的税款多于应向居住国缴纳的所得税款，也给予抵免。其计算公式可表示如下：

本国应纳税额＝国内外所得或财产总额 × 本国税率－非居住国已纳税额

从目前情况看，全额抵免除在少数国家之间的国际税收协定中被采用外，单边采用的国家很少。其原因主要是，在外国的平均税率高于居住国（国籍国）的情况下，显然对纳税人是十分有利的，但居住国（国籍国）的财政利益会因此受到损害，即纳税人国内所得的本国应纳税额中也会被部分国外已缴税额所扣除。

②限额抵免（亦称普通抵免）

限额抵免是指允许本国居民（公民）就其在非居住国（非国籍国）已缴纳的所得税或财产税税额抵免本国应纳税额，但抵免额不得超过其国外所得或财产按国内税法规定计算的应纳税额，即抵免限额。其计算公式可表示如下：

本国应纳税额＝国内外所得或财产总额 × 本国税率－[非居住国已纳税额（当外国平均税率低于或等于本国时）或抵免限额（当外国平均税率高于本国时）]

抵免限额的计算公式可表示如下：

抵免限额＝国内外所得或财产总额 × 本国税率 ×（非居住国所得或财产／国内外所得或财产总额）

目前，很多国家在本国的税收法规中主动地作出直接抵免的规定，使抵免制的使用扩大到非缔约国在内的一切国家。如我国的《个人所得税法》第七条居民个人从中国境外取得的所得，可以从其应纳税额中抵免已在境外缴纳的个人所得税税额，但抵免额不得超过该纳税人境外所得依照本法规定计算的应纳税额。

二、境内外所得的计算

《个人所得税实施条例》第二十条规定：居民个人从中国境内和境外取得的综合所得、经营所得，应当分别合并计算应纳税额；从中国境内和境外取得的其他所得，应当分别单独计算应纳税额。

三、境外已纳税额的抵免

《个人所得税》法第七条规定：居民个人从中国境外取得的所得，可以从其应纳税额中抵免已在境外缴纳的个人所得税税额，但抵免额不得超过该纳税人境外所得依照本法规定计算的应纳税额。

（一）已在境外缴纳的个人所得税税额

《个人所得税实施条例》第二十一条规定：个人所得税法第七条所称已在境外缴纳的个人所得税税额，是指居民个人来源于中国境外的所得，依照该所得来源国家（地区）的法律应当缴纳并且实际已经缴纳的所得税税额。

第二十二条规定：居民个人申请抵免已在境外缴纳的个人所得税税额，应当提供境外税务机关出具的税款所属年度的有关纳税凭证。

（二）抵免限额的计算

个人所得税法第七条所称纳税人境外所得依照本法规定计算的应纳税额，是居民个人抵免已在境外缴纳的综合所得、经营所得以及其他所得的所得税税额的限额（以下简称抵免限额）。除国务院财政、税务主管部门另有规定外，来源于中国境外一个国家（地区）的综合所得抵免限额、经营所得抵免限额以及其他所得抵免限额之和，为来源于该国家（地区）所得的抵免限额。

居民个人在中国境外一个国家（地区）实际已经缴纳的个人所得税税额，低于依照前款规定计算出的来源于该国家（地区）所得的抵免限额的，应当在中国缴纳差额部分的税款；超过来源于该国家（地区）所得的抵免限额的，其超过部分不得在本纳税年度的应纳税额中抵免，但是可以在以后纳税年度来源于该国家（地区）所得的抵免限额的余额中补扣。补扣期限最长不得超过五年。

1、来源于一国（地区）综合所得的抵免限额＝中国境内、境外综合所得依照个人所得税法和本条例的规定计算的综合所得应纳税总额 × 来源于该国（地区）的综合所得收入额 ÷ 中国境内、境外综合所得收入总额

2、来源于一国（地区）经营所得抵免限额＝中国境内、境外经营所得依照个人所得税法和本条例的规定计算的经营所得应纳税总额 × 来源于该国（地区）的经营所得的应纳税所得额 ÷ 中国境内、境外经营所得的应纳税所得额；

3、来源于一国（地区）的其他所得项目抵免限额，为来源于该国（地区）的其他所得项目依照个人所得税法和本条例的规定计算的应纳税额。

（三）结转抵免

居民个人在中国境外一个国家（地区）实际已经缴纳的个人所得税税额，低于依照前款规定计算出的来源于该国家（地区）所得的抵免限额的，应当在中国缴纳差额部分的税款；超过来源于该国家（地区）所得的抵免限额的，其超过部分不得在本纳税年度的应纳税额中抵免，但是可以在以后纳税年度来源于该国家（地区）所得的抵免限额的余额中补扣。补扣期限最长不得超过五年。

（四）应用举例

【例2-17】张某2019年取得工资薪金所得20万元，劳务报酬所得5万元，借款利息所得2万元。从M国获取工资薪金所得10万元，偶然所得2万元。专项扣除3.6万元，附加扣除2.4万元，境外纳税2.4万。请计算张某2019年境外所得抵免限额。

计算如下：

要对综合所得与其他所得分别计算抵免限额，然后将抵免限额相加，确定总的抵免限额。

（1）计算综合所得抵免限额

第一步：确定境内境外综合收入总额

境内综合综合收入总额＝20+5×80%=24万元

境外综合收入总额＝10万元

确定境内境外综合收入总额＝34万元

第二步：确定扣除项目金额

确定扣除项目金额＝6+3.6+2.4=12万元

第三步：确定综合所得应纳税所得额

综合所得应纳税所得额 =34-12=22 万元

第四步：确定适用税率与速算扣除，计算应纳税额

应纳税额 =22×20%-1.692=2.708 万元

第五步：确定来源于 M 国综合所得抵免限额

来源于 M 国综合所得抵免限额 =【（20+5×80%+10-6-3.6-2.4）×20%- 1.6920】×10/ (20+5×80%+10)=0.7965

（2）计算其他所得抵免限额

来源于 M 国其他所得抵免限额 =（2+2）×20%×2/4=0.4 万元

（3）来源于 M 国所得抵免限额

来源于 M 国所得抵免限额 =0.7965+0.4=1.1965 万元

（4）确定张某 2019 年境外所得抵免限额

张某 2019 年境外实缴缴纳个人所得税 2.4 万元，抵免额不得超过该纳税人境外所得依照本法规定计算的应纳税额，即抵免限额为 1.1965 万元，境外实缴纳的个人所得税额超过该纳税人境外所得依照本法规定计算的应纳税额，即 2.4-1.1965=1.2035 万元可以结转以后 5 个年度抵免。

四、境外所得征收管理

居民个人境外取得所得的，应按照规定的时间、向主管税务机关办理纳税申报。

1、取得境外所得的纳税申报时间

居民个人从中国境外取得所得的，应当在取得所得的次年 3 月 1 日至 6 月 30 日内向主管税务机关办理纳税申报。

2、取得境外所得的纳税申报地点

（1）任职受雇地单位所在地

居民个人从中国境外取得所得的，应当向中国境内任职、受雇单位所在地主管税务机关办理纳税申报；户籍所在地与中国境内经常居住地不一致的，选择其中一地主管税务机关办理纳税申报；在中国境内没有户籍的，向中国境内经常居住地主管税务机关办理纳税申报。

（2）户籍地

居民个人从中国境外取得所得，在中国境内没有任职、受雇单位的，向户籍所在地或中国境内经常居住地主管税务机关办理纳税申报。

（3）选择申报地

居民个人从中国境外取得所得，户籍所在地与中国境内经常居住地不一致的，选择其中一地主管税务机关办理纳税申报。

（4）境内经常居住地

居民个人从中国境外取得所得，在中国境内没有户籍的，向中国境内经常居住地主管税务机关办理纳税申报。

五、应纳税额的计算

【例2-18】居民鲁某2019年境内取得工资薪金所得100000元，稿酬所得300000元；从M国取得偶然所得20000元，已纳个人所得税1000元，从M国取得稿酬所得50000元，已经缴纳个人所得税6000元。计算王某2019年度应当缴纳的个人所得税额。

分析计算如下：

1. 计算抵免限额合计

（1）综合所得抵免限额 = 中国境内、境外综合所得依照个人所得税法和本条例的规定计算的综合所得应纳税总额 × 来源于该国（地区）的综合所得收入额 ÷ 中国境内、境外综合所得收入总额

= ｛[100000+（300000+50000）× 56%−60000]× 20%−16920｝×（50000×56%/[100000+（300000+50000）× 56%]=30280 × 0.142857=2864.32元

（2）偶然所得抵免限额 =20000×20%=4000元

抵免限额合计 =2864.32+4000=6864.32元

2. 确定抵免税额

境外所得实际缴纳的个人所得税 =1000+6000=7000元大于抵免限额6864.32

抵免税额 =6864.32

3. 李某2019年应当缴纳的个人所得税

= ｛[100000+（300000+50000）× 56%−60000]× 20%−16920｝+（20000×20%）−7000=27280元

其余135.68元在以后5年内，用来源于M国的抵免限额的余额补抵免。

练习与解析

1.【单选】综合所得在确认收入额时，下列说法错误的是（　　）。

A. 劳务报酬所得以收入额减除 20% 的费用后的余额为收入额

B. 特许权使用费所得所得以收入额减除 20% 的费用后的余额为收入额

C. 稿酬所得以收入全额扣除 56% 后的余额为收入额

D. 稿酬所得以收入全额扣除 70% 后的余额为收入额

【答案】D

【答案解析】按新个人所得税法，劳务报酬所得、稿酬所得、特许权使用费所得以收入减除百分之二十的费用后的余额为收入额。稿酬所得的收入额减按百分之七十计算。稿酬所得最终计算结果为按稿酬收入的 56% 计入收入额。

2.【单选】居民个人综合所得按年度纳税，适用（　　）的超额累进税率。

A. 百分之三至百分之三十五

B. 百分之五至百分之四十五

C. 百分之三至百分之四十五

D. 分之五至百分之三十五

【答案】C

【答案解析】按新个人所得税法的规定，居民个人的综合所得按年计算纳税，适用税率为百分之三至百分之四十五的七级超额累进税率。

3.【单选】关于专项附加扣除的规定，下列表述正确的是（　　）。

A. 纳税人同时发生住房贷款利息和住房租金的，均可以在计算应纳税所得额时扣除

B. 纳税人同时发生住房贷款利息和住房租金的，在计算应纳税所得额时只能扣除住房贷款利息

C. 纳税人同时发生住房贷款利息和住房租金的，在计算应纳税所得额时只能扣除住房租金

D. 纳税人同时发生住房贷款利息和住房租金的，在计算应纳税所得额时只能扣除其中一项

【答案】D

【答案解析】按新个人所得税法规定，住房贷款利息和住房租金只能选择其中一项作为专项附加扣除在计算应纳税所得额时扣除。

4.【单选】关于个人所得税的纳税人识别号，下列说法错误的是（　　）。

A. 纳税人有中国公民身份号码的，以中国公民身份号码为纳税人识别号

B. 纳税人没有中国公民身份号码的，由税务机关赋予其纳税人识别号

C. 扣缴义务人扣缴税款时，税务机关应当赋予其纳税人识别号

D. 扣缴义务人扣缴税款时，纳税人应当向扣缴义务人提供纳税人识别号

【答案】C

【答案解析】新个人所得税法第九条，纳税人有中国公民身份号码的，以中国公民身份号码为纳税人识别号；纳税人没有中国公民身份号码的，由税务机关赋予其纳税人识别号。扣缴义务人扣缴税款时，纳税人应当向扣缴义务人提供纳税人识别号。C 选择，不能是"赋予"，而是纳税人"提供"。

5.【单选】个人所得税需要办理汇算清缴的，应当在取得所得的次年（   ）内办理汇算清缴。

A. 一月一日至三月三十一日

B. 三月一日至六月三十日

C. 一月一日至五月三十一日

D. 三月一日至五月三十一日

【答案】B

【答案解析】新个人所得税法第十三条，居民个人从中国境外取得所得的，应当在取得所得的次年三月一日至六月三十日内申报纳税。

6.【单选】个人所得税的预扣预缴，下列说法不正确的是（   ）。

A. 居民个人向扣缴义务人提供专项扣除信息的，扣缴义务人按月预扣预缴税款时应当按照规定予以扣除，不得拒绝

B. 预扣预缴办法由国务院税务主管部门制定

C. 个人所得税有扣缴义务人的，由扣缴义务人按月或者按次预扣预缴税款

D. 非居民个人取得工资.薪金所得，劳务报酬所得，稿酬所得和特许权使用费所得，有扣缴义务人的，由扣缴义务人按月或者按次代扣代缴税款，不办理汇算清缴

【答案】A

【答案解析】个人所得税法第十一条 居民个人取得综合所得，按年计算个人所得税；有扣缴义务人的，由扣缴义务人按月或者按次预扣预缴税款；需要办理汇算清缴的，应当在取得所得的次年三月一日至六月三十日内办理汇算清缴。预扣预缴办法由国务院税务主管部门制定。

居民个人向扣缴义务人提供专项附加扣除信息的，扣缴义务人按月预扣预缴税款时应当按照规定予以扣除，不得拒绝。

非居民个人取得工资.薪金所得，劳务报酬所得，稿酬所得和特许权使用费所得，有扣缴义务人的，由扣缴义务人按月或者按次代扣代缴税款，不办理汇算清缴。

7.【单选】关于子女教育专项附加扣除项目，下列表述不正确的是（   ）。

A. 可以由老爸老妈各扣 50%，也可以约定由夫妻双方按 100% 扣除

B. 可以由老爸老妈各扣 50%，也可以约定由夫妻双方按一定比例扣除

C. 境内接受教育，不需要特别留存资料

D. 纳税人享受子女教育专项附加扣除，应当填报配偶及子女的姓名等

【答案】B

【答案解析】《国务院关于印发个人所得税专项附加扣除暂行办法的通知》（国发〔2018〕41 号）第六条 父母可以选择由其中一方按扣除标准的 100% 扣除，也可以选择由双方分别按扣除标准的 50% 扣除，具体扣除方式在一个纳税年度内不能变更。不能人为设置其他比例。

8.【单选】纳税人取得应税所得，扣缴义务人未扣缴税款的，纳税人应当在取得所得的

次年（ ）前，缴纳税款；税务机关通知限期缴纳的，纳税人应当按照期限缴纳税款。

　　A. 一月一日至三月三十一日

　　B. 三月一日至六月三十日

　　C. 一月一日至五月三十一日

　　D. 一月一日至六月三十日

　　【答案】D

　　【答案解析】个人所得税法第十三条，纳税人取得应税所得，扣缴义务人未扣缴税款的，纳税人应当在取得所得的次年六月三十日前，缴纳税款；税务机关通知限期缴纳的，纳税人应当按照期限缴纳税款。

　　9.【单选】纳税人发生的符合专项附加扣除条件的首套住房贷款利息支出，在实际发生贷款利息的年度，按照每月 1000 元的标准定额扣除，扣除期限最长不超过（ ）个月。

　　A. 12　　　B.24　　　C. 48　　　D.240

　　【答案】D

　　【答案解析】《国务院关于印发个人所得税专项附加扣除暂行办法的通知》（国发〔2018〕41 号）第十四条 纳税人本人或者配偶单独或者共同使用商业银行或者住房公积金个人住房贷款为本人或者其配偶购买中国境内住房，发生的首套住房贷款利息支出，在实际发生贷款利息的年度，按照每月 1000 元的标准定额扣除，扣除期限最长不超过 240 个月。纳税人只能享受一次首套住房贷款的利息扣除。

　　10.【单选】个人将其所得对教育 . 扶贫 . 济困等公益慈善事业进行捐赠，捐赠额未超过纳税人申报的（ ）的部分，可以从其应纳税所得额中扣除。

　　A. 应纳税所得额百分之十二

　　B. 年度会计利润百分之十二

　　C. 应纳税所得额百分之三十

　　D. 年度会计利润百分之三十

　　【答案】C

　　【答案解析】按《中华人民共和国个人所得税法》第六条规定，个人将其所得对教育、扶贫、济困等公益慈善事业进行捐赠，捐赠额未超过纳税人申报的应纳税所得额百分之三十的部分，可以从其应纳税所得额中扣除；国务院规定对公益慈善事业捐赠实行全额税前扣除的，从其规定。

　　11.【单选】居民个人的综合所得，以每一纳税年度的（C）减除费用六万元以及专项扣除、专项附加扣除和依法确定的其他扣除后的余额，为应纳税所得额。

　　A. 收入　B. 所得额　C. 收入额　D. 工资收入

　　【答案】C

　　【答案解析】根据《中华人民共和国个人所得税法》第六条 应纳税所得额的计算：（一）居民个人的综合所得，以每一纳税年度的收入额减除费用六万元以及专项扣除、专项附加扣除和依法确定的其他扣除后的余额，为应纳税所得额。故 C 正确。

　　多选题

　　12.【多选】教育、卫生、医疗保障、民政、人力资源社会保障、住房城乡建设、公安、人民银行、

金融监督管理等相关部门应当向税务机关提供纳税人（　）等专项附加扣除信息。（　）

　　A. 子女教育

　　B. 大病医疗

　　C. 住房贷款利息

　　D. 住房租金

【答案】ABCD

【答案解析】根据《国务院关于印发个人所得税专项附加扣除暂行办法的通知》（国发〔2018〕41号）规定，专项附加扣除包括子女教育、继续教育、大病医疗、住房贷款利息或者住房租金、赡养老人等支出。为了保障专项附加扣除信息真实与完整，有关部门和单位有责任和义务向税务部门提供或者协助核实以下与专项附加扣除有关的信息：

　　（一）公安部门有关户籍人口基本信息、户成员关系信息、出入境证件信息、相关出国人员信息、户籍人口死亡标识等信息；

　　（二）卫生健康部门有关出生医学证明信息、独生子女信息；

　　（三）民政部门、外交部门、法院有关婚姻状况信息；

　　（四）教育部门有关学生学籍信息（包括学历继续教育学生学籍、考籍信息）、在相关部门备案的境外教育机构资质信息；

　　（五）人力资源社会保障等部门有关技工院校学生学籍信息、技能人员职业资格继续教育信息、专业技术人员职业资格继续教育信息；

　　（六）住房城乡建设部门有关房屋（含公租房）租赁信息、住房公积金管理机构有关住房公积金贷款还款支出信息；

　　（七）自然资源部门有关不动产登记信息；

　　（八）人民银行、金融监督管理部门有关住房商业贷款还款支出信息；

　　（九）医疗保障部门有关在医疗保障信息系统记录的个人负担的医药费用信息；

　　（十）国务院税务主管部门确定需要提供的其他涉税信息。

13.【多选】个人所得税专项附加扣除遵循（　）的原则。

A. 公平合理

B. 利于民生

C. 简便易行

D. 便于征管

【答案】ABC

【答案解析】《国务院关于印发个人所得税专项附加扣除暂行办法的通知》（国发〔2018〕41号）第三条 个人所得税专项附加扣除遵循公平合理、利于民生、简便易行的原则。

14.【多选】关于赡养老人的专项附加扣除项目，下列说法正确的有（　）。

A. 李某已经达到60周岁，则其两个孩子，每人每月可以扣除2000元赡养老人支出

B. 父母双方只要其中一个达到60周岁，赡养人就可以按按规定标准扣除赡养老人支出

C. 如果多个子女采用平均分摊的方法进行赡养老人支出的扣除，须签订书面分摊协议

D. 父母指定分摊扣除方法与女约定分摊扣除方法不一致时，按父母指定分摊方法处理

【答案】BD

【答案解析】根据《国务院关于印发个人所得税专项附加扣除暂行办法的通知》（国发〔2018〕41号）分析：选项A，两个以上子女的，每人每月最多扣除1000元；选项C，指定分摊和约定分摊必须签订书面分摊协议；选项E，享受赡养老人专项附加扣除政策的起止时间为，被赡养人年满60周岁的当月至赡养义务终止的年末，而不是月末。

15.【多选】下列关于居民个人的综合所得应纳税所得额的计算，不正确的是（BCD）。

A.居民个人的综合所得，以每一纳税年度的收入额减除费用六万元以及专项扣除、专项附加扣除和依法确定的其他扣除后的余额，为应纳税所得额

B.居民个人的综合所得，以每一纳税年度的收入额减除费用六万元以及专项扣除和依法确定的其他扣除后的余额，为应纳税所得额

C.居民个人的综合所得，以每一纳税年度的收入额减除费用六万元以及专项附加扣除和依法确定的其他扣除后的余额，为应纳税所得额

D.居民个人的综合所得，以每一纳税年度的收入额减除费用六万元以及专项扣除、专项附加扣除后的余额，为应纳税所得额

【答案】BCD

【答案解析】根据《中华人民共和国个人所得税法》第六条 应纳税所得额的计算：（一）居民个人的综合所得，以每一纳税年度的收入额减除费用六万元以及专项扣除、专项附加扣除和依法确定的其他扣除后的余额，为应纳税所得额。故只有A正确，BCD均不正确。

16.【多选】居民个人取得综合所得，按年计算个人所得税；有扣缴义务人的，由扣缴义务人（ ）预扣预缴税款。

A.按月 B.按次 C.按年 D.按季

【答案】AB

【答案解析】根据《中华人民共和国个人所得税法》第十一条 居民个人取得综合所得，按年计算个人所得税；有扣缴义务人的，由扣缴义务人按月或者按次预扣预缴税款；需要办理汇算清缴的，应当在取得所得的次年三月一日至六月三十日内办理汇算清缴。预扣预缴办法由国务院税务主管部门制定。

17.【多选】专项扣除，包括居民个人按照国家规定的范围和标准缴纳的（ ）。

A：基本养老保险 B：基本医疗保险 C：失业保险 D：住房公积金 E：生育保险 F：工伤保险

【答案】ABCD

【答案解析】根据《中华人民共和国个人所得税法》第六条 应纳税所得额的计算：本条第一款第一项规定的专项扣除，包括居民个人按照国家规定的范围和标准缴纳的基本养老保险、基本医疗保险、失业保险等社会保险费和住房公积金等，故答案为ABCD。

18.【多选】新个人所得税法，一个显著的变化是将居民个人劳动性质的所得统一为综合所得，综合所得包括（ABCD）。

A.工资、薪金所得；B.劳务报酬所得；C.稿酬所得；D.特许权使用费所得

【答案】ABCD

【答案解析】根据《中华人民共和国个人所得税法》第二条 下列各项个人所得，应当缴纳个人所得税：

（一）工资、薪金所得；

（二）劳务报酬所得；

（三）稿酬所得；

（四）特许权使用费所得；

（五）经营所得；

（六）利息、股息、红利所得；

（七）财产租赁所得；

（八）财产转让所得；

（九）偶然所得。

居民个人取得前款第一项至第四项所得（以下称综合所得），按纳税年度合并计算个人所得税。

19.【多选】下列属劳务报酬所得的是（　　）。

A. 个人从事设计取得的收入

B. 个人利用业余时间，为外单位提供翻译服务取得的收入

C. 个人从事经纪服务取得的收入

D. 个人从本单位取得的半年奖

【答案】ABC

【答案解析】劳务报酬所得，是指个人从事设计、装潢、安装、制图、化验、测试、医疗、法律、会计、咨询、讲学、新闻、广播、翻译、审稿、书画、雕刻、影视、录音、录像、演出、表演、广告、展览、技术服务、介绍服务、经纪服务、代办服务以及其他劳务取得的所得。

20.【多选】下列收入中，应按"特许权使用费所得"税目征收个人所得税的有（　　）。

A. 编剧从电视剧的制作单位取得的剧本使用费

B. 作者将自己的文字作品手稿原件公开拍卖所得

C. 某杂志的编辑在该杂志上发表文章取得的所得

D. 个人取得特许权的经济赔偿收入

【答案】ABD

【答案解析】特许权使用费所得，是指个人提供专利权、商标权、著作权、非专利技术以及其他特许权的使用权取得的所得；提供著作权的使用权取得的所得，不包括稿酬所得。某杂志的编辑在该杂志上发表文章取得的所得属于工资薪金所得。

21.【判断题】居民个人取得综合所得，按年计算个人所得税；有扣缴义务人的，由扣缴义务人按月或者按次预扣预缴税款；需要办理汇算清缴的，应当在取得所得的次年三月一日至六月三十日内办理汇算清缴。预扣预缴办法由国务院税务主管部门制定。（　　）

【答案】正确

【答案解析】根据《中华人民共和国个人所得税法》第十一条 居民个人取得综合所得，按年计算个人所得税；有扣缴义务人的，由扣缴义务人按月或者按次预扣预缴税款；需要办理汇算清缴的，应当在取得所得的次年三月一日至六月三十日内办理汇算清缴。预扣预缴办法由国务院

税务主管部门制定。

22.【判断题】居民个人向扣缴义务人提供专项附加扣除信息的，扣缴义务人按年预扣预缴税款时应当按照规定予以扣除，不得拒绝。（ ）

【答案】正确

【答案解析】《国家税务总局关于发布个人所得税专项附加扣除操作办法试行的公告》（国家税务总局公告 2018 年第 60 号）第二十四条规定：纳税人向扣缴义务人提供专项附加扣除信息的，扣缴义务人应当按照规定予以扣除，不得拒绝。扣缴义务人应当为纳税人报送的专项附加扣除信息保密。

23.【判断题】纳税人每年 1 月 1 日 –12 月 31 日期间发生的大病医疗支出中的自付部分，扣除 1.5 万元至 8 万元内的部分据实扣除。

【答案】错误

【答案解析】超过 1.5 万元的部分，在不超过 8 万元内可以据实扣除。即 8 万元的扣除额不包括 1.5 万元。

24.【判断题】两个以上的个人共同取得同一项目收入的，应当对每个人取得的收入分别按照个人所得税法的规定计算纳税。

【答案】正确

【答案解析】《中华人民共和国个人所得税法实施条例》第十八条　两个以上的个人共同取得同一项目收入的，应当对每个人取得的收入分别按照个人所得税法的规定计算纳税。

25.【判断题】居民个人从中国境外取得的所得，可以从其应纳税额中抵免已在境外缴纳的个人所得税税额，但抵免额不得超过该纳税人境外所得依照本法规定计算的应纳税额。

【答案】正确

【答案解析】根据个人所得法第七条规定：居民个人从中国境外取得的所得，可以从其应纳税额中抵免已在境外缴纳的个人所得税税额，但抵免额不得超过该纳税人境外所得依照本法规定计算的应纳税额。

26.【判断题】纳税人有中国公民身份号码的，以中国公民身份号码为纳税人识别号；纳税人没有中国公民身份号码的，由税务机关赋予其纳税人识别号。（ ）

【答案】正确

【答案解析】根据《中华人民共和国个人所得税法》第九条规定：个人所得税以所得人为纳税人，以支付所得的单位或者个人为扣缴义务人。

纳税人有中国公民身份号码的，以中国公民身份号码为纳税人识别号；纳税人没有中国公民身份号码的，由税务机关赋予其纳税人识别号。扣缴义务人扣缴税款时，纳税人应当向扣缴义务人提供纳税人识别号。

27.【判断题】稿酬所得的所得额按照所得稿酬收入的百分之七十计算。（ ）

【答案】错误

【答案解析】根据《中华人民共和国个人所得税法》第六条 应纳税所得额的计算：劳务报酬所得、稿酬所得、特许权使用费所得以收入减除百分之二十的费用后的余额为收入额。稿酬所得的收入额减按百分之七十计算。

28.【判断题】劳务报酬所得、稿酬所得、特许权使用费所得以收入减除百分之二十的费用后的余额为收入额。（　　）

【答案】错误

【答案解析】根据《中华人民共和国个人所得税法》第六条 应纳税所得额的计算：劳务报酬所得、稿酬所得、特许权使用费所得以收入减除百分之二十的费用后的余额为收入额。稿酬所得的收入额减按百分之七十计算。

29.【判断题】居民个人从中国境外取得的所得，可以从其应纳税额中抵免已在境外缴纳的个人所得税税额，但抵免额不得超过该纳税人境外所得依照本法规定计算的应纳税额。（　　）

【答案】正确

【答案解析】《中华人民共和国个人所得税法》第七条：居民个人从中国境外取得的所得，可以从其应纳税额中抵免已在境外缴纳的个人所得税税额，但抵免额不得超过该纳税人境外所得依照本法规定计算的应纳税额。

30.【判断题】由于纳税人的叔叔伯伯无子女，纳税人实际承担对叔叔伯伯的赡养义务，纳税人可以扣除赡养老人支出。（　　）

【答案】错误

【答案解析】根据《国务院关于印发个人所得税专项附加扣除暂行办法的通知》（国发〔2018〕41号）第二十三条规定，被赡养人是指年满60岁的父母，以及子女均已去世的年满60岁的祖父母、外祖父母。

31.【判断题】.纳税人主要工作地在青岛，在潍坊高密租房居住，应当按青岛的标准享受住房租金扣除。（　　）

【答案】正确

【答案解析】根据《国务院关于印发个人所得税专项附加扣除暂行办法的通知》（国发〔2018]41号）第十七条规定，纳税人在主要工作城市的标准扣除。

32.【判断题】个人将其所得对教育、扶贫、济困等公益慈善事业进行捐赠，捐赠额未超过纳税人申报的应纳税所得额百分之三十的部分，可以从其应纳税所得额中扣除。（　　）

【答案】正确

【答案解析】《个人所得税法》第六条规定：个人将其所得对教育、扶贫、济困等公益慈善事业进行捐赠，捐赠额未超过纳税人申报的应纳税所得额百分之三十的部分，可以从其应纳税所得额中扣除；国务院规定对公益慈善事业捐赠实行全额税前扣除的，从其规定。

33.【计算题】李教授2019年1月份从石油大学退休，当月退休费12000元，李教授被学校返聘，每月聘用工资薪金8000元，当月还领取稿酬5000元，特许权使用费3000元，专项附加扣除2000元。请计算李教授1月应缴纳的个人所得税。

【答案】李教授1月应缴纳的个人所得税计算如下：

工资薪金累计预扣预缴个人所得税应纳税所得额 =8000-5000-2000=1000

1月份预扣预缴个人所得税额 =1000×3%=30 元

稿酬收入额 =5000×（1-20%）×（1-30%）=2800

稿酬预扣预缴应纳税额 2800×20%×=560 元

特许权使用费收入额 =3000-800=2200

特许权使用费应预扣预缴个人所得税额 =2200×20%=440 元

李教授 1 月应缴纳的个人所得税 =30+560+440=1030 元

【答案解析】李教授退休费 12000 元是免税收入，返聘工资 8000 元属于工资薪金，按照规定，石油大学在发放时扣除基本费用和专项附加扣除项目后，按照综合税率表适用税率计算预扣预缴税款；1 月领取稿酬 5000 元，应在预扣预缴个人所得税时扣除 20% 的费用，再减按 70% 作为收入额，按照 20% 的预扣率计算预扣预缴个人所得税；特许权使用费 3000 元，小于 4000 元，扣除 800 元的费用，作为收入额，按照 20% 的预扣率计算预扣预缴个人所得税。

34.【计算题】王某，独生子女，在北京工作，儿子在上小学，父母已满 60 岁。在北京没有购买住房，租房居住，自己在攻读在职研究生学历。每月工资为 24500 元，每月三险一金为 4500 元，请计算：

1、个税改革前每月应缴纳个人所得税。

2、2018 年 10 月 1 日 -2018 年 12 月 31 日，每月应缴纳个人所得税额。

3、2019 年每月应缴纳个人所得税额。

【答案】1、个税改革前每月应缴纳个税：（24500-4500-3500）×25%-1005=3120 元

2、今年 10 月 1 日后，应缴纳个税：（24500-5000-4500）×20%-1410=1590 元

3、2019 年各月应预扣预缴个人所得税额计算如下：

（1）1 月累计预扣预缴应纳税所得额 =24500-5000-4500-1000-400-1500-2000=10100

1 月应预扣预缴税额 =10100×3%=303

（2）2 月累计预扣预缴应纳税所得额 =24500×2-5000×2-4500×2-1000×2-400×2-1500×2-2000×2=20200

2 月应预扣预缴税额 =20200×3%-303=303

（3）3 月累计预扣预缴应纳税所得额 =24500×3-5000×3-4500×3-1000×3-400×3-1500×3-2000×3=30300

3 月应预扣预缴税额 =30300×3%-（303+303）=303

（4）4 月累计预扣预缴应纳税所得额 =24500×4-5000×4-4500×4-1000×4-400×4-1500×4-2000×4=40400

4 月应预扣预缴税额 =40400×10%-2520-（303+3030+303）=611

（5）5 月累计预扣预缴应纳税所得额 =24500×5-5000×5-4500×5-1000×5-400×5-1500×5-2000×5=50500

5 月应预扣预缴税额 =50500×10%-2520-（303+3030+303+611）=1010

（6）6 月累计预扣预缴应纳税所得额 =24500×6-5000×6-4500×6-1000×6-400×6-1500×6-2000×6=60600

5 月应预扣预缴税额 =60600×10%-2520-（303+3030+303+611+1010）=1010

（7）7 月累计预扣预缴应纳税所得额 =24500×7-5000×7-4500×7-1000×7-400×7-1500×7-2000×7=70700

7 月应预扣预缴税额 =70700×10%-2520-（303+3030+303+611+1010+1010）=1010

（8）8月累计预扣预缴应纳税所得额 =24500×8-5000×8-4500×8-1000×8-400×8-1500×8-2000×8=80800

8月应预扣预缴税额 =80800×10%-2520-（303+3030+303+611+1010+1010+1010）=1010

（9）9月累计预扣预缴应纳税所得额 =24500×9-5000×9-4500×9-1000×9-400×9-1500×9-2000×9=90900

9月应预扣预缴税额 =90900×10%-2520-（303+3030+303+611+1010+1010+1010+1010）=1010

（10）10月累计预扣预缴应纳税所得额 =24500×10-5000×10-4500×10-1000×10-400×10-1500×10-2000×10=101000

10月应预扣预缴税额 =101000×10%-2520-（303+3030+303+611+1010+1010+1010+1010+1010）=1010

（11）11月累计预扣预缴应纳税所得额 =24500×11-5000×11-4500×11-1000×11-400×11-1500×11-2000×11=111100

11月应预扣预缴税额 =111100×10%-2520-（303+3030+303+611+1010+1010+1010+1010+1010+1010）=1010

（12）12月累计预扣预缴应纳税所得额 =24500×12-5000×12-4500×12-1000×12-400×12-1500×12-2000×12=121200

12月应预扣预缴税额 =121200×10%-2520-（303+3030+303+611+1010+1010+1010+1010+1010+1010+1010）=1010

【答案解析】根据《国家税务总局关于发布〈个人所得税扣缴申报管理办法〉（试行）的公告》（国家税务总局公告2018年第61号）第六条规定：扣缴义务人向居民个人支付工资、薪金所得时，应当按照累计预扣法计算预扣税款，并按月办理扣缴申报。

累计预扣法，是指扣缴义务人在一个纳税年度内预扣预缴税款时，以纳税人在本单位截至当前月份工资、薪金所得累计收入减除累计免税收入、累计减除费用、累计专项扣除、累计专项附加扣除和累计依法确定的其他扣除后的余额为累计预扣预缴应纳税所得额，适用个人所得税预扣率表一（见下表），计算累计应预扣预缴税额，再减除累计减免税额和累计已预扣预缴税额，其余额为本期应预扣预缴税额。余额为负值时，暂不退税。纳税年度终了后余额仍为负值时，由纳税人通过办理综合所得年度汇算清缴，税款多退少补。

具体计算公式如下：

本期应预扣预缴税额 =（累计预扣预缴应纳税所得额 × 预扣率 – 速算扣除数）– 累计减免税额 – 累计已预扣预缴税额

累计预扣预缴应纳税所得额 = 累计收入 – 累计免税收入 – 累计减除费用 – 累计专项扣除 – 累计专项附加扣除 – 累计依法确定的其他扣除

其中：累计减除费用，按照 5000 元 / 月乘以纳税人当年截至本月在本单位的任职受雇月份数计算。

个人所得税预扣率表一
（居民个人工资、薪金所得预扣预缴适用）

级数	累计预扣预缴应纳税所得额	预扣率（％）	速算扣除数
1	不超过 36000 元的	3	0
2	超过 36000 元至 144000 元的部分	10	2520
3	超过 144000 元至 300000 元的部分	20	16920
4	超过 300000 元至 420000 元的部分	25	31920
5	超过 420000 元至 660000 元的部分	30	52920
6	超过 660000 元至 960000 元的部分	35	85920
7	超过 960000 元的部分	45	181920

第三章
非居民个人四项所得

　　非居民个人四项所得是相对于构成居民个人综合所得的四项所得而言，包括非居民个人来源于中国境内的工资薪金所得、劳务报酬所得、稿酬所得和特许权使用费所得。

第一节 应纳税所得额

一、工资、薪金所得

非居民个人的工资、薪金所得，是指非居民个人因任职或者受雇而取得的来源于中国境内的工资、薪金、奖金、年终加薪、劳动分红、津贴、补贴以及与任职或者受雇有关的其他所得。

一般说来，工资薪金所得属于非独立个人劳动所得。所谓非独立个人劳动，是指个人所从事的由他人指定、安排或者接受管理的劳动，工作或服务于企业、行政、事业单位的人员（私营企业主除外）均为非独立劳动者。他们从上述单位取得的劳动报酬是以工资、薪金的形式体现的。

《中华人民共和国个人所得税法》第六条第二项规定，非居民个人的工资、薪金所得，以每月收入额减除费用五千元后的余额为应纳税所得额。

《中华人民共和国个人所得税法实施条例》第四条和第五条规定，在中国境内无住所的个人，在中国境内居住累计满 183 天的年度连续不满六年的，经向主管税务机关备案，其来源于中国境外且由境外单位或者个人支付的所得，免予缴纳个人所得税；在中国境内居住累计满 183 天的任一年度中有一次离境超过 30 天的，其在中国境内居住累计满 183 天的年度的连续年限重新起算。在中国境内无住所的个人，在一个纳税年度内在中国境内居住累计不超过 90 天的，其来源于中国境内的所得，由境外雇主支付并且不由该雇主在中国境内的机构、场所负担的部分，免予缴纳个人所得税。

《关于在中国境内无住所的个人居住时间判定标准的公告》（财政部 税务总局公告 2019 年第 34 号）规定，无住所个人一个纳税年度在中国境内累计居住满 183 天的，如果此前六年在中国境内每年累计居住天数都满 183 天而且没有任何一年单次离境超过 30 天，该纳税年度来源于中国境内、境外所得应当缴纳个人所得税；如果此前六年的任一年在中国境内累计居住天数不满 183 天或者单次离境超过 30 天，该纳税年度来源于中国境外且由境外单位或者个人支付的所得，免予缴纳个人所得税。前款所称此前六年，是指该纳税年度的前一年至前六年的连续六个年度，此前六年的起始年度自 2019 年（含）以后年度开始计算。无住所个人一个纳税年度内在中国境内累计居住天数，按照个人在中国境内累计停留的天数计算。在中国境内停留的当天满 24 小时的，计入中国境内居住天数，在中国境内停留的当天不足 24 小时的，不计入中国境内居住天数。

（一）关于工资薪金所得来源地的规定

《关于非居民个人和无住所居民个人有关个人所得税政策的公告》（财政部 税务总局公告 2019 年第 35 号）第一条第一款规定，个人取得归属于中国境内工作期间的工资薪金所得为来源于境内的工资薪金所得。境内工作期间按照个人在境内工作天数计算，包括其在境内的实际工作日以及境内工作期间在境内、境外享受的公休假、个人休假、接受培训的天数。在境内、境外单位同时担任职务或者仅在境外单位任职的个人，在境内停留的当天不足 24 小时的，按照半天计算境内工作天数。

【例 3-1】汤姆为我国个人所得税法所称的非居民个人，其任职的境外公司安排其于 2019 年 3 月 1 日——6 月 10 日来华工作。3 月 1 日 9 点抵达，6 月 11 日 15 时离华。期间 5 月 1 日——4 日在境外接受培训 2 天，往返各 1 天。另外在境内工作期间休假 12 天。请计算汤姆在境内的工作天数。

汤姆在 3 月 1 日、6 月 11 日和境外培训的往返 2 天在境内停留的当天不足 24 小时，所以应按照半天计算。因在境内工作而在境外接受培训的天数和境内休假天数应计入境内工作天数。所以汤姆在境内的工作天数应为：

0.5 + 30 + 30 + 31 − 1 + 10 + 0.5 = 101（天）

《关于非居民个人和无住所居民个人有关个人所得税政策的公告》（财政部 税务总局公告 2019 年第 35 号）第一条第三款规定，对于担任境内居民企业的董事、监事及高层管理职务的个人（以下统称高管人员），无论是否在境内履行职务，取得由境内居民企业支付或者负担的董事费、监事费、工资薪金或者其他类似报酬（包含数月奖金和股权激励），属于来源于境内的所得。高层管理职务包括企业正、副（总）经理、各职能总师、总监及其他类似公司管理层的职务。

（二）关于非居民个人工资薪金收入额的规定

《关于非居民个人和无住所居民个人有关个人所得税政策的公告》（财政部 税务总局公告 2019 年第 35 号）第二条第一款规定，非居民个人取得工资薪金所得，当月工资薪金收入额分别按照以下情形计算：

1. 非居民个人不属于高管人员

（1）境内居住时间累计不超过 90 天的情形

在一个纳税年度内，在境内累计居住不超过 90 天的非居民个人，仅就归属于境内工作期间并由境内雇主支付或者负担的工资薪金所得计算缴纳个人所得税。当月工资薪金收入额的计算公式如下（公式一）：

$$当月工资薪金收入额 = 当月境内外工资薪金总额 \times \frac{当月境内支付工资薪金数额}{当月境内外工资薪金总额} \times \frac{当月工资薪金所属工作期间境内工作天数}{当月工资薪金所属工作期间公历天数}$$

境内雇主包括雇佣员工的境内单位和个人以及境外单位或者个人在境内的机构、场所。凡境内雇主采取核定征收所得税或者无营业收入未征收所得税的，无住所个人为其工作取得工资薪金所得，不论是否在该境内雇主会计账簿中记载，均视为由该境内雇主支付或者负担。工资薪金所属工作期间的公历天数，是指无住所个人取得工资薪金所属工作期间按公历计算的天数。

公式中当月境内外工资薪金包含归属于不同期间的多笔工资薪金的，应当先分别按照规定计算不同归属期间工资薪金收入额，然后再加总计算当月工资薪金收入额。

【例 3-2】汤姆为我国个人所得税法所称的非居民个人，非高管人员，其任职的境外公司安排其于 2019 年 4 月来华工作，1 日 7 点来华，21 日 14 点离华。当月汤姆共取得工资薪金折合人民币 4 万元，其中境内支付 3 万元人民币。请计算汤姆 2019 年 4 月份应在我国缴纳个人所得税的工资薪金所得。

汤姆 2019 年 4 月份的境内工作天数 = 0.5 + 19 + 0.5 = 20（天）

汤姆 2019 年 4 月份应在我国缴纳个人所得税的工资薪金收入额 = 4 × 3/4 × 20/30 = 2（万元）

汤姆 2019 年 4 月份应在我国缴纳个人所得税的工资薪金所得 = 2 − 0.5 = 1.5（万元）

（2）非居民个人不属于高管人员，境内居住时间累计超过 90 天不满 183 天的情形。

在一个纳税年度内，在境内累计居住超过 90 天但不满 183 天的非居民个人，取得归属于境内工作期间的工资薪金所得，均应当计算缴纳个人所得税；其取得归属于境外工作期间的工资薪金所得，不征收个人所得税。当月工资薪金收入额的计算公式如下（公式二）：

$$当月工资薪金收入额 = 当月境内外工资薪金总额 \times \frac{当月工资薪金所属工作期间境内工作天数}{当月工资薪金所属工作期间公历天数}$$

【例 3-3】汤姆为我国个人所得税法所称的非居民个人，非高管人员，2019 年来华工作，在境内居住时间累计 120 天。2019 年 9 月份汤姆在境内工作天数 15 天，当月共取得境内外工资薪金总额折合人民币 5 万元，其中境内支付 2 万元人民币。请计算汤姆 2019 年 9 月份应在我国缴纳个人所得税的工资薪金所得。

汤姆 2019 年 9 月份应在我国缴纳个人所得税的工资薪金收入额 = 5 × 15/30 = 2.5（万元）

汤姆 2019 年 9 月份应在我国缴纳个人所得税的工资薪金所得 = 2.5 − 0.5 = 2（万元）

2. 非居民个人属于高管人员

（1）高管人员在境内居住时间累计不超过 90 天的情形

在一个纳税年度内，在境内累计居住不超过 90 天的高管人员，其取得由境内雇主支付或者负担的工资薪金所得应当计算缴纳个人所得税；不是由境内雇主支付或者负担的工资薪金所得，不缴纳个人所得税。当月工资薪金收入额为当月境内支付或者负担的工资薪金收入额。

（2）高管人员在境内居住时间累计超过 90 天不满 183 天的情形

在一个纳税年度内，在境内居住累计超过 90 天但不满 183 天的高管人员，其取得的工资薪金所得，除归属于境外工作期间且不是由境内雇主支付或者负担的部分外，应当计算缴纳个人所得税。当月工资薪金收入额计算适用计算公式如下（公式三）：

$$当月工资薪金收入额 = 当月境内外工资薪金总额 \times \left[1 - \frac{当月境外支付工资薪金数额}{当月境内外工资薪金总额} \times \frac{当月工资薪金所属工作期间境外工作天数}{当月工资薪金所属工作期间公历天数} \right]$$

【例 3-4】汤姆为我国个人所得税法所称的非居民个人，是高管人员，2019 年来华工作，在境内居住时间累计 120 天。2019 年 9 月份汤姆在境内工作天数 10 天，当月共取得境内外工资薪金总额折合人民币 5 万元，其中境内支付 2 万元人民币。请计算汤姆 2019 年 9 月份应在我国缴纳个人所得税的工资薪金所得。

汤姆 2019 年 9 月份应在我国缴纳个人所得税的工资薪金收入额

$= 5 \times \{1 - (5 - 2)/5 \times (30 - 10)/30\} = 3$（万元）

汤姆 2019 年 9 月份应在我国缴纳个人所得税的工资薪金所得 $= 3 - 0.5 = 2.5$（万元）

（三）关于外国来华工作人员缴纳个人所得税问题

《财政部关于外国来华工作人员缴纳个人所得税问题的通知》【（1980）财税字第 189 号】规定：

1. 援助国派往我国专为该国无偿援助我国的建设项目服务的工作人员，取得的工资、生活津贴，不论是我方支付或外国支付，均可免征个人所得税。

2. 外国来华文教专家，在我国服务期间，由我方发工资、薪金，并对其住房、使用汽车、医疗实行免费"三包"，可只就工资、薪金所得按照税法规定征收个人所得税；对我方免费提供的住房、使用汽车、医疗，可免予计算纳税。

3. 外国来华工作人员，在我国服务而取得的工资、薪金，不论是我方支付、外国支付、我方和外国共同支付，均属于来源于中国的所得，除本通知第 1 项规定给予免税优惠外，其他均应按规定征收个人所得税。但对在中国境内连续居住不超过 90 天的，可只就我方支付的工资、薪金部分计算纳税，对外国支付的工资、薪金部分免予征税。

4. 外国来华留学生，领取的生活津贴费、奖学金，不属于工资、薪金范畴，不征个人所得税。

5. 外国来华工作人员，由外国派出单位发给包干款项，其中包括个人工资、公用经费（邮电费、办公费、广告费、业务上往来必要的交际费）、生活津贴费（住房费、差旅费），凡对上述所得能够划分清楚的，可只就工资薪金所得部分按照规定征收个人所得税。

（四）对外国承包商派雇员来中国从事承包作业的工资、薪金收入征收个人所得税问题

《财政部税务总局关于对外国承包商派雇员来中国从事承包作业的工资、薪金收入征收个人所得税问题的通知》【（1984）财税外字第 14 号】规定，外国公司在中国承包工程作业，其作业场所应视为在中国设有营业机构。对其雇员的工资、薪金所得，属于从中国境内取得的报酬，应当根据个人所得税法征收个人所得税，不适用居住时间是否 90 天的征免税规定。

（五）在外商投资企业和外商驻华机构工作的外籍职员的住房费用

《财政部税务总局关于对外籍职员的在华住房费准予扣除计算纳税的通知》【（1988）财税外字第 21 号】规定，外商投资企业和外商驻华机构租房或购买房屋免费供外籍职员居住，可以不计入其职员的工资、薪金所得缴纳个人所得税。在缴纳企业所得税时，其购买的房屋可以提取折旧计入费用，租房的租金可列为费用支出。

外商投资企业和外商驻华机构将住房费定额发给外籍职员，可以列为费用支出，但应计入其职员的工资、薪金所得。该职员能够提供准确的住房费用凭证单据的，可准其按实际支出额，从应纳税所得额中扣除。

（六）非居民个人工资、薪金中含有假设房租，应如何计征个人所得税的问题

《国家税务局关于外籍人员 ××× 先生的工资、薪金含有假设房租，如何计征个人所得税问题的函》【（1989）国税外字第 52 号】规定，假设房租是指一些外国公司在向其他国家派驻工作人员时，考虑到不增加派驻人员的个人房租负担，由公司支付其所在派驻国的住房费用。但公司在支付该派驻人员工资时，为不使其因不需支付房租而获得利益，扣除掉该派驻人员在其本国按照一般住房水平应由个人负担的住房费用。根据我国个人所得税税法及有关规定，外国公司为其

驻华工作人员支付的住房费用如能提供有关证明文件，可不并入个人所得征收所得税。因此，假设房租作为个人应负担的住房费用，应作为个人所得一并征收所得税，而不宜再作扣除。

（七）关于在境内、境外分别取得工资、薪金所得，如何计征税款的问题

《国家税务总局关于印发《征收个人所得税若干问题的规定》的通知》【国税发（1994）89号】规定，纳税义务人在境内、境外同时取得工资、薪金所得的，应根据条例规定的原则，判断其境内、境外取得的所得是否来源于一国的所得。纳税义务人能够提供在境内、境外同时任职或者受雇及其工资、薪金标准的有效证明文件，可判定其所得是来源于境内和境外所得，应按税法和条例的规定分别减除费用并计算纳税；不能提供上述证明文件的，应视为来源于一国的所得，如其任职或者受雇单位在中国境内，应为来源于中国境内的所得，如其任职或受雇单位在中国境外，应为来源于中国境外的所得。

（八）外籍个人的下列所得，免征个人所得税

《财政部 国家税务总局关于个人所得税若干政策问题的通知》【财税字（1994）20号】规定，下列所得，暂免征个人所得税。

1.外籍个人以非现金形式或实报实销形式取得的住房补贴、伙食补贴、搬迁费、洗衣费

《国家税务总局关于外籍个人取得有关补贴征免个人所得税执行问题的通知》【国税发（1997）54号】第一条规定，对外籍个人以非现金形式或实报实销形式取得的合理的住房补贴、伙食补贴和洗衣费免征个人所得税，应由纳税人在初次取得上述补贴或上述补贴数额、支付方式发生变化的月份的次月进行工资薪金所得纳税申报时，向主管税务机关提供上述补贴的有效凭证，由主管税务机关核准确认免税。

《国家税务总局关于外籍个人取得有关补贴征免个人所得税执行问题的通知》【国税发（1997）54号】第二条规定，对外籍个人因到中国任职或离职，以实报实销形式取得的搬迁收入免征个人所得税，应由纳税人提供有效凭证，由主管税务机关审核认定，就其合理的部分免税。外商投资企业和外国企业在中国境内的机构、场所，以搬迁费名义每月或定期向其外籍雇员支付的费用，应计入工资薪金所得征收个人所得税。

2.外籍个人按合理标准取得的境内、外出差补贴

《国家税务总局关于外籍个人取得有关补贴征免个人所得税执行问题的通知》【国税发（1997）54号】第三条规定，对外籍个人按合理标准取得的境内、外出差补贴免征个人所得税，应由纳税人提供出差的交通费、住宿费凭证（复印件）或企业安排出差的有关计划，由主管税务机关确认免税。

3.外籍个人取得的探亲费、语言训练费、子女教育费等，经当地税务机关审核批准为合理的部分

《国家税务总局关于外籍个人取得有关补贴征免个人所得税执行问题的通知》【国税发（1997）54号】第四条规定，对外籍个人取得的探亲费免征个人所得税，应由纳税人提供探亲的交通支出凭证（复印件），由主管税务机关审核，对其实际用于本人探亲，且每年探亲的次数和支付的标准合理的部分给予免税。《国家税务总局关于外籍个人取得的探亲费免征个人所得税有关执行标准问题的通知》【国税函（2001）336号】规定，可以享受免征个人所得税优惠待遇的探亲费，仅限于外籍个人在我国的受雇地与其家庭所在地（包括配偶或父母居住地）之间搭乘交通工具且每年不超过2次的费用。

《国家税务总局关于外籍个人取得有关补贴征免个人所得税执行问题的通知》【国税发（1997）54号】第五条规定，对外籍个人取得的语言培训费和子女教育费补贴免征个人所得税，应由纳税人提供在中国境内接受上述教育的支出凭证和期限证明材料，由主管税务机关审核，对其在中国境内接受语言培训以及子女在中国境内接受教育取得的语言培训费和子女教育费补贴，且在合理数额内的部分免予纳税。

对于外籍个人取得港澳地区住房等补贴征免个人所得税问题，《财政部 国家税务总局关于外籍个人取得港澳地区住房等补贴征免个人所得税的通知》【财税（2004）29号】规定，受雇于我国境内企业的外籍个人（不包括香港澳门居民个人），因家庭等原因居住在香港、澳门，每个工作日往返于内地与香港、澳门等地区，由此境内企业（包括其关联企业）给予在香港或澳门住房、伙食、洗衣、搬迁等非现金形式或实报实销形式的补贴，凡能提供有效凭证的，经主管税务机关审核确认后，可以依照《财政部、国家税务总局关于个人所得税若干政策问题的通知》【财税字（1994）第20号】第二条以及《国家税务总局关于外籍个人取得有关补贴征免个人所得税执行问题的通知》【国税发〔1997〕54号】第一条、第二条的规定，免予征收个人所得税。上述外籍个人就其在香港或澳门进行语言培训、子女教育而取得的费用补贴，凡能提供有效支出凭证等材料的，经主管税务机关审核确认为合理的部分，可以依照上述【财税字（1994）第20号】通知第二条以及【国税发〔1997〕54号】通知第五条的规定，免予征收个人所得税。

4. 凡符合下列条件之一的外籍专家取得的工资、薪金所得可免征个人所得税：

（1）根据世界银行专项贷款协议由世界银行直接派往我国工作的外国专家；

（2）联合国组织直接派往我国工作的专家；

（3）为联合国援助项目来华工作的专家；

（4）援助国派往我国专为该国无偿援助项目工作的专家；

（5）根据两国政府签订文化交流项目来华工作两年以内的文教专家，其工资、薪金所得由该国负担的；

（6）根据我国大专院校国际交流项目来华工作两年以内的文教专家，其工资、薪金所得由该国负担的；

（7）通过民间科研协定来华工作的专家，其工资、薪金所得由该国政府机构负担的。

（九）外国企业的董事在中国境内兼任职务有关个人所得税问题

《国家税务总局关于外国企业的董事在中国境内兼任职务有关税收问题的通知》【国税函（1999）284号】规定，外国企业的董事或合伙人担任该企业设立在中国境内的机构、场所的职务，或者名义上不担任该机构、场所的职务，但实际上从事日常经营、管理工作，其在中国境内从事上述工作取得的工资、薪金所得，属于来源于中国境内的所得，应按照《中华人民共和国个人所得税法》及其实施条例和其他有关规定计算缴纳个人所得税。上述个人凡未申报或未如实申报其工资、薪金所得的，可比照《国家税务总局关于外商投资企业的董事担任直接管理职务征收个人所得税问题的通知》（国税发〔1996〕214号）第二条和第三条的规定核定其应取得的工资、薪金所得，并作为该中国境内机构、场所应负担的工资薪金确定纳税义务，计算应纳税额。

《国家税务总局关于外商投资企业的董事担任直接管理职务征收个人所得税问题的通知》（国税发〔1996〕214号）第二条和第三条规定，上述个人在该企业仅以董事费名义或分红形式取得收入的，应主动申报从事企业日常管理工作每月应取得的工资、薪金收入额，或者由主管税务机关参照同类地区、同类行业和相近规模企业中类似职务的工资、薪金收入水平核定其每月应取得的工资、薪金收入额，并依照《中华人民共和国个人所得税法》以及《国家税务总局关于在中国境内无住所的个人取得工资薪金所得纳税义务问题的通知》（国税发〔1994〕148号）和《国家税务总局关于在中国境内无住所的个人计算缴纳个人所得税若干具体问题的通知》（国税函发〔1995〕125号）的有关规定征收个人所得税。【注：国税发〔1994〕148号和国税函发〔1995〕125号第一条、第二条、第三条、第四条于2019年1月1日废止】

由个人所得税主管税务机关核定上述个人的工资、薪金收入额，需要相应调整外商投资企业应纳税所得额的，对核定的工资薪金数额，应由个人所得税主管税务机关会同外商投资企业所得税主管税务机关确定。

（十）关于在中国境内无住所个人以有价证券形式取得工资薪金所得确定纳税义务有关问题

《国家税务总局关于在中国境内无住所个人以有价证券形式取得工资薪金所得确定纳税义务有关问题的通知》【国税函（2000）190号】规定，在中国境内无住所的个人在华工作期间或离华后以折扣认购股票等有价证券形式取得工资薪金所得，仍应依照劳务发生地原则判定其来源地及纳税义务。上述个人来华后以折扣认购股票等形式收到的工资薪金性质所得，凡能够提供雇佣单位有关工资制度及折扣认购有价证券办法，证明上述所得含有属于该个人来华之前工作所得的，可仅就其中属于在华工作期间的所得征收个人所得税。与此相应，上述个人停止在华履约或执行职务离境后收到的属于在华工作期间的所得，也应确定为来源于我国的所得，但该项工资薪金性质所得未在中国境内的企业或机构、场所负担的，可免予扣缴个人所得税。

（十一）关于外商投资企业和外国企业对境外企业支付其雇员的工资薪金代扣代缴个人所得税问题

《国家税务总局关于外商投资企业和外国企业对境外企业支付其雇员的工资薪金代扣代缴个人所得税问题的通知》【国税发（1999）241号】规定，个人在中国境内外商投资企业中任职、受雇应取得的工资、薪金，应由该外商投资企业支付。凡由于该外商投资企业与境外企业存在关联关系，上述本应由外商投资企业支付的工资、薪金中部分或全部由境外关联企业支付的，对该部分由境外关联企业支付的工资、薪金，境内外商投资企业仍应依照《中华人民共和国个人所得税法》的规定，据实汇集申报有关资料，负责代扣代缴个人所得税。

在中国境内设有机构、场所的外国企业，对其雇员所取得的由境外总机构或关联企业支付的工资、薪金，也应比照上述规定，负责代扣代缴个人所得税。

二、劳务报酬所得

非居民个人的劳务报酬所得，是指非居民个人因从事设计、装潢、安装、制图、化验、测试、医疗、法律、会计、咨询、讲学、新闻、广播、翻译、审稿、书画、雕刻、影视、录音、录像、演出、表演、广告、展览、技术服务、介绍服务、经纪服务、代办服务以及其他劳务而取得的来源于中国境内的所得。

"劳务报酬所得"与"工资薪金所得"的区别在于：工资、薪金所得是属于非独立个人劳务活动，即在机关、团体、学校、部队、企事业单位及其他组织中任职、受雇而得到的报酬；劳务报酬所得则是个人独立从事各种技艺、提供各项劳务取得的报酬。两者的主要区别在于，前者存在雇佣与被雇佣关系，后者则不存在这种关系。

非居民个人的劳务报酬所得以每次收入额为应纳税所得额。

《中华人民共和国个人所得税法》第六条第二款规定，非居民个人的劳务报酬所得以收入减除百分之二十的费用后的余额为收入额。

劳务报酬所得属于一次性收入的，以取得该项收入为一次。例如从事设计、安装、装潢、制图、化验、测试等劳务，往往是接受客户的委托，按照客户要求，完成一次劳务后取得收入。因此，是属于只有一次性的收入，应以每次提供劳务取得的收入为一次。劳务报酬所得属于同一项目连续性收入的，以一个月内取得的收入为一次。如某外籍歌手与一酒吧签约，在半年内每天到酒吧演唱一次，每次演出后付酬 500 元，这属于同一事项的连续性收入，以其 1 个月内取得的收入为一次计征个人所得税，而不能以每天取得的收入为一次。

《国家税务总局关于境外团体或个人在我国从事文艺及体育演出有关税收问题的通知》【国税发（1994）106 号】规定，对外国或港、澳、台地区演员、运动员以个人名义在我国（大陆）从事演出、表演所取得的收入，应以其全部票价收入或者包场收入减去支付给提供演出场所的单位、演出公司或者经纪人的费用后的余额为营业额，依照个人所得税法的有关规定，按劳务报酬所得征收个人所得税。

三、稿酬所得

非居民个人的稿酬所得，是指非居民个人因其作品以图书、报刊形式出版、发表而取得的来源于中国境内的所得。公开发表、是判断稿酬所得的关键。对不以图书报刊形式出版、发表的翻译、审稿、书画所得按"劳务报酬所得"征税，对转让著作权按"特许权所得使用费所得"征税。

由境内企业、事业单位、其他组织支付或者负担的稿酬所得，为来源于境内的所得。

非居民个人的稿酬所得以每次收入额为应纳税所得额。

《中华人民共和国个人所得税法》第六条第二款规定，非居民个人的稿酬所得以收入减除百分之二十的费用后的余额为收入额，减按百分之七十计算。

稿酬所得，以每次出版、发表取得的收入为一次。具体来说可细分为：

（一）同一作品再版取得的所得，应视作另一次稿酬所得计税。

（二）同一作品先在报刊上连载，然后再出版，或先出版，再在报刊上连载的，应视为两次稿酬所得征税。即连载作为一次，出版作为另一次。

（三）同一作品在报刊上连载取得收入的，以连载完成后取得的所有收入合并为一次计税。

（四）同一作品在出版和发表时，以预付稿酬或分次支付稿酬等形式取得的稿酬收入，应合并计算为一次。

（五）同一作品出版、发表后，因添加印数而追加稿酬的，应与以前出版、发表时取得的稿酬合并计算为一次计税。

四、特许权使用费所得

非居民个人的特许权使用费所得，是指非居民个人提供专利权、商标权、著作权、非专利技术以及其他特许权的使用权而取得的来源于中国境内的所得；提供著作权的使用权取得的所得，不包括稿酬所得。

非居民个人的特许权使用费所得以每次收入额为应纳税所得额。

《中华人民共和国个人所得税法》第六条第二款规定，非居民个人的特许权使用费所得以收入减除百分之二十的费用后的余额为收入额。

特许权使用费所得，以某项使用权的一次转让所取得的收入为一次。一个纳税义务人，可能有多项特许权利，每一项特许权的使用权也可能不止一次地向他人提供。因此，特许权使用费所得的"次"，应为每一项使用权的每次转让所取得的收入为一次。如果该次转让取得的收入是分笔支付的，则应将各笔收入相加为一次地收入计税。

对非居民个人取得上述四项所得，所得为人民币以外货币的，按照办理纳税申报或者扣缴申报的上一月最后一日人民币汇率中间价，折合成人民币计算应纳税所得额。所得为实物的，应当按照取得的凭证上所注明的价格计算应纳税所得额，无凭证的实物或者凭证上所注明的价格明显偏低的，参照市场价格核定应纳税所得额；所得为有价证券的，根据票面价格和市场价格核定应纳税所得额；所得为其他形式的经济利益的，参照市场价格核定应纳税所得额。

第二节 非居民个人四项所得应纳税额的计算

《中华人民共和国个人所得税法》第二条第二款规定，非居民个人取得工资薪金所得、劳务报酬所得、稿酬所得和特许权使用费所得，按月或者按次分项计算个人所得税。

《中华人民共和国个人所得税法》第十一条第三款规定，非居民个人取得工资、薪金所得，劳务报酬所得，稿酬所得和特许权使用费所得，有扣缴义务人的，由扣缴义务人按月或者按次代扣代缴税款，不办理汇算清缴。

一、非居民个人四项所得的适用税率

《个人所得税扣缴申报管理办法（试行）》【《关于发布〈个人所得税扣缴申报管理办法（试行）〉的公告》国家税务总局公告 2018 年第 61 号】规定，扣缴义务人向非居民个人支付工资、薪金所得，适用《个人所得税税率表三》计算应纳税额。非居民个人在一个纳税年度内税款扣缴方法保持不变，达到居民个人条件时，应当告知扣缴义务人基础信息变化情况，年度终了后按照居民个人有关规定办理汇算清缴。

个人所得税预扣率表一

（居民个人工资、薪金所得预扣预缴适用）

级数	应纳税所得额	预扣率（%）	速算扣除数
1	不超过 3000 元的	3	0
2	超过 3000 元至 12000 元的部分	10	210
3	超过 12000 元至 25000 元的部分	20	1410
4	超过 25000 元至 35000 元的部分	25	2660
5	超过 35000 元至 55000 元的部分	30	4410
6	超过 55000 元至 80000 元的部分	35	7160
7	超过 80000 元的部分	45	15160

二、工资薪金所得应纳税额的计算

《关于非居民个人和无住所居民个人有关个人所得税政策的公告》（财政部 税务总局公告2019 年第 35 号）第三条第二款第一项规定，非居民个人当月取得工资薪金所得，以按照本公告第二条规定计算的当月收入额，减去税法规定的减除费用后的余额，为应纳税所得额，适用本公告所附按月换算后的综合所得税率表（以下称月度税率表）计算应纳税额。

所以，非居民个人工资、薪金所得应纳税额的计算公式为：

应纳税额 = 应纳税所得额 × 适用税率 – 速算扣除数

　　　　 =（每月收入额 – 5000）× 适用税率 – 速算扣除数

【例 3-5】假定境内某外商投资企业中工作的德国专家（非居民个人，非高管人员）在 2019年在中国境内居住天数累计 81 天。其中 3 月取得由该企业发放的含税工资收入 30000 元人民币，请计算应纳个人所得税税额。

1. 应纳税所得额 = 30000 – 5000 = 25000（元）

2. 应纳税额 = 25000 × 20% – 1410 = 3590（元）

（一）单位或个人为纳税义务人负担个人所得税税款问题的处理

如果单位或个人为纳税义务人负担个人所得税税款，《国家税务总局关于印发〈征收个人所得税若干问题的规定〉的通知》【国税发〔1994〕89 号】第十四条规定，单位或个人为纳税义务人负担个人所得税税款，应将纳税义务人取得的不含税收入换算为应纳税所得额，计算征收个人所得税。计算公式如下：

（1）应纳税所得额 =（不含税收入额 – 费用扣除标准 – 速算扣除数）÷（1 – 税率）

（2）应纳税额 = 应纳税所得额 × 适用税率 – 速算扣除数

公式（1）中的税率，是指不含税所得按不含税级距对应的税率；公式（2）中的税率，是指应纳税所得额按含税级距对应的税率。

《国家税务总局关于雇主为其雇员负担个人所得税税款计征问题的通知》【国税发（1996）199 号】第 3 条规定，有些外商投资企业和外国企业在华的机构场所，为其受派到中国境内工作的雇员负担超过原居住国的税款。例如：雇员在华应纳税额中相当于按其在原居住国税法计算的应纳税额部分（以下称原居住国税额），仍由雇员负担并由雇主在支付雇员工资时从工资中扣除，代为缴税；若按中国税法计算的税款超过雇员原居住国税额的，超过部分另外由其雇主负担。对此类情况，应按下列原则处理；

将雇员取得的不含税工资（即：扣除了原居住国税额的工资），按国税发〔1994〕89 号文件第十四条规定的公式，换算成应纳税所得额，计算征收个人所得税；如果计算出的应纳税所得额小于按该雇员的实际工资、薪金收入（即：未扣除原居住国税额的工资）计算的应纳税所得额的，应按其雇员的实际工资薪金收入计算征收个人所得税。

（二）非居民个人一个月内取得数月奖金的处理

《关于非居民个人和无住所居民个人有关个人所得税政策的公告》（财政部 税务总局公告2019 年第 35 号）第三条第二款第二项规定，非居民个人一个月内取得数月奖金，单独按照本公告第二条规定计算当月收入额，不与当月其他工资薪金合并，按 6 个月分摊计税，不减除费用，适用月度税率表计算应纳税额，在一个公历年度内，对每一个非居民个人，该计税办法只允许适用一次。计算公式如下（公式五）：

当月数月奖金应纳税额 =[（数月奖金收入额 ÷6）× 适用税率 – 速算扣除数]×6

（三）非居民个人一个月内取得股权激励所得的处理

《关于非居民个人和无住所居民个人有关个人所得税政策的公告》（财政部 税务总局公告 2019 年第 35 号）第三条第二款第三项规定，非居民个人一个月内取得股权激励所得，单独按照本公告第二条规定计算当月收入额，不与当月其他工资薪金合并，按 6 个月分摊计税（一个公历年度内的股权激励所得应合并计算），不减除费用，适用月度税率表计算应纳税额，计算公式如下（公式六）：

当月股权激励所得应纳税额 = [（本公历年度内股权激励所得合计额 ÷6）× 适用税率 – 速算扣除数]×6– 本公历年度内股权激励所得已纳税额

三、劳务报酬所得应纳税额的计算

非居民个人取得来源于境内的劳务报酬所得以税法规定的每次收入额为应纳税所得额，适用月度税率表计算应纳税额。

非居民个人劳务报酬所得应纳税额的计算公式为：

应纳税额 = 应纳税所得额 × 适用税率 – 速算扣除数

　　　　 =【每次收入额 ×（1 – 20%）】× 适用税率 – 速算扣除数

【例 3-6】汤姆为我国个人所得税法所规定的非居民个人，2019 年 4 月在北京担任英语翻译，取得收入 10000 元人民币，请计算其应纳个人所得税税额。

1. 应纳税所得额 = 10000 ×（1 – 20%）= 8000（元）

2. 应纳税额 = 8000 ×10% – 210 = 590（元）

四、稿酬所得应纳税额的计算

非居民个人取得来源于境内的稿酬所得以税法规定的每次收入额为应纳税所得额，适用月度税率表计算应纳税额。

非居民个人劳务报酬所得应纳税额的计算公式为：

应纳税额 = 应纳税所得额 × 适用税率 – 速算扣除数

　　　　 =【每次收入额 ×（1 – 20%）×70%】× 适用税率 – 速算扣除数

【例 3-7】我国境内某出版社出版了英国作家吉米的小说，吉米取得稿酬收入 20000 元人民币，请计算其应纳个人所得税税额。

1. 应纳税所得额 = 20000 ×（1 – 20%）×70% = 10200（元）

2. 应纳税额 = 10200 ×10% – 210 = 810（元）

五、特许权使用费所得应纳税额的计算

非居民个人取得来源于境内的特许权使用费所得，以税法规定的每次收入额为应纳税所得额，

适用月度税率表计算应纳税额。

非居民个人特许权使用费所得应纳税额的计算公式为：

应纳税额 = 应纳税所得额 × 适用税率 – 速算扣除数

= 【每次收入额 ×（1 – 20%）】× 适用税率 – 速算扣除数

【例 3-8】2019 年 4 月，非居民个人约翰自我国境内取得特许权使用费收入 60000 元人民币，请计算其应纳个人所得税税额。

1. 应纳税所得额 =60000 ×（1 – 20%）= 48000（元）

2. 应纳税额 = 48000 × 30% – 4410 = 9990（元）

第三节 非居民个人征管政策

一、非居民个人扣缴与自行申报

《关于全面实施新个人所得税法若干征管衔接问题的公告》（国家税务总局公告 2018 年第 56 号）第二条和《个人所得税扣缴申报管理办法（试行）》第九条规定，扣缴义务人向非居民个人支付工资、薪金所得，劳务报酬所得，稿酬所得和特许权使用费所得时，应当按以下方法按月或者按次代扣代缴个人所得税：

非居民个人的工资、薪金所得，以每月收入额减除费用五千元后的余额为应纳税所得额；劳务报酬所得、稿酬所得、特许权使用费所得，以每次收入额为应纳税所得额，适用按月换算后的非居民个人月度税率表计算应纳税额。其中，劳务报酬所得、稿酬所得、特许权使用费所得以收入减除百分之二十的费用后的余额为收入额。稿酬所得的收入额减按百分之七十计算。

非居民个人工资、薪金所得，劳务报酬所得，稿酬所得，特许权使用费所得应纳税额 = 应纳税所得额 × 税率 − 速算扣除数

非居民个人在一个纳税年度内税款扣缴方法保持不变，达到居民个人条件时，应当告知扣缴义务人基础信息变化情况，年度终了后按照居民个人有关规定办理汇算清缴。

《个人所得税扣缴申报管理办法（试行）》第十二条规定，纳税人需要享受税收协定待遇的，应当在取得应税所得时主动向扣缴义务人提出，并提交相关信息、资料，扣缴义务人代扣代缴税款时按照享受税收协定待遇有关办法办理。

《关于个人所得税自行纳税申报有关问题的公告》（国家税务总局公告 2018 年第 62 号）第三条第二款规定，非居民个人取得工资、薪金所得，劳务报酬所得，稿酬所得，特许权使用费所得，扣缴义务人未扣缴税款的，应当在取得所得的次年 6 月 30 日前，向扣缴义务人所在地主管税务机关办理纳税申报，并报送《个人所得税自行纳税申报表（A 表）》。有两个以上扣缴义务人均未扣缴税款的，选择向其中一处扣缴义务人所在地主管税务机关办理纳税申报。非居民个人在次年 6 月 30 日前离境（临时离境除外）的，应当在离境前办理纳税申报。

《关于个人所得税自行纳税申报有关问题的公告》（国家税务总局公告 2018 年第 62 号）第六条规定，非居民个人在中国境内从两处以上取得工资、薪金所得的，应当在取得所得的次月 15 日内，向其中一处任职、受雇单位所在地主管税务机关办理纳税申报，并报送《个人所得税自行纳税申报表（A 表）》。

第八条第二款规定，纳税人在办理纳税申报时需要享受税收协定待遇的，按照享受税收协定待遇有关办法办理。

二、关于无住所个人适用税收协定

《关于非居民个人和无住所居民个人有关个人所得税政策的公告》（财政部 税务总局公告2019 年第 35 号）第四条规定，按照我国政府签订的避免双重征税协定、内地与香港、澳门签订的避免双重征税安排（以下称税收协定）居民条款规定为缔约对方税收居民的个人（以下称对方税收居民个人），可以按照税收协定及财政部、税务总局有关规定享受税收协定待遇，也可以选择不享受税收协定待遇计算纳税。除税收协定及财政部、税务总局另有规定外，无住所个人适用税收协定的，按照以下规定执行：

（一）关于无住所个人适用受雇所得条款的规定。

1.无住所个人享受境外受雇所得协定待遇。

本公告所称境外受雇所得协定待遇，是指按照税收协定受雇所得条款规定，对方税收居民个人在境外从事受雇活动取得的受雇所得，可不缴纳个人所得税。

无住所个人为对方税收居民个人，其取得的工资薪金所得可享受境外受雇所得协定待遇的，可不缴纳个人所得税。工资薪金收入额计算适用本公告公式二。

无住所居民个人为对方税收居民个人的，可在预扣预缴和汇算清缴时按前款规定享受协定待遇；非居民个人为对方税收居民个人的，可在取得所得时按前款规定享受协定待遇。

2.无住所个人享受境内受雇所得协定待遇。

本公告所称境内受雇所得协定待遇，是指按照税收协定受雇所得条款规定，在税收协定规定的期间内境内停留天数不超过 183 天的对方税收居民个人，在境内从事受雇活动取得受雇所得，不是由境内居民雇主支付或者代其支付的，也不是由雇主在境内常设机构负担的，可不缴纳个人所得税。

无住所个人为对方税收居民个人，其取得的工资薪金所得可享受境内受雇所得协定待遇的，可不缴纳个人所得税。工资薪金收入额计算适用本公告公式一。

无住所居民个人为对方税收居民个人的，可在预扣预缴和汇算清缴时按前款规定享受协定待遇；非居民个人为对方税收居民个人的，可在取得所得时按前款规定享受协定待遇。

（二）关于无住所个人适用独立个人劳务或者营业利润条款的规定。

本公告所称独立个人劳务或者营业利润协定待遇，是指按照税收协定独立个人劳务或者营业利润条款规定，对方税收居民个人取得的独立个人劳务所得或者营业利润符合税收协定规定条件的，可不缴纳个人所得税。

无住所居民个人为对方税收居民个人，其取得的劳务报酬所得、稿酬所得可享受独立个人劳务或者营业利润协定待遇的，在预扣预缴和汇算清缴时，可不缴纳个人所得税。

非居民个人为对方税收居民个人，其取得的劳务报酬所得、稿酬所得可享受独立个人劳务或者营业利润协定待遇的，在取得所得时可不缴纳个人所得税。

（三）关于无住所个人适用董事费条款的规定。

对方税收居民个人为高管人员，该个人适用的税收协定未纳入董事费条款，或者虽然纳入董事费条款但该个人不适用董事费条款，且该个人取得的高管人员报酬可享受税收协定受雇所得、独立个人劳务或者营业利润条款规定待遇的，该个人取得的高管人员报酬可不适用本公告第二条第（三）项规定，分别按照本条第（一）项、第（二）项规定执行。

对方税收居民个人为高管人员，该个人取得的高管人员报酬按照税收协定董事费条款规定可以在境内征收个人所得税的，应按照有关工资薪金所得或者劳务报酬所得规定缴纳个人所得税。

（四）关于无住所个人适用特许权使用费或者技术服务费条款的规定。

本公告所称特许权使用费或者技术服务费协定待遇，是指按照税收协定特许权使用费或者技术服务费条款规定，对方税收居民个人取得符合规定的特许权使用费或者技术服务费，可按照税收协定规定的计税所得额和征税比例计算纳税。

无住所居民个人为对方税收居民个人，其取得的特许权使用费所得、稿酬所得或者劳务报酬所得可享受特许权使用费或者技术服务费协定待遇的，可不纳入综合所得，在取得当月按照税收协定规定的计税所得额和征税比例计算应纳税额，并预扣预缴税款。年度汇算清缴时，该个人取得的已享受特许权使用费或者技术服务费协定待遇的所得不纳入年度综合所得，单独按照税收协定规定的计税所得额和征税比例计算年度应纳税额及补退税额。

非居民个人为对方税收居民个人，其取得的特许权使用费所得、稿酬所得或者劳务报酬所得可享受特许权使用费或者技术服务费协定待遇的，可按照税收协定规定的计税所得额和征税比例计算应纳税额。

三、关于无住所个人相关征管规定

（一）关于无住所个人预计境内居住时间的规定。

无住所个人在一个纳税年度内首次申报时，应当根据合同约定等情况预计一个纳税年度内境内居住天数以及在税收协定规定的期间内境内停留天数，按照预计情况计算缴纳税款。实际情况与预计情况不符的，分别按照以下规定处理：

1.无住所个人预先判定为非居民个人，因延长居住天数达到居民个人条件的，一个纳税年度内税款扣缴方法保持不变，年度终了后按照居民个人有关规定办理汇算清缴，但该个人在当年离境且预计年度内不再入境的，可以选择在离境之前办理汇算清缴。

2.无住所个人预先判定为居民个人，因缩短居住天数不能达到居民个人条件的，在不能达到居民个人条件之日起至年度终了15天内，应当向主管税务机关报告，按照非居民个人重新计算应纳税额，申报补缴税款，不加收税收滞纳金。需要退税的，按照规定办理。

3.无住所个人预计一个纳税年度境内居住天数累计不超过90天，但实际累计居住天数超过90天的，或者对方税收居民个人预计在税收协定规定的期间内境内停留天数不超过183天，但实际停留天数超过183天的，待达到90天或者183天的月度终了后15天内，应当向主管税务机关报告，就以前月份工资薪金所得重新计算应纳税款，并补缴税款，不加收税收滞纳金。

（二）关于无住所个人境内雇主报告境外关联方支付工资薪金所得的规定。

无住所个人在境内任职、受雇取得来源于境内的工资薪金所得，凡境内雇主与境外单位或者个人存在关联关系，将本应由境内雇主支付的工资薪金所得，部分或者全部由境外关联方支付的，无住所个人可以自行申报缴纳税款，也可以委托境内雇主代为缴纳税款。无住所个人未委托境内雇主代为缴纳税款的，境内雇主应当在相关所得支付当月终了后15天内向主管税务机关报告相关信息，包括境内雇主与境外关联方对无住所个人的工作安排、境外支付情况以及无住所个人的联系方式等信息。

四、港澳税收居民应纳税额的计算

《国家税务总局关于执行内地与港澳间税收安排涉及个人受雇所得有关问题的公告》（国家税务总局公告 2012 年第 16 号）规定，自 2012 年 6 月 1 日起，为了解决往来内地与港、澳间跨境工作个人双重征税问题，根据内地与香港、澳门签署的关于对所得避免双重征税和防止偷漏税安排（以下简称《安排》）受雇所得条款（与澳门间安排为非独立个人劳务条款，以下统称受雇所得条款）的有关规定，经与相关税务主管当局协商，现就在港、澳受雇或在内地与港、澳间双重受雇的港澳税收居民执行《安排》受雇所得条款涉及的居民个人所得税问题公告如下：

（一）执行《安排》受雇所得条款相关规定及计税方法

1. 港澳税收居民在内地从事相关活动取得所得，根据《安排》受雇所得条款第一款的规定，应仅就归属于内地工作期间的所得，在内地缴纳个人所得税。计算公式为：

应纳税额 =（当期境内外工资薪金应纳税所得额 × 适用税率 – 速算扣除数）× 当期境内实际停留天数 ÷ 当期公历天数

2. 港澳税收居民在内地从事相关活动取得所得，根据《安排》受雇所得条款第二款的规定，可就符合条件部分在内地免予征税；内地征税部分的计算公式为：

应纳税额 =（当期境内外工资薪金应纳税所得额 × 适用税率 – 速算扣除数）×（当期境内实际停留天数 ÷ 当期公历天数）×（当期境内支付工资 ÷ 当期境内外支付工资总额）

（二）有关公式项目或用语的解释

"当期"：指按国内税收规定计算工资薪金所得应纳税所得额的当个所属期间。

"当期境内外工资薪金应纳税所得额"：指应当计入当期的工资薪金收入按照国内税收规定计算的应纳税所得额。

"适用税率"和"速算扣除数"均按照国内税收规定确定。

"当期境内支付工资"：指当期境内外支付工资总额中由境内居民或常设机构支付或负担的部分。

"当期境内外支付工资总额"：指应当计入当期的工资薪金收入总额，包括未做任何费用减除计算的各种境内外来源数额。

"当期境内实际停留天数"指港澳税收居民当期在内地的实际停留天数，但对其入境、离境、往返或多次往返境内外的当日，按半天计算为当期境内实际停留天数。

"当期公历天数"指当期包含的全部公历天数，不因当日实际停留地是否在境内而做任何扣减。

（三）一次取得跨多个计税期间收入

港澳税收居民一次取得跨多个计税期间的各种形式的奖金、加薪、劳动分红等（以下统称奖金，不包括应按每个计税期间支付的奖金），仍应以按照国内税收规定确定的计税期间作为执行"安排"规定的所属期间，并分别情况适用本公告第一条第（一）项或第（二）项公式计算个人所得税应纳税额。在适用本公告上述公式时，公式中"当期境内实际停留天数" 指在据以获取该奖金的期间中属于在境内实际停留的天数；"当期公历天数" 指据以获取该奖金的期间所包含的全部公历天数。

（四）备案报告

港澳税收居民在每次按本公告规定享受《安排》相关待遇时，应该按照《非居民享受税收协定待遇管理办法（试行）》（国税发〔2009〕124 号）的有关规定，向主管税务机关备案，并按照《国家税务总局关于在中国境内无住所的个人计算缴纳个人所得税若干具体问题的通知》（国税函发〔1995〕125 号）第五条规定提供有关资料。

练习与解析

一、单项选择题：以下题目中只有一个选项最符合题意，请将其序号填入题中括号内。

1. 非居民个人的工资、薪金所得，以（　　）为应纳税所得额。

A. 每月收入额

B. 每月收入额减除费用五千元后的余额

C. 每年收入额减除费用六元万后的余额

D. 每年收入额减除费用六元万和各项附加扣除后的余额

答案：B

解析：《中华人民共和国个人所得税法》第六条第二项规定，非居民个人的工资、薪金所得，以每月收入额减除费用五千元后的余额为应纳税所得额。

2. 外籍个人取得的下列所得，应计入工资、薪金所得缴纳个人所得税的是（　　）。

A. 外国来华文教专家，在我国服务期间，由我方免费提供的住房、使用汽车、医疗等所得

B. 外国来华留学生，领取的生活津贴费、奖学金

C. 外籍个人按合理标准取得的境内、外出差补贴

D. 外商投资企业和外国企业在中国境内的机构、场所，以搬迁费名义每月或定期向其外籍雇员支付的费用

答案：D

解析：外国来华文教专家，在我国服务期间，由我方发工资、薪金，并对其住房、使用汽车、医疗实行免费"三包"，可只就工资、薪金所得按照税法规定征收个人所得税；对我方免费提供的住房、使用汽车、医疗，可免予计算纳税。外国来华留学生，领取的生活津贴费、奖学金，不属于工资、薪金范畴，不征个人所得税。对外籍个人按合理标准取得的境内、外出差补贴免征个人所得税，应由纳税人提供出差的交通费、住宿费凭证（复印件）或企业安排出差的有关计划，由主管税务机关确认免税。外商投资企业和外国企业在中国境内的机构、场所，以搬迁费名义每月或定期向其外籍雇员支付的费用，应计入工资薪金所得征收个人所得税。

3. 假定某非居民个人在 2019 年 3 月取得来源于中国境内的含税工资收入 25000 元人民币，则应纳个人所得税税额为（　　）元。

A. 600　　　B. 1790　　　C. 2340　　　D. 2590

答案：D

解析：应纳个人所得税税额 =（25000 − 5000）× 20% − 1410 = 2590 元。

4. 英国作家吉米自我国境内取得稿酬收入 20000 元人民币，则按我国个人所得税规定，其个人所得税应纳税所得额为（　　）元。

A. 20000　　　B. 16000　　　C. 15000　　　D. 10200

答案：D

解析：非居民个人稿酬所得应纳税所得额 = 20000 ×（1 - 20%）× 70% = 10200（元）

5. 约翰为我国个人所得税法所称的在中国境内无住所的非居民个人，2019年4月因其所在外国公司履行合同而被派往中国境内从事工作共20天，每日工资薪金2000元。则约翰应就该工资薪金所得缴纳个人所得税（ ）元。

A. 7590　　　B. 6977　　　C. 6090　　　D. 4060

答案：D

解析：应纳税额 =（当月工资薪金应纳税所得额 × 适用税率 – 速算扣除数）× 当月实际在中国天数 ÷ 当月天数 = [（2000 × 20 - 5000）× 25% - 2660] × 20 ÷ 30 = 4060

二、多项选择题：以下题目中至少有两个选项符合题意，请将其序号填入题中括号内。

1. 对在外商投资企业和外商驻华机构工作的外籍职员的住房费用，以下的个人所得税处理中正确的有（ ）。

A. 外商投资企业和外商驻华机构租房或购买房屋免费供外籍职员居住，可以不计入其职员的工资、薪金所得缴纳个人所得税

B. 外商投资企业和外商驻华机构租房或购买房屋免费供外籍职员居住，应将房屋的折旧额或房屋租金计入其职员的工资、薪金所得缴纳个人所得税

C. 外商投资企业和外商驻华机构将住房费定额发给外籍职员，可以列为费用支出，但应计入其职员的工资、薪金所得

D. 外商投资企业和外商驻华机构将住房费定额发给外籍职员，可以列为费用支出，不应计入其职员的工资、薪金所得

答案：AC

解析：《财政部税务总局关于对外籍职员的在华住房费准予扣除计算纳税的通知》【（1988）财税外字第21号】规定，外商投资企业和外商驻华机构租房或购买房屋免费供外籍职员居住，可以不计入其职员的工资、薪金所得缴纳个人所得税。在缴纳企业所得税时，其购买的房屋可以提取折旧计入费用，租房的租金可列为费用支出。外商投资企业和外商驻华机构将住房费定额发给外籍职员，可以列为费用支出，但应计入其职员的工资、薪金所得。该职员能够提供准确的住房费用凭证单据的，可准其按实际支出额，从应纳税所得额中扣除。

2. 外籍个人取得的下列所得，免征个人所得税的有（ ）。

A. 援助国派往我国专为该国无偿援助我国的建设项目服务的工作人员，取得的工资、生活津贴

B. 非居民个人工资、薪金中含有的假设房租

C. 外籍个人以非现金形式或实报实销形式取得的合理的住房补贴、伙食补贴和洗衣费

D. 外籍个人取得的探亲费、语言训练费、子女教育费等，经当地税务机关审核批准为合理的部分

答案：ACD

解析：援助国派往我国专为该国无偿援助我国的建设项目服务的工作人员，取得的工资、生活津贴，不论是我方支付或外国支付，均可免征个人所得税。对我方免费提供的住房、使用汽车、

医疗，可免予计算纳税。假设房租作为个人应负担的住房费用，应作为个人所得一并征收所得税。对外籍个人以非现金形式或实报实销形式取得的合理的住房补贴、伙食补贴和洗衣费免征个人所得税。外籍个人取得的探亲费、语言训练费、子女教育费等，经当地税务机关审核批准为合理的部分，免征个人所得税。

3. 对于非居民个人的个人所得税处理，以下说法中正确的有（　　）。

A. 非居民个人取得工资、薪金所得，劳务报酬所得，稿酬所得和特许权使用费所得，有扣缴义务人的，由扣缴义务人按月或者按次代扣代缴税款，次年办理汇算清缴

B. 在中国境内无住所的个人，在一个纳税年度内在中国境内居住累计不超过90天的，其来源于中国境内的所得，由境外雇主支付并且不由该雇主在中国境内的机构、场所负担的部分，免予缴纳个人所得税

C. 非居民个人的劳务报酬所得以收入减除百分之二十的费用后的余额为收入额

D. 非居民个人的稿酬所得和特许权使用费所得以每次收入额为应纳税所得额，以收入减除百分之二十的费用后的余额为收入额

答案：BC

解析：非居民个人取得工资、薪金所得，劳务报酬所得，稿酬所得和特许权使用费所得，有扣缴义务人的，由扣缴义务人按月或者按次代扣代缴税款，不办理汇算清缴，所以选项A错误。非居民个人的稿酬所得以收入减除百分之二十的费用后的余额为收入额，减按百分之七十计算。所以选项D错误。

4. 对外国来华工作人员缴纳个人所得税问题，以下说法中正确的有（　　）。

A. 援助国派往我国专为该国无偿援助我国的建设项目服务的工作人员，取得的工资、生活津贴，由我方支付的，应征个人所得税，由外方支付的，免征个人所得税

B. 外国来华留学生，领取的生活津贴费、奖学金，属于工资、薪金范畴，免征个人所得税

C. 外国来华工作人员，由外国派出单位发给包干款项，其中包括个人工资、公用经费（邮电费、办公费、广告费、业务上往来必要的交际费）、生活津贴费（住房费、差旅费），凡对上述所得能够划分清楚的，可只就工资薪金所得部分按照规定征收个人所得税

D. 外国来华工作人员，在我国服务而取得的工资、薪金，不论是我方支付、外国支付、我方和外国共同支付，均属于来源于中国的所得

答案：CD

解析：援助国派往我国专为该国无偿援助我国的建设项目服务的工作人员，取得的工资、生活津贴，不论是我方支付或外国支付，均可免征个人所得税，所以选项A错误。外国来华留学生，领取的生活津贴费、奖学金，不属于工资、薪金范畴，不征个人所得税，所以选项B错误。

5. 2019年3月，某非居民个人从中国境内取得应税收入20000元，则以下说法中正确的有（　　）。

A. 如果该收入属于工资薪金所得，则其应纳税所得额为15000元

B. 如果该收入属于劳务报酬所得，则其应纳税所得额为16000元

C. 如果该收入属于稿酬所得，则其应纳税所得额为16000元

D. 如果该收入属于特许权使用费所得，则其应纳税所得额为16000元

答案：ABD

解析：非居民个人的工资薪金所得，以每月工资薪金减去 5000 元后的余额为应纳税所得额，劳务报酬所得、稿酬所得和特许权使用费所得以每次收入额减除 20% 的费用后的余额为应纳税所得额，其中稿酬所得减按 70% 计算，20000×（1-20%）= 16000 元，16000×70% =112000 元，所以选项 C 错误，ABDZ 正确。

三、判断题：

1. 在中国境内无住所的个人，在中国境内居住累计满 183 天的年度连续不满五年的，经向主管税务机关备案，其来源于中国境外且由境外单位或者个人支付的所得，免予缴纳个人所得税。（ ）

答案：×

解析：在中国境内无住所的个人，在中国境内居住累计满 183 天的年度连续不满六年的，经向主管税务机关备案，其来源于中国境外且由境外单位或者个人支付的所得，免予缴纳个人所得税。

2. 非居民个人的工资、薪金所得，以每月收入额减除费用五千元后的余额为应纳税所得额。（ ）

答案：√

3. 在中国境内无住所的个人，在一个纳税年度内在中国境内居住累计不超过 90 天的，其来源于中国境内的所得，由境外雇主支付并且不由该雇主在中国境内的机构、场所负担的部分，免予缴纳个人所得税。

答案：√

4. 在中国境内无住所的个人在担任境外企业职务的同时，兼任该外国企业在华机构的职务，但并不实际或并不经常到华履行该在华机构职务，对其取得的有到华工作天数的各月份奖金，应按该月份实际在华天数划分计算应纳税额。

答案：×

解析：在中国境内无住所的个人在担任境外企业职务的同时，兼任该外国企业在华机构的职务，但并不实际或并不经常到华履行该在华机构职务，对其取得的有到华工作天数的各月份奖金，应全额依照《国家税务总局关于在中国境内无住所的个人取得奖金征税问题的通知》（国税发〔1996〕183 号）规定的方法计算纳税，不再按该月份实际在华天数划分计算应纳税额。

5. 非居民个人实际在中国境外工作期间取得的工资薪金，不论是由中国境内还是境外企业或个人雇主支付的，均属于来源于中国境外的所得。

答案：√

第四章
经营所得

第一节 经营所得的基本规定

主要政策依据：

> 《中华人民共和国个人所得税法》（以下简称《税法》）（2018 年修正，主席令第 9 号）
> 《中华人民共和国个人所得税法实施条例》（以下简称《实施条例》）（国务院令第 707 号）

一、经营所得的范围

实施条例第六条规定了经营所得的范围。经营所得，是指：

1. 个体工商户从事生产、经营活动取得的所得，个人独资企业投资人、合伙企业的个人合伙人来源于境内注册的个人独资企业、合伙企业生产、经营的所得；

2. 个人依法从事办学、医疗、咨询以及其他有偿服务活动取得的所得；

3. 个人对企业、事业单位承包经营、承租经营以及转包、转租取得的所得；

4. 个人从事其他生产、经营活动取得的所得。

二、经营所得应纳税所得额的计算

税法第六条规定经营所得，以每一纳税年度的收入总额减除成本、费用以及损失后的余额，为应纳税所得额。

实施条例第十五条明确：成本、费用，是指生产、经营活动中发生的各项直接支出和分配计入成本的间接费用以及销售费用、管理费用、财务费用；损失，是指生产、经营活动中发生的固定资产和存货的盘亏、毁损、报废损失，转让财产损失，坏账损失，自然灾害等不可抗力因素造成的损失以及其他损失。

取得经营所得的个人，没有综合所得的，计算其每一纳税年度的应纳税所得额时，应当减除费用 6 万元、专项扣除、专项附加扣除以及依法确定的其他扣除。专项附加扣除在办理汇算清缴时减除。

从事生产、经营活动，未提供完整、准确的纳税资料，不能正确计算应纳税所得额的，由主管税务机关核定应纳税所得额或者应纳税额。

三、经营所得的适用税率

税法第三条规定，经营所得适用百分之五至百分之三十五的超额累进税率（经营所得适用税率表见表 4—1）。

表 4—1 经营所得适用税率表

级数	全年应纳税所得额	税率（%）	速算扣除数
1	不超过 30000 元的	5%	0
2	超过 30000 元至 90000 元的部分	10%	1500
3	超过 90000 元至 300000 元的部分	20%	10500
4	超过 300000 元至 500000 元的部分	30%	40500
5	超过 500000 元的部分	35%	65500

四、经营所得应纳税额的计算

税法第十二条规定，纳税人取得经营所得，按年计算个人所得税，由纳税人在月度或者季度终了后十五日内向税务机关报送纳税申报表，并预缴税款；在取得所得的次年三月三十一日前办理汇算清缴。

（一）月（季）度预缴税款的计算

本期应缴税额 = 累计应纳税额 − 累计已缴税额

累计应纳税额 = 累计应纳税所得额 × 适用税率 − 速算扣除数

（二）年度汇算清缴税款的计算

汇缴应补退税额 = 全年应纳税额 − 累计已缴税额

全年应纳税额 = 全年应纳税所得额 × 适用税率 − 速算扣除数

第二节 个体工商户生产、经营所得

主要政策依据：

《个体工商户个人所得税计税办法》（国家税务总局令第 35 号）（以下简称"本办法"）

《个体工商户税收定期定额征收管理办法》（国家税务总局令第 16 号）

《国家税务总局关于个体工商户定期定额征收管理有关问题的通知》（国税发〔2006〕183 号）

《财政部、国家税务总局关于个人所得税若干政策问题的通知》（财税字〔1994〕20 号）

一、纳税人

个体工商户以业主为个人所得税纳税义务人。

二、征税范围

本办法所称个体工商户包括：

（1）依法取得个体工商户营业执照，从事生产经营的个体工商户；

（2）经政府有关部门批准，从事办学、医疗、咨询等有偿服务活动的个人；

（3）其他从事个体生产、经营的个人。

需要说明的是，个人从事生产、经营活动，不论其是否经工商行政管理部门批准，在税收上对其取得的生产、经营所得都按照个体工商户生产、经营所得项目，计算征收个人所得税。

三、应纳税所得额

（一）应纳税所得额的确定原则

个体工商户应纳税所得额的计算，以权责发生制为原则，属于当期的收入和费用，不论款项是否收付，均作为当期的收入和费用；不属于当期的收入和费用，即使款项已经在当期收付，均不作为当期收入和费用。本办法和财政部、国家税务总局另有规定的除外。

在计算应纳税所得额时，个体工商户会计处理办法与本办法和财政部、国家税务总局相关规定不一致的，应当依照本办法和财政部、国家税务总局的相关规定计算。

（二）应纳税所得额

个体工商户的生产、经营所得，以每一纳税年度的收入总额，减除成本、费用、税金、损失、其他支出以及允许弥补的以前年度亏损后的余额，为应纳税所得额。

计算公式为：

应纳税所得额＝收入总额－成本－费用－损失－其他支出－允许弥补的以前年度亏损

（三）收入总额

个体工商户从事生产经营以及与生产经营有关的活动（以下简称生产经营）取得的货币形式和非货币形式的各项收入，为收入总额。包括：销售货物收入、提供劳务收入、转让财产收入、利息收入、租金收入、接受捐赠收入、其他收入。

上述所称其他收入包括个体工商户资产溢余收入、逾期一年以上的未退包装物押金收入、确实无法偿付的应付款项、已作坏账损失处理后又收回的应收款项、债务重组收入、补贴收入、违约金收入、汇兑收益等。

（四）准予扣除的项目

在计算应纳税所得额时，准予扣除的支出包括成本、费用、税金、损失和其他支出。

1. 成本，是指个体工商户在生产经营活动中发生的销售成本、销货成本、业务支出以及其他耗费。

2. 费用，是指个体工商户在生产经营活动中发生的销售费用、管理费用和财务费用，已经计入成本的有关费用除外。

3. 税金，是指个体工商户在生产经营活动中发生的除个人所得税和允许抵扣的增值税以外的各项税金及其附加。

4. 损失是指个体工商户在生产经营活动中发生的固定资产和存货的盘亏、毁损、报废损失，转让财产损失，坏账损失，自然灾害等不可抗力因素造成的损失以及其他损失。

个体工商户发生的损失，减除责任人赔偿和保险赔款后的余额，参照财政部、国家税务总局有关企业资产损失税前扣除的规定扣除。个体工商户已经作为损失处理的资产，在以后纳税年度又全部收回或者部分收回时，应当计入收回当期的收入。

5. 其他支出是指除成本、费用、税金、损失外，个体工商户在生产经营活动中发生的与生产经营活动有关的、合理的支出。

个体工商户发生的支出应当区分收益性支出和资本性支出。收益性支出在发生当期直接扣除；资本性支出应当分期扣除或者计入有关资产成本，不得在发生当期直接扣除。上述所称支出，是指与取得收入直接相关的支出。

除税收法律法规另有规定外，个体工商户实际发生的成本、费用、税金、损失和其他支出，不得重复扣除。

（五）不得在税前扣除的项目

个体工商户下列支出不得扣除：

1. 个人所得税税款；

2. 税收滞纳金；

3. 罚金、罚款和被没收财物的损失；

4. 不符合扣除规定的捐赠支出；

5. 赞助支出；

6. 用于个人和家庭的支出；

7. 与取得生产经营收入无关的其他支出；

8. 国家税务总局规定不准扣除的支出。

本办法所称赞助支出，是指个体工商户发生的与生产经营活动无关的各种非广告性质支出。

（六）亏损及其弥补

个体工商户纳税年度发生的亏损，准予向以后年度结转，用以后年度的生产经营所得弥补，但结转年限最长不得超过五年。

本办法所称亏损，是指个体工商户依照本办法规定计算的应纳税所得额小于零的数额。

（七）扣除项目及标准

1. 个体工商户生产经营活动中，应当分别核算生产经营费用和个人、家庭费用。对于生产经营与个人、家庭生活混用难以分清的费用，其 40% 视为与生产经营有关费用，准予扣除。

2. 个体工商户实际支付给从业人员的、合理的工资薪金支出，准予扣除。个体工商户业主的费用扣除标准，依照相关法律、法规和政策规定执行。个体工商户业主的工资薪金支出不得税前扣除。

依据实施条例第十五条规定，取得经营所得的个人，没有综合所得的，计算其每一纳税年度的应纳税所得额时，应当减除费用 6 万元、专项扣除、专项附加扣除以及依法确定的其他扣除。专项附加扣除在办理汇算清缴时减除。

3. 个体工商户按照国务院有关主管部门或者省级人民政府规定的范围和标准为其业主和从业人员缴纳的基本养老保险费、基本医疗保险费、失业保险费、生育保险费、工伤保险费和住房公积金，准予扣除。

个体工商户为从业人员缴纳的补充养老保险费、补充医疗保险费，分别在不超过从业人员工资总额 5% 标准内的部分据实扣除；超过部分，不得扣除。

个体工商户业主本人缴纳的补充养老保险费、补充医疗保险费，以当地（地级市）上年度社会平均工资的 3 倍为计算基数，分别在不超过该计算基数 5% 标准内的部分据实扣除；超过部分，不得扣除。

4. 除个体工商户依照国家有关规定为特殊工种从业人员支付的人身安全保险费和财政部、国家税务总局规定可以扣除的其他商业保险费外，个体工商户业主本人或者为从业人员支付的商业保险费，不得扣除。

5. 个体工商户在生产经营活动中发生的合理的不需要资本化的借款费用，准予扣除。

个体工商户为购置、建造固定资产、无形资产和经过 12 个月以上的建造才能达到预定可销售状态的存货发生借款的，在有关资产购置、建造期间发生的合理的借款费用，应当作为资本性支出计入有关资产的成本，并依照本办法的规定扣除。

6. 个体工商户在生产经营活动中发生的下列利息支出，准予扣除：

（1）向金融企业借款的利息支出；

（2）向非金融企业和个人借款的利息支出，不超过按照金融企业同期同类贷款利率计算的数额的部分。

7. 个体工商户在货币交易中，以及纳税年度终了时将人民币以外的货币性资产、负债按照期末即期人民币汇率中间价折算为人民币时产生的汇兑损失，除已经计入有关资产成本部分外，准予扣除。

8. 个体工商户向当地工会组织拨缴的工会经费、实际发生的职工福利费支出、职工教育经费支出分别在工资薪金总额的 2%、14%、2.5% 的标准内据实扣除。

工资薪金总额是指允许在当期税前扣除的工资薪金支出数额。

职工教育经费的实际发生数额超出规定比例当期不能扣除的数额，准予在以后纳税年度结转扣除。

个体工商户业主本人向当地工会组织缴纳的工会经费、实际发生的职工福利费支出、职工教育经费支出，以当地（地级市）上年度社会平均工资的 3 倍为计算基数，在上述规定比例内据实扣除。

9. 个体工商户发生的与生产经营活动有关的业务招待费，按照实际发生额的 60% 扣除，但最高不得超过当年销售（营业）收入的 5‰。

业主自申请营业执照之日起至开始生产经营之日止所发生的业务招待费，按照实际发生额的 60% 计入个体工商户的开办费。

10. 个体工商户每一纳税年度发生的与其生产经营活动直接相关的广告费和业务宣传费不超过当年销售（营业）收入 15% 的部分，可以据实扣除；超过部分，准予在以后纳税年度结转扣除。

11. 个体工商户代其从业人员或者他人负担的税款，不得税前扣除。

12. 个体工商户按照规定缴纳的摊位费、行政性收费、协会会费等，按实际发生数额扣除。

13. 个体工商户根据生产经营活动的需要租入固定资产支付的租赁费，按照以下方法扣除：

（1）以经营租赁方式租入固定资产发生的租赁费支出，按照租赁期限均匀扣除；

（2）以融资租赁方式租入固定资产发生的租赁费支出，按照规定构成融资租入固定资产价值的部分应当提取折旧费用，分期扣除。

14. 个体工商户参加财产保险，按照规定缴纳的保险费，准予扣除。

15. 个体工商户发生的合理的劳动保护支出，准予扣除。

16. 个体工商户自申请营业执照之日起至开始生产经营之日止所发生符合本办法规定的费用，除为取得固定资产、无形资产的支出，以及应计入资产价值的汇兑损益、利息支出外，作为开办费，个体工商户可以选择在开始生产经营的当年一次性扣除，也可自生产经营月份起在不短于 3 年期限内摊销扣除，但一经选定，不得改变。

开始生产经营之日为个体工商户取得第一笔销售（营业）收入的日期。

17. 个体工商户通过公益性社会团体或者县级以上人民政府及其部门，用于《中华人民共和国公益事业捐赠法》规定的公益事业的捐赠，捐赠额不超过其应纳税所得额 30% 的部分可以据实扣除。

财政部、国家税务总局规定可以全额在税前扣除的捐赠支出项目，按有关规定执行。

个体工商户直接对受益人的捐赠不得扣除。

公益性社会团体的认定，按照财政部、国家税务总局、民政部有关规定执行。

18. 个体工商户研究开发新产品、新技术、新工艺所发生的开发费用，以及研究开发新产品、新技术而购置单台价值在 10 万元以下的测试仪器和试验性装置的购置费准予直接扣除；单台价值在 10 万元以上（含 10 万元）的测试仪器和试验性装置，按固定资产管理，不得在当期直接扣除。

（八）资产的税务处理

个体工商户资产的税务处理，参照企业所得税相关法律、法规和政策规定执行。

1. 个体工商户使用或者销售存货，按照规定计算的存货成本，准予在计算应纳税所得额时扣除。

2. 个体工商户转让资产，该项资产的净值，准予在计算应纳税所得额时扣除。

3. 固定资产的税务处理

固定资产，是指企业为生产产品、提供劳务、出租或者经营管理而持有的、使用时间超过12个月的非货币性资产，包括房屋、建筑物、机器、机械、运输工具以及其他与生产经营活动有关的设备、器具、工具等。

（1）固定资产计税基础的确定

①外购的固定资产，以购买价款和支付的相关税费以及直接归属于使该资产达到预定用途发生的其他支出为计税基础；

②自行建造的固定资产，以竣工结算前发生的支出为计税基础；

③融资租入的固定资产，以租赁合同约定的付款总额和承租人在签订租赁合同过程中发生的相关费用为计税基础，租赁合同未约定付款总额的，以该资产的公允价值和承租人在签订租赁合同过程中发生的相关费用为计税基础；

④盘盈的固定资产，以同类固定资产的重置完全价值为计税基础；

⑤通过捐赠、投资、非货币性资产交换、债务重组等方式取得的固定资产，以该资产的公允价值和支付的相关税费为计税基础；

⑥改建的固定资产，除按规定确认为长期待摊费用外，以改建过程中发生的改建支出增加计税基础。

（2）固定资产的折旧范围

在计算应纳税所得额时，按照规定计算的固定资产折旧，准予扣除。下列固定资产不得计算折旧扣除：房屋、建筑物以外未投入使用的固定资产；以经营租赁方式租入的固定资产；以融资租赁方式租出的固定资产；已足额提取折旧仍继续使用的固定资产；与经营活动无关的固定资产；单独估价作为固定资产入账的土地；其他不得计算折旧扣除的固定资产。

（3）固定资产的折旧年限

除国务院财政、税务主管部门另有规定外，固定资产计算折旧的最低年限如下：

①房屋、建筑物，为20年；

②飞机、火车、轮船、机器、机械和其他生产设备，为10年；

③与生产经营活动有关的器具、工具、家具等，为5年；

④飞机、火车、轮船以外的运输工具，为4年；

⑤电子设备，为3年。

（4）固定资产的折旧方法和预计净残值

固定资产按照直线法计算的折旧，准予扣除。企业应当自固定资产投入使用月份的次月起计算折旧；停止使用的固定资产，应当自停止使用月份的次月起停止计算折旧。企业应当根据固定资产的性质和使用情况，合理确定固定资产的预计净残值。固定资产的预计净残值一经确定，不得变更。

4.无形资产的税务处理

无形资产，是指企业为生产产品、提供劳务、出租或者经营管理而持有的、没有实物形态的非货币性长期资产，包括专利权、商标权、著作权、土地使用权、非专利技术、商誉等。

（1）无形资产计税基础的确定

①外购的无形资产，以购买价款和支付的相关税费以及直接归属于使该资产达到预定用途发生的其他支出为计税基础；

②自行开发的无形资产，以开发过程中该资产符合资本化条件后至达到预定用途前发生的支出为计税基础；

③通过捐赠、投资、非货币性资产交换、债务重组等方式取得的无形资产，以该资产的公允价值和支付的相关税费为计税基础。

（2）无形资产的摊销

无形资产按照直线法计算的摊销费用，准予扣除。无形资产的摊销年限不得低于10年。作为投资或者受让的无形资产，有关法律规定或者合同约定了使用年限的，可以按照规定或者约定的使用年限分期摊销。

5.存货的税务处理

存货，是指企业持有以备出售的产品或者商品、处在生产过程中的在产品、在生产或者提供劳务过程中耗用的材料和物料等。

存货按照以下方法确定成本：通过支付现金方式取得的存货，以购买价款和支付的相关税费为成本；通过支付现金以外的方式取得的存货，以该存货的公允价值和支付的相关税费为成本；

企业使用或者销售的存货的成本计算方法，可以在先进先出法、加权平均法、个别计价法中选用一种。计价方法一经选用，不得随意变更。

四、应纳税额

（一）查账征收应纳税额的计算

个体工商户的生产、经营所得适用百分之五至百分之三十五的超额累进税率计算应纳税额。其计算公式为：

应纳税额 = 应纳税所得额 × 适用税率－速算扣除数

由于个体工商户的生产、经营所得的应纳税额实行按年计算、分月或分季预缴、年终汇算清缴、多退少补的方法，因此，在实际工作中需要分别计算按月（季）预缴税款和年终汇算清缴税款。

1.月（季）度预缴税款的计算

本期应缴税额 = 累计应纳税额 － 累计已缴税额

累计应纳税额 = 累计应纳税所得额 × 适用税率 － 速算扣除数

【例4—1】张某为某个体工商户业主，2019年6月底该个体工商户累计取得生产经营所得240 000元，1至5月累计已预缴个人所得税为24 500元，张某个人减除费用为每月5000元（假定无其他扣除项目）。计算张某6月份应缴纳的个人所得税额。

1月至6月累计应纳税所得额 =240 000－5 000×6=210 000（元）

1月至6月累计应纳税额 =210 000×20%－10 500=31 500（元）

6月份应纳税额 =31 500−24 500=7 000（元）

2. 年度汇缴清缴税款的计算

汇缴应补退税额 = 全年应纳税额 − 全年累计已缴税额

全年应纳税额 = 全年应纳税所得额 × 适用税率 − 速算扣除数

全年应纳税所得额 = 收入总额 − 成本 − 费用 − 损失 − 其他支出 − 允许弥补的以前年度亏损

需要注意的是：取得经营所得的个人，没有综合所得的，计算其每一纳税年度的应纳税所得额时，应当减除费用6万元、专项扣除、专项附加扣除以及依法确定的其他扣除。专项附加扣除在办理汇算清缴时减除。

【例4—2】王某是一家饭店（个体工商户）的业主，该饭店账证比较健全，采用查账征收方式征收个人所得税。该饭店2019年度发生经营业务如下：

（1）取得营业收入400万元；

（2）发生营业成本270万元；

（3）发生销售费用20万元（其中广告、业务宣传费12万元）；发生管理费用40万元（其中业务招待费3万元）；财务费用6万元；

（4）税金及附加费4万元；

（5）营业外收入5万元，营业外支出10万元（其中支付非广告性质的赞助支出3万元，支付税收滞纳金2万元）；

（6）计入成本、费用中的实发工资总额150万元（其中业主王某的工资为30万元）；

（7）计入成本、费用的支出中包含生产经营与业主个人、家庭生活混用难以分清的费用20万元；

（8）当年累计已预缴个人所得税12.7万元。

2019年业主王某没有综合所得，计算其经营所得个人所得税时准予扣除本人减除费用9万元（包括减除费用6万元、专项扣除1.8万元、子女教育专项附加扣除1.2万元）。

根据以上资料计算该饭店业主王某2019年度汇缴应补（退）个人所得税额。

1. 计算2019年该饭店的会计利润总额

利润总额 =400−270−20−40−6−4+5−10=55（万元）

2. 计算个体工商户王某的应纳税所得额

（1）广告费、业务宣传费支出，扣除限额为60万元（400×15%），实际发生额为12万元，没有超过扣除限额，准予据实扣除，无需调增；

（2）业务招待费支出，实际发生额为3万元，发生额的60%为1.8万元（3×60%），收入5‰的比例为2万元（400×0.5%），由于1.8万元 <2万元，准予扣除1.8万元，应调增金额 =3−1.8=1.2万元；

（3）非广告性质的赞助支出3万元和税收滞纳金2万元不得扣除，应调增金额5万元；

（4）业主王某工资30万元不允许税前扣除，应调增金额30万元；

（5）属于生产经营与业主个人、家庭生活混用难以分清的费用，准予扣除40%，其60%的部分不得扣除，应调增金额 =20×60%=12万元

（6）计算应纳税所得额时，准予扣除的本人减除费用为9万元。

综合上述调整因素，全年应纳税所得额 =55+1.2+5+30+12-9=94.2 万元

3. 计算个体工商户王某的应纳个人所得税额：

全年应纳税额 =94.2×35%-6.55=26.42 万元

汇缴应补退税额 =26.42-12.7=13.72 万元

（二）实行定期定额征收的个体工商户应纳税额的计算

1. 定期定额征收的含义

个体工商户税收定期定额征收，是指税务机关依照规定，对个体工商户在一定经营地点、一定经营时期、一定经营范围内的应纳税经营额（包括经营数量）或所得额（以下简称定额）进行核定，并以此为计税依据，确定其应纳税额的一种征收方式。

2. 定期定额征收的适用范围

适用于经主管税务机关认定和县以上税务机关（含县级）批准的生产、经营规模小，达不到《个体工商户建账管理暂行办法》规定设置账簿标准的个体工商户。

对虽设置账簿，但账目混乱或成本资料、收入凭证、费用凭证残缺不全，难以查账的个体工商户，税务机关可以实行定期定额征收。

3. 核定定额的方法

税务机关应当根据定期定额户的经营规模、经营区域、经营内容、行业特点、管理水平等因素核定定额，可以采用下列一种或两种以上的方法核定：

（1）按照耗用的原材料、燃料、动力等推算或者测算核定；

（2）按照成本加合理的费用和利润的方法核定；

（3）按照盘点库存情况推算或者测算核定；

（4）按照发票和相关凭据核定；

（5）按照银行经营账户资金往来情况测算核定；

（6）参照同类行业或类似行业中同规模、同区域纳税人的生产、经营情况核定；

（7）按照其他合理方法核定。

税务机关应当运用现代信息技术手段核定定额，增强核定工作的规范性和合理性。

4. 税务机关核定定额程序

（1）自行申报。定期定额户要按照税务机关规定的申报期限、申报内容向主管税务机关申报，填写有关申报文书。申报内容应包括经营行业、营业面积、雇佣人数和每月经营额、所得额以及税务机关需要的其他申报项目。本项所称经营额、所得额为预估数。

（2）核定定额。主管税务机关根据定期定额户自行申报情况，参考典型调查结果，采取上述规定的核定方法核定定额，并计算应纳税额。

定期定额户应当自行申报经营情况，对未按照规定期限自行申报的，税务机关可以不经过自行申报程序，按照规定的方法核定其定额。

税务机关核定定额可以到定期定额户生产、经营场所，对其自行申报的内容进行核实。

运用个体工商户定额核定管理系统的，在采集有关数据时，应当由两名以上税务人员参加。

税务机关不得委托其他单位核定定额。

（3）定额公示。主管税务机关应当将核定定额的初步结果进行公示，公示期限为五个工作日。

公示地点、范围、形式应当按照便于定期定额户及社会各界了解、监督的原则，由主管税务机关确定。

（4）上级核准。主管税务机关根据公示意见结果修改定额，并将核定情况报经县以上税务机关审核批准后，填制《核定定额通知书》。

（5）下达定额。将《核定定额通知书》送达定期定额户执行。

（6）公布定额。主管税务机关将最终确定的定额和应纳税额情况在原公示范围内进行公布。

5. 实际发生的经营额、所得额与定额不一致的处理

定期定额户在定额执行期结束后，应当以该期每月实际发生的经营额、所得额向税务机关申报，申报额超过定额的，按申报额缴纳税款；申报额低于定额的，按定额缴纳税款。

定额执行期的具体期限由省税务机关确定，但最长不得超过一年。

定额执行期是指税务机关核定后执行的第一个纳税期至最后一个纳税期。

6. 重新核定定额的情形

定期定额户的经营额、所得额连续纳税期超过或低于定额一定幅度的，应当提请税务机关重新核定定额。具体幅度由省税务机关确定。

7. 实行个人所得税附征率计算应纳税额的规定

个人所得税附征率应当按照法律、行政法规的规定和当地实际情况，分地域、行业进行换算。

个人所得税可以按照换算后的附征率，依据增值税、消费税的计税依据实行附征。

8. 各省、自治区、直辖市税务局根据《个体工商户税收定期定额征收管理办法》（国家税务总局令第 16 号）制定具体实施办法，并报国家税务总局备案。

【例 4—3】张某为一家五金建材店（个体工商户）的业主，该个体工商户生产经营所得采用核定征收方式征收个人所得税，2019 年 1 月至 8 月张某累计取得收入总额 150 万元，该个体工商户适用的应税所得率为 10%，本年度累计已预缴个人所得税 1.35 万元。计算张某 2019 年 8 月应纳个人所得税额。

1 月至 8 月累计应纳税所得额 =150×10%=15（万元）

1 月至 8 月累计应纳税额 =15×20%−1.05=1.95（万元）

8 月份应纳税额 =1.95−1.35=0.6（万元）

五、征收管理

（一）设有两处或两处以上经营机构的申报

个体工商户有两处或两处以上经营机构的，选择并固定向其中一处经营机构所在地主管税务机关申报缴纳个人所得税。

（二）注销前结清税款

个体工商户终止生产经营的，应当在注销工商登记或者向政府有关部门办理注销前向主管税务机关结清有关纳税事宜。

六、其他特别规定

（一）个体工商户从联营企业分得的利润

个体工商户与企业联营而分得的利润，按利息、股息、红利所得项目征收个人所得税。（财税字〔1994〕20号）

（二）个体工商户或个人取得与生产、经营活动无关的所得

个体工商户和从事生产、经营的个人，取得与生产、经营活动无关的各项应税所得，应按规定分别计算征收个人所得税。（财税字〔1994〕20号）

（三）个人因从事彩票代销业务而取得所得

依据《国家税务总局关于个人所得税若干政策问题的批复》（国税函〔2002〕629号）文件的规定，个人因从事彩票代销业务而取得所得，应按照"个体工商户的生产、经营所得"项目计征个人所得税。

（四）个人从事"四业"的所得

依据《财政部 国家税务总局关于农村税费改革试点地区有关个人所得税问题的通知》（财税〔2004〕30号）及《财政部、国家税务总局关于个人所得税若干政策问题的通知》（财税字〔1994〕20号）文件的规定，对个体工商户或个人从事种植业、养殖业、饲养业、捕捞业的所得，按下列规定征收个人所得税：

1. 对个人或个体户从事种植业、养殖业、饲养业、捕捞业，且经营项目属于农业税（包括农业特产税）、牧业税征税范围的，其取得的"四业"所得暂不征收个人所得税。

2. 对个人或个体户从事种植业、养殖业、饲养业、捕捞业，不属于农业税、牧业税征税范围的，应对其所得征收个人所得税。兼营上述四业并四业的所得单独核算的，比照上述原则办理，对于属于征收个人所得税的，应与其他行业的生产、经营所得合并计征个人所得税；对于四业的所得不能单独核算的，应就其全部所得计征个人所得税。

（五）个人办学所得

国家为了促进社会力量办学事业健康发展，制定了《社会力量办学条例》（中华人民共和国国务院令第226号），条例规定"社会力量举办教育机构，不得以营利为目的。教育机构按照国家有关规定收取费用。教育机构应当确定各类人员的工资福利开支占经常办学费用的比例，报审批机关备案。　教育机构的积累只能用于增加教育投入和改善办学条件，不得用于分配，不得用于校外投资。"等内容。针对个人办学取得所得是否缴纳个人所得税问题，国家税务总局下发《关于社会力量办学征收个人所得税问题的批复》（国税函〔1998〕738号）明确规定，对于个人经政府有关部门批准，取得执照，从事办学取得的所得，应按"个体工商户的生产、经营所得"应税项目计征个人所得税。据此，对于个人办学者取得的办学所得用于个人消费的部分，应依法计征个人所得税。

（六）个人从事医疗服务活动所得

依据《国家税务总局关于个人从事医疗服务活动征收个人所得税问题的通知》（国税发〔1997〕178号）文件的规定，对个人从事医疗服务活动取得的收入，按下述办法计征个人所得税：

个人经政府有关部门批准，取得执照，以门诊部、诊所、卫生所（室）、卫生院、医院等医疗机构形式从事疾病诊断、治疗及售药等服务活动，应当以该医疗机构取得的所得作为个人的应纳税所得，按照"个体工商户的生产、经营所得"应税项目缴纳个人所得税。

个人未经政府有关部门批准，自行连续从事医疗服务活动，不管是否有经营场所，其取得与医疗服务活动相关的所得，按照"个体工商户的生产、经营所得"应税项目缴纳个人所得税。

（七）建筑安装业个人所得税

依据《国家税务总局关于印发＜建筑安装业个人所得税征收管理暂行办法＞的通知》（国税发〔1996〕127号）文件的规定，从事建筑安装业的个体工商户和未领取营业执照承揽建筑安装业工程作业的建筑安装队和个人，以及建筑安装企业实行个人承包后工商登记改变为个体经济性质的，其从事建筑安装业取得的收入应依照个体工商户的生产、经营所得项目计征个人所得税。从事建筑安装业工程作业的其他人员取得的所得，分别按照工资、薪金所得项目和劳务报酬所得项目计征个人所得税。

（八）出租车驾驶员取得所得

依据《国家税务总局关于印发《机动出租车驾驶员个人所得税征收管理暂行办法》的通知》（国税发〔1995〕50号）文件的规定，出租车驾驶员从事出租车运营取得的收入，适用的个人所得税项目为：

1.出租汽车经营单位对出租车驾驶员采取单车承包或承租方式运营，出租车驾驶员从事客货运营取得的收入，按工资、薪金所得项目征税。

2.从事个体出租车运营的出租车驾驶员取得的收入，按个体工商户的生产、经营所得项目缴纳个人所得税。

3.出租车属个人所有，但挂靠出租汽车经营单位或企事业单位，驾驶员向挂靠单位缴纳管理费的，或出租汽车经营单位将出租车所有权转移给驾驶员的，出租车驾驶员从事客货运营取得的收入，比照个体工商户的生产、经营所得项目征税。

县级以上（含县级）税务机关可以根据出租车的不同经营方式、不同车型、收费标准、交纳的承包承租费等情况，核定出租车驾驶员的营业额并确定征收率或征收额，按月征收出租车驾驶员应纳的个人所得税。出租车驾驶员能够提供有效停运证明的，税务机关应根据其停运期长短，相应核减其停运期间应缴纳的个人所得税。

（九）代开货物运输业发票个人所得税

依据《国家税务总局关于代开货物运输业发票个人所得税预征率问题的公告》（国家税务总局公告2011年第44号）文件，对代开货物运输业发票的个体工商户、个人独资企业和合伙企业个人所得税纳税人，统一按开票金额的1.5%预征个人所得税。年度终了后，查账征税的代开货运发票个人所得税纳税人，按本公告规定被预征的个人所得税可以在汇算清缴时扣除；实行核定征收个人所得税的，按本公告规定被预征的个人所得税，不得从已核定税额中扣除。

第三节 个人独资和合伙企业的生产、经营所得

主要政策依据：

《财政部 国家税务总局关于印发＜关于个人独资企业和合伙企业投资者征收个人所得税的规定＞的通知》（财税〔2000〕91号）

《财政部 国家税务总局关于合伙企业合伙人所得税问题的通知》（财税〔2008〕159号）

《财政部 国家税务总局关于调整个体工商户个人独资企业和合伙企业个人所得税税前扣除标准有关问题的通知》（财税〔2008〕65号）

《财政部 国家税务总局关于规范个人投资者个人所得税征收管理的通知》（财税〔2003〕158号）

《国家税务总局关于＜关于个人独资企业和合伙企业投资者征收个人所得税的规定＞执行口径的通知》（国税函〔2001〕84号）

《财政部 税务总局 发展改革委 证监会关于创业投资企业个人合伙人所得税政策问题的通知》（财税〔2019〕8号）

为公平税负，支持和鼓励个人投资兴办企业，促进国民经济持续、快速、健康发展，按照《国务院关于个人独资企业和合伙企业征收所得税问题的通知》（国发〔2000〕16号）文件规定，对个人独资企业和合伙企业投资者的生产经营所得，比照个体工商户的生产、经营所得征收个人所得税。

为了认真贯彻落实国发〔2000〕16号文件精神，财政部、国家税务总局制定了《关于个人独资企业和合伙企业投资者征收个人所得税的规定》（财税〔2000〕91号）明确个人独资企业和合伙企业投资者的个人所得税的征管工作。

一、个人独资、合伙企业及纳税人

按照财税〔2000〕91号文件的规定，个人独资企业和合伙企业是指：

1. 依照《中华人民共和国个人独资企业法》和《中华人民共和国合伙企业法》登记成立的个人独资企业、合伙企业；

2. 依照《中华人民共和国私营企业暂行条例》登记成立的独资、合伙性质的私营企业；

3. 依照《中华人民共和国律师法》登记成立的合伙制律师事务所；

4. 经政府有关部门依照法律法规批准成立的负无限责任和无限连带责任的其他个人独资、个人合伙性质的机构或组织。

个人独资企业以投资者为纳税义务人，合伙企业以每一个合伙人为纳税义务人。

合伙企业以每一个合伙人为纳税义务人。合伙企业合伙人是自然人的，缴纳个人所得税；合伙人是法人和其他组织的，缴纳企业所得税。（财税〔2008〕159号）

二、应纳税所得额的确定

个人独资企业和合伙企业每一纳税年度的收入总额减除成本、费用以及损失后的余额，作为投资者个人的生产经营所得，比照"个体工商户的生产经营所得"应税项目，适用5%—35%的五级超额累进税率，计算征收个人所得税。

（一）应纳税所得额的确定原则

个人独资企业的投资者以全部生产经营所得为应纳税所得额。

依据财税〔2008〕159号文件规定，合伙企业的合伙人按照下列原则确定应纳税所得额：

（1）合伙企业的合伙人以合伙企业的生产经营所得和其他所得，按照合伙协议约定的分配比例确定应纳税所得额。

（2）合伙协议未约定或者约定不明确的，以全部生产经营所得和其他所得，按照合伙人协商决定的分配比例确定应纳税所得额。

（3）协商不成的，以全部生产经营所得和其他所得，按照合伙人实缴出资比例确定应纳税所得额。

（4）无法确定出资比例的，以全部生产经营所得和其他所得，按照合伙人数量平均计算每个合伙人的应纳税所得额。

合伙协议不得约定将全部利润分配给部分合伙人。

（二）收入总额

收入总额，是指企业从事生产经营以及与生产经营有关的活动所取得的各项收入，包括商品（产品）销售收入、营运收入、劳务服务收入、工程价款收入、财产出租或转让收入、利息收入、其他业务收入和营业外收入。

（三）扣除项目

扣除项目比照《个体工商户个人所得税计税办法》（国家税务总局令第35号）的规定执行，但下列项目的扣除例外：

①投资者及其家庭发生的生活费用不允许在税前扣除。投资者及其家庭发生的生活费用与企业生产经营费用混合在一起，并且难以划分的，全部视为投资者个人及其家庭发生的生活费用，不允许在税前扣除。

②企业生产经营和投资者及其家庭生活共用的固定资产，难以划分的，由主管税务机关根据企业的生产经营类型、规模等具体情况，核定准予在税前扣除的折旧费用的数额或比例。

③企业计提的各种准备金不得扣除。

④投资者来源于中国境外的生产经营所得，已在境外缴纳所得税的，可以按照个人所得税法的有关规定计算扣除已在境外缴纳的所得税。

⑤企业与其关联企业之间的业务往来，应当按照独立企业之间的业务往来收取或者支付价款、费用。不按照独立企业之间的业务往来收取或者支付价款、费用，而减少其应纳税所得额的，主管税务机关有权进行合理调整。

上述所称关联企业，其认定条件及税务机关调整其价款、费用的方法，按照《中华人民共和国税收征收管理法》及其实施细则的有关规定执行。

⑥按照实施条例第十五条规定，取得经营所得的个人，没有综合所得的，计算其每一纳税年度的应纳税所得额时，应当减除费用6万元、专项扣除、专项附加扣除以及依法确定的其他扣除。专项附加扣除在办理汇算清缴时减除。

（四）亏损弥补

①企业的年度亏损，允许用本企业下一年度的生产经营所得弥补，下一年度所得不足弥补的，允许逐年延续弥补，但最长不得超过5年。

②投资者兴办两个或两个以上企业的，企业的年度经营亏损不能跨企业弥补。

③实行查账征税方式的个人独资企业和合伙企业改为核定征税方式后，在查账征税方式下认定的年度经营亏损未弥补完的部分，不得再继续弥补。（国税函〔2001〕84号）

（五）对外投资分回的利息、股息、红利

个人独资企业和合伙企业对外投资分回的利息或者股息、红利，不并入企业的收入，而应单独作为投资者个人取得的利息、股息、红利所得，按"利息、股息、红利所得"应税项目计算缴纳个人所得税。以合伙企业名义对外投资分回利息或者股息、红利的，应按财税〔2000〕91号文所附规定的第五条精神确定各个投资者的利息、股息、红利所得，分别按"利息、股息、红利所得"应税项目计算缴纳个人所得税。（国税函〔2001〕84号）

（六）投资者以企业资金为本人、家庭成员发生支出

个人独资企业、合伙企业的个人投资者以企业资金为本人、家庭成员及其相关人员支付与企业生产经营无关的消费性支出及购买汽车、住房等财产性支出，视为企业对个人投资者的利润分配，并入投资者个人的生产经营所得，依照"个体工商户的生产经营所得"项目计征个人所得税。（财税〔2003〕158号）

（七）残疾人员取得生产经营所得的优惠

残疾人员投资兴办或参与投资兴办个人独资企业和合伙企业的，残疾人员取得的生产经营所得，符合各省、自治区、直辖市人民政府规定的减征个人所得税条件的，经本人申请、主管税务机关审核批准，可按各省、自治区、直辖市人民政府规定减征的范围和幅度，减征个人所得税。（国税函〔2001〕84号）

三、应纳税额的计算

个人独资企业和合伙企业投资者个人的生产经营所得，比照"个体工商户的生产经营所得"应税项目，适用5%—35%的五级超额累进税率，计算征收个人所得税。

税法第十二条规定，纳税人取得经营所得，按年计算个人所得税，由纳税人在月度或者季度终了后十五日内向税务机关报送纳税申报表，并预缴税款；在取得所得的次年三月三十一日前办理汇算清缴。

（一）投资者兴办一个企业其应纳税额的计算

1.月（季）度预缴税款的计算

本期应缴税额 = 累计应纳税额 − 累计已缴税额

累计应纳税额 = 累计应纳税所得额 × 适用税率 − 速算扣除数

2.年度汇算清缴税款的计算

汇缴应补退税额 = 全年应纳税额 – 累计已缴税额

全年应纳税额 = 全年应纳税所得额 × 适用税率 – 速算扣除数

【例4—4】某合伙企业由甲、乙两个自然人投资新办，甲分配比例为40%，乙分配比例为60%，该合伙企业生产经营所得采用查账征收方式征收个人所得税。2019年1月至12月该合伙企业取得收入总额300万元，累计发生成本费用260万元（其中包括支付给甲、乙合伙人工资分别为20、30万元；支付业务招待费支出4万元）；2019年1月至12月甲、乙合伙人累计已预缴生产经营所得个人所得税分别为0.95万元和2.55万元；甲、乙合伙人本年无综合所得，本年个人准予减除费用分别为8万元和9万元（包括减除费用6万元、专项扣除、专项附加扣除以及依法确定的其他扣除），假定没有其他纳税调整事项，计算甲、乙合伙人2019年度汇缴应补(退)个人所得税额。

1.计算合伙企业全年经营所得

合伙企业全年会计利润总额 =300– 260=40（万元）

投资者的工资薪金支出不得税前扣除，应调增金额50万元（20+30）。

业务招待费支出，实际发生额为4万元，发生额的60%为2.4万元（4×60%），收入5‰的比例为1.5万元（300×0.5‰），由于2.4万元 >1.5万元，准予扣除1.5万元，应调增金额 =4–1.5=2.5万元；

合伙企业全年经营所得 =40+50+2.5=92.5（万元）

2.计算甲合伙人2019年度汇缴应补税额

甲合伙人全年应纳税所得额 =92.5×40%–8=29（万元）

甲合伙人全年应纳税额 =29×20%–1.05=4.75（万元）

甲合伙人汇缴应补税额 =4.75–0.95=3.8（万元）

3.计算乙合伙人2019年度汇缴应补税额

乙合伙人全年应纳税所得额 =92.5×60%–9=46.5（万元）

乙合伙人全年应纳税额 =46.5×30%–4.05=9.9（万元）

乙合伙人汇缴应补税额 =9.9–2.55=7.35（万元）

（二）投资者兴办两个或两个以上企业其应纳税额的计算

投资者兴办两个或两个以上企业的（包括参与兴办），年度终了时，应汇总从所有企业取得的应纳税所得额，据此确定适用税率并计算缴纳应纳税款。

投资者兴办两个或两个以上企业的，根据规定准予扣除的个人费用，由投资者选择在其中一个企业的生产经营所得中扣除。

投资者兴办两个或两个以上企业的，企业的年度经营亏损不能跨企业弥补。

按照国税函〔2001〕84号文件的规定，投资者兴办两个或两个以上企业，并且企业性质全部是独资的，年度终了后汇算清缴时，应纳税款的计算按以下方法进行：汇总其投资兴办的所有企业的经营所得作为应纳税所得额，以此确定适用税率，计算出全年经营所得的应纳税额，再根据每个企业的经营所得占所有企业经营所得的比例，分别计算出每个企业的应纳税额和应补缴税额。计算公式如下：

应纳税所得额 ＝Σ 各个企业的经营所得

应纳税额 ＝ 应纳税所得额 × 税率 － 速算扣除数

本企业应纳税额 ＝ 应纳税额 × 本企业的经营所得 /Σ 各个企业的经营所得

本企业应补缴的税额 ＝ 本企业应纳税额 － 本企业预缴的税额

（三）核定征收应纳税额的计算

1. 核定征收的范围

有下列情形之一的，主管税务机关应采取核定征收方式征收个人所得税：

（1）企业依照国家有关规定应当设置但未设置账簿的；

（2）企业虽设置账簿，但账目混乱或者成本资料、收入凭证、费用凭证残缺不全，难以查账的；

（3）纳税人发生纳税义务，未按照规定的期限办理纳税申报，经税务机关责令限期申报，逾期仍不申报的。

2. 核定征收方式

核定征收方式，包括定额征收、核定应税所得率征收以及其他合理的征收方式。

3. 应纳税额与应税所得率的确定

实行核定应税所得率征收方式的，应纳所得税额的计算公式如下：

应纳所得税额 ＝ 应纳税所得额 × 适用税率

应纳所得税额 ＝ 收入总额 × 应税所得率

或　　　　　　 ＝ 成本费用支出额 ÷（1－ 应税所得率）× 应税所得率

各行业应税所得率见表 4—2

表 4—2　应税所得率

行业	应税所得率（％）
工业、交通运输业、商业	5 – 20
建筑业、房地产开发业	7 – 20
饮食服务业	7 – 25
娱乐业	20 – 40
其他行业	10 – 30

企业经营多业的，无论其经营项目是否单独核算，均应根据其主营项目确定其适用的应税所得率。

实行核定征税的投资者，不能享受个人所得税的优惠政策。

【例4—5】某合伙企业主营咨询服务，合伙人为甲、乙两个自然人，甲、乙分配比例分别为30%、70%，该合伙企业生产经营所得采用核定征收方式征收个人所得税，2019年核定其应税所得率为10%。2019年1月至3月该合伙企业收入总额60万元，1月至2月甲、乙合伙人累计已预缴生产经营所得个人所得税分别为450元和1 050元。计算3月份甲、乙合伙人分别应预缴的个人所得税额。

（1）计算甲合伙人3月份应纳个人所得税额

甲合伙人1月至3月累计应纳税所得额=600 000×10%×30%=18 000（元）

甲合伙人1月至3月累计应纳税额=1 8000×5%-0=900（元）

甲合伙人3月份应纳税额=900-450=450（元）

（2）计算乙合伙人3月份应纳个人所得税额

乙合伙人1月至3月累计应纳税所得额=600 000×10%×70%=42 000（元）

乙合伙人1月至3月累计应纳税额=42 000×10%-1500=2 700（元）

乙合伙人3月份应纳税额=2 700-1050=1650（元）

（四）经营期不足一年应纳税额的计算

按照《关于个体工商户、个人独资企业和合伙企业个人所得税问题的公告》（国家税务总局公告2014年第25号）文件的规定，个体工商户、个人独资企业和合伙企业因在纳税年度中间开业、合并、注销及其他原因，导致该纳税年度的实际经营期不足1年的，对个体工商户业主、个人独资企业投资者和合伙企业自然人合伙人的生产经营所得计算个人所得税时，以其实际经营期为1个纳税年度。

投资者本人的费用扣除标准，应按照其实际经营月份数确定。计算公式如下：

应纳税所得额=当年收入总额-成本、费用及损失-当年投资者减除费用额（按实际经营月份数计算）

应纳税额=应纳税所得额×税率-速算扣除数

四、清算所得

企业进行清算时，投资者应当在注销工商登记之前，向主管税务机关结清有关税务事宜。企业的清算所得应当视为年度生产经营所得，由投资者依法缴纳个人所得税。

清算所得，是指企业清算时的全部资产或者财产的公允价值扣除各项清算费用、损失、负债、以前年度留存的利润后，超过实缴资本的部分。

五、征收管理

（一）纳税期限

1.投资者应纳的个人所得税税款，按年计算，分月或者分季预缴，由投资者在每月或者每季度终了后15日内预缴，年度终了后3个月内汇算清缴，多退少补。

2.企业在年度中间合并、分立、终止时，投资者应当在停止生产经营之日起60日内，向主管税务机关办理当期个人所得税汇算清缴。

3.企业在纳税年度的中间开业，或者由于合并、关闭等原因，使该纳税年度的实际经营期不足12个月的，应当以其实际经营期为一个纳税年度。

（二）纳税地点

投资者应向企业实际经营管理所在地主管税务机关申报缴纳个人所得税。投资者从合伙企业取得的生产经营所得，由合伙企业向企业实际经营管理所在地主管税务机关申报缴纳投资者应纳的个人所得税，并将个人所得税申报表抄送投资者。

投资者兴办两个或两个以上企业的，应分别向企业实际经营管理所在地主管税务机关预缴税款。年度终了后办理汇算清缴时，区别不同情况分别处理：

（1）投资者兴办的企业全部是个人独资性质的，分别向各企业的实际经营管理所在地主管税务机关办理年度纳税申报，并依所有企业的经营所得总额确定适用税率，以本企业的经营所得为基础，计算应缴税款，办理汇算清缴；

（2）投资者兴办的企业中含有合伙性质的，投资者应向经常居住地主管税务机关申报纳税，办理汇算清缴，但经常居住地与其兴办企业的经营管理所在地不一致的，应选定其参与兴办的某一合伙企业的经营管理所在地为办理年度汇算清缴所在地，并在 5 年内不得变更。5 年后需要变更的，须经原主管税务机关批准。

六、投资者从事"四业"所得

依据《财政部 国家税务总局关于个人独资企业和合伙企业投资者取得种植业 养殖业饲养业捕捞业所得有关个人所得税问题的批复》（财税〔2010〕96 号）的规定，对个人独资企业和合伙企业从事种植业、养殖业、饲养业和捕捞业（以下简称"四业"），其投资者取得的"四业"所得暂不征收个人所得税。

七、律师事务所从业人员个人所得税

为了规范和加强律师事务所从业人员个人所得税的征收管理，根据《国家税务总局关于律师事务所从业人员取得收入征收个人所得税有关业务问题的通知》（国税发〔2000〕149 号）及《国家税务总局关于律师事务所从业人员有关个人所得税问题的公告》（国家税务总局公告 2012 年第 53 号）的规定，律师事务所从业人员按下列规定计算缴纳个人所得税。

1. 律师个人出资兴办的独资和合伙性质的律师事务所的年度经营所得，作为出资律师的个人经营所得，比照"个体工商户的生产、经营所得"应税项目征收个人所得税。在计算其经营所得时，出资律师本人的工资、薪金不得扣除。

2. 合伙制律师事务所应将年度经营所得全额作为基数，按出资比例或者事先约定的比例计算各合伙人应分配的所得，据以征收个人所得税。

3. 律师事务所支付给雇员（包括律师及行政辅助人员，但不包括律师事务所的投资者，下同）的所得，按"工资、薪金所得"应税项目征收个人所得税。

4. 作为律师事务所雇员的律师与律师事务所按规定的比例对收入分成，律师事务所不负担律师办理案件支出的费用（如交通费、资料费、通讯费及聘请人员等费用），律师当月的分成收入按规定扣除办理案件支出的费用后，余额与律师事务所发给的工资合并，按"工资、薪金所得"应税项目计征个人所得税。

律师从其分成收入中扣除办理案件支出费用的标准，由各省级地方税务局根据当地律师办理案件费用支出的一般情况、律师与律师事务所之间的收入分成比例及其他相关参考因素，在律师当月分成收入的 35％ 比例内确定。实行上述收入分成办法的律师办案费用不得在律师事务所重复列支。

5. 兼职律师从律师事务所取得工资、薪金性质的所得，律师事务所在代扣代缴其个人所得税时，不再减除个人所得税法规定的费用扣除标准，以收入全额（取得分成收入的为扣除办理案件支出费用后的余额）直接确定适用税率，计算扣缴个人所得税。兼职律师应自行向主管税务机关申报两处或两处以上取得的工资、薪金所得，合并计算缴纳个人所得税。

兼职律师是指取得律师资格和律师执业证书，不脱离本职工作从事律师职业的人员。

6. 律师以个人名义再聘请其他人员为其工作而支付的报酬，应由该律师按"劳务报酬所得"应税项目负责代扣代缴个人所得税。

7. 律师从接受法律事务服务的当事人处取得法律顾问费或其他酬金等收入，应并入其从律师事务所取得的其他收入，按照规定计算缴纳个人所得税。

8. 合伙人律师在计算应纳税所得额时，应凭合法有效凭据按照个人所得税法和有关规定扣除费用；对确实不能提供合法有效凭据而实际发生与业务有关的费用，经当事人签名确认后，可再按下列标准扣除费用：个人年营业收入不超过50万元的部分，按8%扣除；个人年营业收入超过50万元至100万元的部分，按6%扣除；个人年营业收入超过100万元的部分，按5%扣除。

9. 律师个人承担的按照律师协会规定参加的业务培训费用，可据实扣除。律师事务所和律师个人发生的其他费用和列支标准，按照《个体工商户个人所得税计税办法》（国家税务总局令第35号）等文件的规定执行。

八、合伙创投企业个人合伙人所得税

（一）合伙创投企业投资于初创科技型企业，其个人合伙人所得税优惠

依据《财政部 税务总局关于创业投资企业和天使投资个人有关税收政策的通知》（财税〔2018〕55号）等文件规定，有限合伙制创业投资企业（简称合伙创投企业）采取股权投资方式直接投资于初创科技型企业满2年的，该合伙创投企业的个人合伙人可以按照对初创科技型企业投资额的70%抵扣个人合伙人从合伙创投企业分得的经营所得；当年不足抵扣的，可以在以后纳税年度结转抵扣。

1. 合伙创投企业的合伙人对初创科技型企业的投资额的确定

合伙创投企业的合伙人对初创科技型企业的投资额，按照合伙创投企业对初创科技型企业的实缴投资额和合伙协议约定的合伙人占合伙创投企业的出资比例计算确定。合伙人从合伙创投企业分得的所得，按照《财政部 国家税务总局关于合伙企业合伙人所得税问题的通知》（财税〔2008〕159号）规定计算。

上述出资比例，按投资满2年当年年末各合伙人对合伙创投企业的实缴出资额占所有合伙人全部实缴出资额的比例计算。

满2年，是指合伙创投企业投资于初创科技型企业的实缴投资满2年，投资时间从初创科技型企业接受投资并完成工商变更登记的日期算起。

2. 初创科技型企业的条件

初创科技型企业，应同时符合以下条件：

（1）在中国境内（不包括港、澳、台地区）注册成立、实行查账征收的居民企业；

（2）接受投资时，从业人数不超过200人，其中具有大学本科以上学历的从业人数不低于30%；资产总额和年销售收入均不超过3000万元；

（3）接受投资时设立时间不超过5年（60个月）；

（4）接受投资时以及接受投资后2年内未在境内外证券交易所上市；

（5）接受投资当年及下一纳税年度，研发费用总额占成本费用支出的比例不低于20%。

相关指标口经规定如下：

①研发费用口径，按照《财政部 国家税务总局 科技部关于完善研究开发费用税前加计扣除政策的通知》（财税〔2015〕119号）等规定执行。研发费用总额占成本费用支出的比例，是指企业接受投资当年及下一纳税年度的研发费用总额合计占同期成本费用总额合计的比例。

②从业人数，包括与企业建立劳动关系的职工人员及企业接受的劳务派遣人员。从业人数及资产总额指标，按照初创科技型企业接受投资前连续12个月的平均数计算，不足12个月的，按实际月数平均计算。具体计算公式如下：

月平均数 ＝（月初数 + 月末数）÷ 2

接受投资前连续12个月平均数 ＝ 接受投资前连续12个月平均数之和 ÷ 12

③销售收入，包括主营业务收入与其他业务收入；年销售收入指标，按照企业接受投资前连续12个月的累计数计算，不足12个月的，按实际月数累计计算。

④成本费用，包括主营业务成本、其他业务成本、销售费用、管理费用、财务费用。

3. 创业投资企业的范围

创业投资企业应同时符合以下条件：

（1）在中国境内（不含港、澳、台地区）注册成立、实行查账征收的居民企业或合伙创投企业，且不属于被投资初创科技型企业的发起人；

（2）符合《创业投资企业管理暂行办法》（发展改革委等10部门令第39号）规定或者《私募投资基金监督管理暂行办法》（证监会令第105号）关于创业投资基金的特别规定，按照上述规定完成备案且规范运作；

（3）投资后2年内，创业投资企业及其关联方持有被投资初创科技型企业的股权比例合计应低于50%。

有限合伙制创业投资企业，是指依照《中华人民共和国合伙企业法》、《创业投资企业管理暂行办法》（国家发展和改革委员会令第39号）和《外商投资创业投资企业管理规定》（外经贸部、科技部、工商总局、税务总局、外汇管理局令2003年第2号）设立的专门从事创业投资活动的有限合伙企业。（国家税务总局公告2015年第81号）

4. 个人合伙人享受优惠的办理程序和资料

依据《国家税务总局关于创业投资企业和天使投资个人税收政策有关问题的公告》（国家税务总局公告2018年第43号）文件规定，合伙创投企业的个人合伙人符合享受优惠条件的，合伙创投企业应在投资初创科技型企业满2年的年度终了后3个月内，向合伙创投企业主管税务机关办理备案手续，备案时应报送《合伙创投企业个人所得税投资抵扣备案表》，同时将有关资料留存备查。合伙企业多次投资同一初创科技型企业的，应按年度分别备案。合伙创投企业应在投资初创科技型企业满2年后的每个年度终了后3个月内，向合伙创投企业主管税务机关报送《合伙创投企业个人所得税投资抵扣情况表》。个人合伙人在个人所得税年度申报时，应将当年允许抵扣的投资额填至《个人所得税生产经营所得纳税申报表（B表）》"允许扣除的其他费用"栏，并同时标明"投资抵扣"字样。

（二）在 2019 年 1 月 1 日至 2021 年 12 月 31 日期间，放宽初创科技型企业的条件

为了进一步支持小微企业发展，依据《财政部 税务总局关于实施小微企业普惠性税收减免政策的通知》（财税〔2019〕13 号）文件规定，在 2019 年 1 月 1 日至 2021 年 12 月 31 日期间，财税〔2018〕55 号文件中关于初创科技型企业条件中的"从业人数不超过 200 人"调整为"从业人数不超过 300 人"，"资产总额和年销售收入均不超过 3000 万元"调整为"资产总额和年销售收入均不超过 5000 万元"。

2019 年 1 月 1 日至 2021 年 12 月 31 日期间发生的投资，投资满 2 年且符合财税〔2019〕13 号和财税〔2018〕55 号文件规定的其他条件的，可以适用财税〔2018〕55 号文件规定的税收政策。

2019 年 1 月 1 日前 2 年内发生的投资，自 2019 年 1 月 1 日起投资满 2 年且符合财税〔2019〕13 号和财税〔2018〕55 号文件规定的其他条件的，可以适用财税〔2018〕55 号文件规定的税收政策。

（三）合伙创投企业个人合伙人个人所得税计算方式选择

依据《财政部 税务总局 发展改革委 证监会关于创业投资企业个人合伙人所得税政策问题的通知》（财税〔2019〕8 号）文件规定，创投企业可以选择按单一投资基金核算或者按创投企业年度所得整体核算两种方式之一，对其个人合伙人来源于创投企业的所得计算个人所得税应纳税额。

创投企业选择按单一投资基金核算的，其个人合伙人从该基金应分得的股权转让所得和股息红利所得，按照 20% 税率计算缴纳个人所得税。

创投企业选择按年度所得整体核算的，其个人合伙人应从创投企业取得的所得，按照"经营所得"项目、5%-35% 的超额累进税率计算缴纳个人所得税。

创投企业选择按单一投资基金核算或按创投企业年度所得整体核算后，3 年内不能变更。

1. 创投企业的范围

创投企业，是指符合《创业投资企业管理暂行办法》（发展改革委等 10 部门令第 39 号）或者《私募投资基金监督管理暂行办法》（证监会令第 105 号）关于创业投资企业（基金）的有关规定，并按照上述规定完成备案且规范运作的合伙制创业投资企业（基金）。

2. 选择按单一投资基金核算的纳税方法

单一投资基金核算，是指单一投资基金（包括不以基金名义设立的创投企业）在一个纳税年度内从不同创业投资项目取得的股权转让所得和股息红利所得按下述方法分别核算纳税：

（1）股权转让所得。单个投资项目的股权转让所得，按年度股权转让收入扣除对应股权原值和转让环节合理费用后的余额计算，股权原值和转让环节合理费用的确定方法，参照股权转让所得个人所得税有关政策规定执行；单一投资基金的股权转让所得，按一个纳税年度内不同投资项目的所得和损失相互抵减后的余额计算，余额大于或等于零的，即确认为该基金的年度股权转让所得；余额小于零的，该基金年度股权转让所得按零计算且不能跨年结转。

个人合伙人按照其应从基金年度股权转让所得中分得的份额计算其应纳税额，并由创投企业在次年 3 月 31 日前代扣代缴个人所得税。如符合《财政部 税务总局关于创业投资企业和天使投资个人有关税收政策的通知》（财税〔2018〕55 号）规定条件的，创投企业个人合伙人可以按照被转让项目对应投资额的 70% 抵扣其应从基金年度股权转让所得中分得的份额后再计算其应纳税额，当期不足抵扣的，不得向以后年度结转。

（2）股息红利所得。单一投资基金的股息红利所得，以其来源于所投资项目分配的股息、红利收入以及其他固定收益类证券等收入的全额计算。个人合伙人按照其应从基金股息红利所得中分得的份额计算其应纳税额，并由创投企业按次代扣代缴个人所得税。

（3）除前述可以扣除的成本、费用之外，单一投资基金发生的包括投资基金管理人的管理费和业绩报酬在内的其他支出，不得在核算时扣除。

上述单一投资基金核算方法仅适用于计算创投企业个人合伙人的应纳税额。

3. 选择按创投企业年度所得整体核算的纳税方法

创投企业年度所得整体核算，是指将创投企业以每一纳税年度的收入总额减除成本、费用以及损失后，计算应分配给个人合伙人的所得。如符合《财政部 税务总局关于创业投资企业和天使投资个人有关税收政策的通知》（财税〔2018〕55号）规定条件的，创投企业个人合伙人可以按照被转让项目对应投资额的70%抵扣其可以从创投企业应分得的经营所得后再计算其应纳税额。年度核算亏损的，准予按有关规定向以后年度结转。

按照"经营所得"项目计税的个人合伙人，没有综合所得的，可依法减除基本减除费用、专项扣除、专项附加扣除以及国务院确定的其他扣除。从多处取得经营所得的，应汇总计算个人所得税，只减除一次上述费用和扣除。

4. 管理要求

创投企业选择按单一投资基金核算的，应当在按照本通知第一条规定完成备案的30日内，向主管税务机关进行核算方式备案；未按规定备案的，视同选择按创投企业年度所得整体核算。创投企业选择一种核算方式满3年需要调整的，应当在满3年的次年1月31日前，重新向主管税务机关备案。

第四节 对企事业单位的承包、承租经营所得

主要政策依据：

《国家税务总局关于个人对企事业单位实行承包经营、承租经营取得所得征税问题的通知》（国税发〔1994〕179 号）

《国家税务总局关于印发＜征收个人所得税若干问题的规定＞的通知》（国税发〔1994〕089 号）

一、征税范围

1.依据国税发〔1994〕179号文件的规定,个人取得的承包承租所得应根据其经营模式区别处理:

企业实行个人承包、承租经营后,如果工商登记仍为企业的,不管其分配方式如何,均应先按照企业所得税的有关规定缴纳企业所得税。承包经营、承租经营者按照承包、承租经营合同（协议）规定取得的所得,依照个人所得税法的有关规定缴纳个人所得税,具体为:

（1）承包、承租人对企业经营成果不拥有所有权,仅是按合同（协议）规定取得一定所得的,其所得按工资、薪金所得项目征税,适用 3%—45% 的七级超额累进税率。

（2）承包、承租人按合同（协议）的规定只向发包、出租方交纳一定费用后,企业经营成果归其所有的,承包、承租人取得的所得,按对企事业单位的承包经营、承租经营所得项目,适用 5%—35% 的五级超额累进税率征税。

企业实行个人承包、承租经营后,如工商登记改变为个体工商户的,应依照个体工商户的生产、经营所得项目计征个人所得税,不再征收企业所得税。

2.依据《国家税务总局关于个人承包承租经营所得征收个人所得税问题的批复》（国税函〔2000〕395 号）文件的规定,商业企业在职职工对企业下属部门实行自筹资金、自主经营、独立核算、自负盈亏的承包、承租经营方式,虽不是对整个企业的承包、承租经营,但其承包和经营的方式基本与规定的承包经营、承租经营相同。为公平税负,合理负担,对在职职工从事承包、承租经营取得的所得,应比照"对企事业单位的承包经营、承租经营所得"项目征收个人所得税。

3.依据《国家税务总局关于个人从事医疗服务活动征收个人所得税问题的通知》（国税发〔1997〕178 号）文件的规定,对于由集体、合伙或个人出资的乡村卫生室（站）,由医生承包经营,经营成果归医生个人所有,承包人取得的所得,比照"对企事业单位的承包经营、承租经营所得"应税项目缴纳个人所得税。

4.依据《国家税务总局关于印发＜建筑安装业个人所得税征收管理暂行办法＞的通知》（国税发〔1996〕127 号）文件的规定,承包建筑安装业各项工程作业的承包人取得的所得,应区别不

同情况计征个人所得税：经营成果归承包人个人所有的所得，或按照承包合同（协议）规定，将一部分经营成果留归承包人个人的所得，按对企事业单位的承包经营、承租经营所得项目征税；以其他分配方式取得的所得，按工资、薪金所得项目征税。

二、应纳税额的计算

（一）应纳税额的计算方法

个人对企业、事业单位承包经营、承租经营，适用百分之五至百分之三十五的超额累进税率，计算个人应纳税所得额。

税法第六条规定经营所得，以每一纳税年度的收入总额减除成本、费用以及损失后的余额，为应纳税所得额。

取得经营所得的个人，没有综合所得的，计算其每一纳税年度的应纳税所得额时，应当减除费用 6 万元、专项扣除、专项附加扣除以及依法确定的其他扣除。专项附加扣除在办理汇算清缴时减除。（实施条例第十五条）

应纳税所得额 = 收入总额 – 成本、费用以及损失 – 投资者减除费用额

应纳税额 = 应纳税所得额 × 适用税率 – 速算扣除数

企业实行承包经营、承租经营后，不能提供完整、准确的纳税资料、正确计算应纳税所得额的，由主管税务机关核定其应纳税所得额，并依据《中华人民共和国税收征收管理法》的有关规定，自行确定征收方式。（国税发〔1994〕179 号）

【例4—6】张某 2019 年承包某厂经营部，承包期限 1 年，合同规定经营部的盈亏完全由张某负责。当年取得承包经营收入总额 600 000 万元，发生与经营收入相关成本费用支出总额 420 000 元(包括张某当年的工资薪金支出)，张某每月从经营部领取工资 5000 元。假定当年张某无综合所得，本年本人准予减除费用 80 000 元（包括费用 6 万元、专项扣除、专项附加扣除以及依法确定的其他扣除），除张某工资外无其他纳税调整事项。计算张某 2019 年应缴个人所得税金额。

年应纳税所得额 =（600 000–420 000）+5 000 × 12 – 80 000=160 000（元）

年应纳税额 =160 000 × 20％ – 10 500=21 500（元）

（二）承包、承租期不足一年的处理

依据国税发〔1994〕089 号文件规定，实行承包、承租经营的纳税义务人，应以每一纳税年度取得的承包、承租经营所得计算纳税，在一个纳税年度内，承包，承租经营不足 12 个月的，以其实际承包、承租经营的月份数为一个纳税年度计算纳税。计算公式为：

应纳税所得额 = 当年承包、承租经营收入额 – 当年投资者减除费用额（按实际经营月份数计算）

应纳税额 = 应纳税所得额 × 适用税率 – 速算扣除数

【例4—7】徐某自 2019 年 9 月起承包某企业，年终根据合同约定和实际经营利润取得承包收入 100 000 元，另外每月从承包某企业领取工资 6000 元。假定徐某本人每月扣除费用有三项：基本费用 5000 元、子女教育 1000 元和赡养老人 2000 元。计算徐某 2019 年应缴纳的个人所得税金额。

应纳税所得额 = 100 000+6 000 × 4 –（5000+1000+2000）× 4=92 000（元）

应纳税额 = 92 000 × 20％ – 10 500=7 900（元）

第五节 生产经营所得个人所得税申报

主要政策依据：

> 《国家税务总局关于个人所得税自行纳税申报有关问题的公告》（国家税务总局公告 2018 年第 62 号）
>
> 《国家税务总局关于修订个人所得税申报表的公告》（国家税务总局公告 2019 年第 7 号）

个体工商户业主、个人独资企业投资者、合伙企业个人合伙人、承包承租经营者个人以及其他从事生产、经营活动的个人取得经营所得，按年计算个人所得税，由纳税人在月度或季度终了后 15 日内，向经营管理所在地主管税务机关办理预缴纳税申报，并报送《个人所得税经营所得纳税申报表（A 表）》。在取得所得的次年 3 月 31 日前，向经营管理所在地主管税务机关办理汇算清缴，并报送《个人所得税经营所得纳税申报表（B 表）》；从两处以上取得经营所得的，选择向其中一处经营管理所在地主管税务机关办理年度汇总申报，并报送《个人所得税经营所得纳税申报表（C 表）》。

一、经营所得月度（季度）预缴纳税申报

查账征收和核定征收的个体工商户业主、个人独资企业投资人、合伙企业个人合伙人、承包承租经营者个人以及其他从事生产、经营活动的个人在中国境内取得经营所得，应当在月度或者季度终了后 15 日内，办理个人所得税预缴纳税申报时，向税务机关报送《个人所得税经营所得纳税申报表（A 表）》（见表 4—3）。合伙企业有两个或者两个以上个人合伙人的，应分别填报本表。

表 4—3 个人所得税经营所得纳税申报表（A 表）

税款所属期：　　年　月　日至　　年　月　日

纳税人姓名：

纳税人识别号：□□□□□□□□□□□□□□□□□□　　金额单位：人民币元（列至角分）

被投资单位信息	名称		纳税人识别号（统一社会信用代码）	
征收方式	□查账征收（据实预缴）　　□查账征收（按上年应纳税所得额预缴） □核定应税所得率征收　　□核定应纳税所得额征收 □税务机关认可的其他方式 _____			

项目	行次	金额／比例
一、收入总额	1.	
二、成本费用	2.	
三、利润总额（3=1-2）	3.	
四、弥补以前年度亏损	4.	
五、应税所得率（%）	5.	
六、合伙企业个人合伙人分配比例（%）	6.	
七、允许扣除的个人费用及其他扣除（7=8+9+14）	7.	
（一）投资者减除费用	8.	
（二）专项扣除（9=10+11+12+13）	9.	
1.基本养老保险费	10.	
2.基本医疗保险费	11.	
3.失业保险费	12.	
4.住房公积金	13.	
（三）依法确定的其他扣除（14=15+16+17）	14.	
1.	15.	
2.	16.	
3.	17.	
八、应纳税所得额	18.	
九、税率（%）	19.	
十、速算扣除数	20.	
十一、应纳税额（21=18×19-20）	21.	
十二、减免税额（附报《个人所得税减免税事项报告表》）	22.	
十三、已缴税额	23.	
十四、应补／退税额（24=21-22-23）	24.	

谨声明：本表是根据国家税收法律法规及相关规定填报的，是真实的、可靠的、完整的。

纳税人签字：　　　　年　月　日

经办人：	受理人：
经办人身份证件号码：	
代理机构签章：	受理税务机关（章）：
代理机构统一社会信用代码：	受理日期：　　年　月　日

《个人所得税经营所得纳税申报表（A表）》各栏填写如下：

（一）表头项目

1. 税款所属期：填写纳税人取得经营所得应纳个人所得税款的所属期间，应填写具体的起止年月日。

2. 纳税人姓名：填写自然人纳税人姓名。

3. 纳税人识别号：有中国公民身份号码的，填写中华人民共和国居民身份证上载明的"公民身份号码"；没有中国公民身份号码的，填写税务机关赋予的纳税人识别号。

（二）被投资单位信息

1. 名称：填写被投资单位法定名称的全称。

2. 纳税人识别号（统一社会信用代码）：填写被投资单位的纳税人识别号或者统一社会信用代码。

3. 征收方式：根据税务机关核定的征收方式，在对应框内打"√"。采用税务机关认可的其他方式的，应在下划线填写具体征收方式。

（三）表内各行填写

1. 第1行"收入总额"：填写本年度开始经营月份起截至本期从事经营以及与经营有关的活动取得的货币形式和非货币形式的各项收入总金额。包括：销售货物收入、提供劳务收入、转让财产收入、利息收入、租金收入、接受捐赠收入、其他收入。

2. 第2行"成本费用"：填写本年度开始经营月份起截至本期实际发生的成本、费用、税金、损失及其他支出的总额。

3. 第3行"利润总额"：填写本年度开始经营月份起截至本期的利润总额。

4. 第4行"弥补以前年度亏损"：填写可在税前弥补的以前年度尚未弥补的亏损额。

5. 第5行"应税所得率"：按核定应税所得率方式纳税的纳税人，填写税务机关确定的核定征收应税所得率。按其他方式纳税的纳税人不填本行。

6. 第6行"合伙企业个人合伙人分配比例"：纳税人为合伙企业个人合伙人的，填写本行；其他则不填。分配比例按照合伙协议约定的比例填写；合伙协议未约定或不明确的，按合伙人协商决定的比例填写；协商不成的，按合伙人实缴出资比例填写；无法确定出资比例的，按合伙人平均分配。

7. 第7～17行"允许扣除的个人费用及其他扣除"：

（1）第8行"投资者减除费用"：填写根据本年实际经营月份数计算的可在税前扣除的投资者本人每月5000元减除费用的合计金额。

（2）第9～13行"专项扣除"：填写按规定允许扣除的基本养老保险费、基本医疗保险费、失业保险费、住房公积金的金额。

（3）第 14～17 行"依法确定的其他扣除"：填写商业健康保险、税延养老保险以及其他按规定允许扣除项目的金额。其中，税延养老保险可在申报四季度或 12 月份税款时填报扣除。

8. 第 18 行"应纳税所得额"：根据相关行次计算填报。

（1）查账征收（据实预缴）：第 18 行 =（第 3 行－第 4 行）× 第 6 行－第 7 行。

（2）查账征收（按上年应纳税所得额预缴）：第 18 行 = 上年度的应纳税所得额÷12×月份数。

（3）核定应税所得率征收（能准确核算收入总额的）：第 18 行 = 第 1 行 × 第 5 行 × 第 6 行。

（4）核定应税所得率征收（能准确核算成本费用的）：第 18 行 = 第 2 行÷（1-第 5 行）× 第 5 行 × 第 6 行。

（5）核定应纳税所得额征收：直接填写应纳税所得额；

（6）税务机关认可的其他方式：直接填写应纳税所得额。

9. 第 19～20 行"税率"和"速算扣除数"：填写按规定适用的税率和速算扣除数。

10. 第 21 行"应纳税额"：根据相关行次计算填报。第 21 行 = 第 18 行 × 第 19 行－第 20 行。

11. 第 22 行"减免税额"：填写符合税法规定可以减免的税额，并附报《个人所得税减免税事项报告表》。

12. 第 23 行"已缴税额"：填写本年度在月（季）度申报中累计已预缴的经营所得个人所得税的金额。

13. 第 24 行"应补／退税额"：根据相关行次计算填报。第 24 行 = 第 21 行－第 22 行－第 23 行。

【例4—8】承前【例4—5】，根据例题资料填列甲、乙合伙人月度预缴申报表，填写情况见表4—4、表4—5：

表 4—4 个人所得税经营所得纳税申报表（A 表）

税款所属期：2019 年 1 月 1 日至 2019 年 3 月 31 日

纳税人姓名：甲合伙人

纳税人识别号：□□□□□□□□□□□□□□□□□□ 金额单位：人民币元（列至角分）

被投资单位信息	名称		纳税人识别号（统一社会信用代码）	
征收方式	□查账征收（据实预缴）　□查账征收（按上年应纳税所得额预缴） √□核定应税所得率征收　□核定应纳税所得额征收 □税务机关认可的其他方式 _____			
项目			行次	金额／比例
一、收入总额			1	600 000
二、成本费用			2	
三、利润总额（3=1-2）			3	

四、弥补以前年度亏损	4	
五、应税所得率（%）	5	10%
六、合伙企业个人合伙人分配比例（%）	6	30%
七、允许扣除的个人费用及其他扣除（7=8+9+14）	7	
（一）投资者减除费用	8	
（二）专项扣除（9=10+11+12+13）	9	
1. 基本养老保险费	10	
2. 基本医疗保险费	11	
3. 失业保险费	12	
4. 住房公积金	13	
（三）依法确定的其他扣除（14=15+16+17）	14	
1.	15	
2.	16	
3.	17	
八、应纳税所得额	18	18 000
九、税率（%）	19	5%
十、速算扣除数	20	0
十一、应纳税额（21=18×19-20）	21	900
十二、减免税额（附报《个人所得税减免税事项报告表》）	22	
十三、已缴税额	23	450
十四、应补/退税额（24=21-22-23）	24	450

谨声明：本表是根据国家税收法律法规及相关规定填报的，是真实的、可靠的、完整的。

纳税人签字：　　　　年　月　日

经办人： 经办人身份证件号码： 代理机构签章： 代理机构统一社会信用代码：	受理人： 受理税务机关（章）： 受理日期：　　年　月　日

表 4—5 个人所得税经营所得纳税申报表（A 表）

税款所属期：2019 年 1 月 1 日至 2019 年 3 月 31 日

纳税人姓名：乙合伙人

纳税人识别号：□□□□□□□□□□□□□□□□□□　　金额单位：人民币元（列至角分）

被投资单位信息	名称		纳税人识别号（统一社会信用代码）	
征收方式	□查账征收（据实预缴）　　□查账征收（按上年应纳税所得额预缴） √□核定应税所得率征收　　□核定应纳税所得额征收 □税务机关认可的其他方式 _____			

项目	行次	金额 / 比例
一、收入总额	1	600 000
二、成本费用	2	
三、利润总额（3=1-2）	3	
四、弥补以前年度亏损	4	
五、应税所得率（%）	5	10%
六、合伙企业个人合伙人分配比例（%）	6	70%
七、允许扣除的个人费用及其他扣除（7=8+9+14）	7	
（一）投资者减除费用	8	
（二）专项扣除（9=10+11+12+13）	9	
1. 基本养老保险费	10	
2. 基本医疗保险费	11	
3. 失业保险费	12	
4. 住房公积金	13	
（三）依法确定的其他扣除（14=15+16+17）	14	
1.	15	
2.	16	
3.	17	
八、应纳税所得额	18	42 000
九、税率（%）	19	10%
十、速算扣除数	20	1 500
十一、应纳税额（21=18×19-20）	21	2 700

十二、减免税额（附报《个人所得税减免税事项报告表》）	22	
十三、已缴税额	23	1050
十四、应补／退税额（24=21−22−23）	24	1650

谨声明：本表是根据国家税收法律法规及相关规定填报的，是真实的、可靠的、完整的。

纳税人签字：　　　　　年　　月　　日

经办人： 经办人身份证件号码： 代理机构签章： 代理机构统一社会信用代码：	受理人： 受理税务机关（章）： 受理日期：　　年　　月　　日

二、经营所得年度汇算清缴纳税申报

个体工商户业主、个人独资企业投资人、合伙企业个人合伙人、承包承租经营者个人以及其他从事生产、经营活动的个人在中国境内取得经营所得，且实行查账征收的，在取得经营所得的次年 3 月 31 日前，在办理个人所得税汇算清缴纳税申报时，向税务机关报送《个人所得税经营所得纳税申报表（B 表）》（见表 4—6）。合伙企业有两个或者两个以上个人合伙人的，应分别填报本表。

表 4—6　个人所得税经营所得纳税申报表（B 表）

税款所属期：　　年　月　日至　　年　月　日

纳税人姓名：

纳税人识别号：□□□□□□□□□□□□□□□□□□　　金额单位：人民币元（列至角分）

被投资单位信息	名称		纳税人识别号 （统一社会信用代码）	
项目			行次	金额／比例
一、收入总额			1	
其中：国债利息收入			2	
二、成本费用（3=4+5+6+7+8+9+10）			3	
（一）营业成本			4	
（二）营业费用			5	
（三）管理费用			6	
（四）财务费用			7	
（五）税金			8	

（六）损失	9	
（七）其他支出	10	
三、利润总额（11=1-2-3）	11	
四、纳税调整增加额（12=13+27）	12	
（一）超过规定标准的扣除项目金额（13=14+15+16+17+18+19+20+21+22+23+24+25+26）	13	
1. 职工福利费	14	
2. 职工教育经费	15	
3. 工会经费	16	
4. 利息支出	17	
5. 业务招待费	18	
6. 广告费和业务宣传费	19	
7. 教育和公益事业捐赠）	20	
8. 住房公积金	21	
9. 社会保险费	22	
10. 折旧费用	23	
11. 无形资产摊销	24	
12. 资产损失	25	
13. 其他	26	
（二）不允许扣除的项目金额（27=28+29+30+31+32+33+34+35+36）	27	
1. 个人所得税税款	28	
2. 税收滞纳金	29	
3. 罚金、罚款和被没收财物的损失	30	
4. 不符合扣除规定的捐赠支出	31	
5. 赞助支出	32	
6. 用于个人和家庭的支出	33	
7. 与取得生产经营收入无关的其他支出	34	
8. 投资者工资薪金支出	35	

9. 其他不允许扣除的支出	36	
五、纳税调整减少额	37	
六、纳税调整后所得（38=11+12-37）	38	
七、弥补以前年度亏损	39	
八、合伙企业个人合伙人分配比例（%）	40	
九、允许扣除的个人费用及其他扣除（41=42+43+48+55）	41	
（一）投资者减除费用	42	
（二）专项扣除（43=44+45+46+47）	43	
1. 基本养老保险费	44	
2. 基本医疗保险费	45	
3. 失业保险费	46	
4. 住房公积金	47	
（三）专项附加扣除（48=49+50+51+52+53+54）	48	
1. 子女教育	49	
2. 继续教育	50	
3. 大病医疗	51	
4. 住房贷款利息	52	
5. 住房租金	53	
6. 赡养老人	54	
（四）依法确定的其他扣除（55=56+57+58+59）	55	
1. 商业健康保险	56	
2. 税延养老保险	57	
3.	58	
4.	59	
十、投资抵扣	60	
十一、准予扣除的个人捐赠支出	61	
十二、应纳税所得额（62=38-39-41-60-61）或[62=（38-39）×40-41-60-61]	62	
十三、税率（%）	63	
十四、速算扣除数	64	

十五、应纳税额（65=62×63-64）	65	
十六、减免税额（附报《个人所得税减免税事项报告表》）	66	
十七、已缴税额	67	
十八、应补/退税额（68=65-66-67）	68	

谨声明：本表是根据国家税收法律法规及相关规定填报的，是真实的、可靠的、完整的。

纳税人签字：　　　　年　月　日

经办人： 经办人身份证件号码： 代理机构签章： 代理机构统一社会信用代码：	受理人： 受理税务机关（章）： 受理日期：　　年　月　日

《个人所得税经营所得纳税申报表（B表）》各栏填写如下：

（一）表头项目

1. 税款所属期：填写纳税人取得经营所得应纳个人所得税款的所属期间，应填写具体的起止年月日。

2. 纳税人姓名：填写自然人纳税人姓名。

3. 纳税人识别号：有中国公民身份号码的，填写中华人民共和国居民身份证上载明的"公民身份号码"；没有中国公民身份号码的，填写税务机关赋予的纳税人识别号。

（二）被投资单位信息

1. 名称：填写被投资单位法定名称的全称。

2. 纳税人识别号（统一社会信用代码）：填写被投资单位的纳税人识别号或统一社会信用代码。

（三）表内各行填写

1. 第1行"收入总额"：填写本年度从事生产经营以及与生产经营有关的活动取得的货币形式和非货币形式的各项收入总金额。包括：销售货物收入、提供劳务收入、转让财产收入、利息收入、租金收入、接受捐赠收入、其他收入。

2. 第2行"国债利息收入"：填写本年度已计入收入的因购买国债而取得的应予免税的利息金额。

3. 第3～10行"成本费用"：填写本年度实际发生的成本、费用、税金、损失及其他支出的总额。

（1）第4行"营业成本"：填写在生产经营活动中发生的销售成本、销货成本、业务支出以及其他耗费的金额。

（2）第5行"营业费用"：填写在销售商品和材料、提供劳务的过程中发生的各种费用。

（3）第6行"管理费用"：填写为组织和管理企业生产经营发生的管理费用。

（4）第7行"财务费用"：填写为筹集生产经营所需资金等发生的筹资费用。

（5）第8行"税金"：填写在生产经营活动中发生的除个人所得税和允许抵扣的增值税以外的各项税金及其附加。

（6）第9行"损失"：填写生产经营活动中发生的固定资产和存货的盘亏、毁损、报废损失，转让财产损失，坏账损失，自然灾害等不可抗力因素造成的损失以及其他损失。

（7）第10行"其他支出"：填写除成本、费用、税金、损失外，生产经营活动中发生的与之有关的、合理的支出。

4. 第11行"利润总额"：根据相关行次计算填报。第11行＝第1行－第2行－第3行。

5. 第12行"纳税调整增加额"：根据相关行次计算填报。第12行＝第13行＋第27行。

6. 第13行"超过规定标准的扣除项目金额"：填写扣除的成本、费用和损失中，超过税法规定的扣除标准应予调增的应纳税所得额。

7. 第27行"不允许扣除的项目金额"：填写按规定不允许扣除但被投资单位已将其扣除的各项成本、费用和损失，应予调增应纳税所得额的部分。

8. 第37行"纳税调整减少额"：填写在计算利润总额时已计入收入或未列入成本费用，但在计算应纳税所得额时应予扣除的项目金额。

9. 第38行"纳税调整后所得"：根据相关行次计算填报。第38行＝第11行＋第12行－第37行。

10. 第39行"弥补以前年度亏损"：填写本年度可在税前弥补的以前年度亏损额。

11. 第40行"合伙企业个人合伙人分配比例"：纳税人为合伙企业个人合伙人的，填写本栏；其他则不填。分配比例按照合伙协议约定的比例填写；合伙协议未约定或不明确的，按合伙人协商决定的比例填写；协商不成的，按合伙人实缴出资比例填写；无法确定出资比例的，按合伙人平均分配。

12. 第41行"允许扣除的个人费用及其他扣除"：填写按税法规定可以税前扣除的各项费用、支出，包括：

（1）第42行"投资者减除费用"：填写按税法规定的减除费用金额。

（2）第43～47行"专项扣除"：分别填写本年度按规定允许扣除的基本养老保险费、基本医疗保险费、失业保险费、住房公积金的合计金额。

（3）第48～54行"专项附加扣除"：分别填写本年度纳税人按规定可享受的子女教育、继续教育、大病医疗、住房贷款利息、住房租金、赡养老人等专项附加扣除的合计金额。

（4）第55～59行"依法确定的其他扣除"：分别填写按规定允许扣除的商业健康保险、税延养老保险，以及国务院规定其他可以扣除项目的合计金额。

13. 第60行"投资抵扣"：填写按照税法规定可以税前抵扣的投资金额。

14. 第61行"准予扣除的个人捐赠支出"：填写本年度按照税法及相关法规、政策规定，可以在税前扣除的个人捐赠合计额。

15. 第62行"应纳税所得额"：根据相关行次计算填报。

（1）纳税人为非合伙企业个人合伙人的：第62行＝第38行－第39行－第41行－第60行－第61行。

（2）纳税人为合伙企业个人合伙人的：第62行＝（第38行－第39行）×第40行－第41行－

第 60 行 – 第 61 行。

16. 第 63 ～ 64 行"税率""速算扣除数"：填写按规定适用的税率和速算扣除数。

17. 第 65 行"应纳税额"：根据相关行次计算填报。第 65 行 = 第 62 行 × 第 63 行 – 第 64 行。

18. 第 66 行"减免税额"：填写符合税法规定可以减免的税额，并附报《个人所得税减免税事项报告表》。

19. 第 67 行"已缴税额"：填写本年度累计已预缴的经营所得个人所得税金额。

20. 第 68 行"应补／退税额"：根据相关行次计算填报。第 68 行 = 第 65 行 – 第 66 行 – 第 67 行。

【例 4—9】承前例【例 4—2】，根据例题资料填列个体工商户经营所得年度纳税申报表，填写情况见表 4—7：

表 4—7 个人所得税经营所得纳税申报表（B 表）

税款所属期：2019 年 1 月 1 日至 2019 年 12 月 31 日

纳税人姓名：王某

纳税人识别号：□□□□□□□□□□□□□□□□□□ 金额单位：人民币元（列至角分）

被投资单位信息	名称		纳税人识别号（统一社会信用代码）	
项目			行次	金额／比例
一、收入总额			1	4 050 000
其中：国债利息收入			2	
二、成本费用（3=4+5+6+7+8+9+10）			3	3 500 000
（一）营业成本			4	2 700 000
（二）营业费用			5	200 000
（三）管理费用			6	400 000
（四）财务费用			7	60 000
（五）税金			8	40 000
（六）损失			9	100 000
（七）其他支出			10	
三、利润总额（11=1-2-3）			11	550 000
四、纳税调整增加额（12=13+27）			12	482 000
（一）超过规定标准的扣除项目金额（13=14+15+16+17+18+19+20+21+22+23+24+25+26）			13	12 000

1. 职工福利费	14	
2. 职工教育经费	15	
3. 工会经费	16	
4. 利息支出	17	
5. 业务招待费	18	12 000
6. 广告费和业务宣传费	19	
7. 教育和公益事业捐赠	20	
8. 住房公积金	21	
9. 社会保险费	22	
10. 折旧费用	23	
11. 无形资产摊销	24	
12. 资产损失	25	
13. 其他	26	
（二）不允许扣除的项目金额 （27=28+29+30+31+32+33+34+35+36）	27	470 000
1. 个人所得税税款	28	
2. 税收滞纳金	29	20 000
3. 罚金、罚款和被没收财物的损失	30	
4. 不符合扣除规定的捐赠支出	31	
5. 赞助支出	32	30 000
6. 用于个人和家庭的支出	33	120 000
7. 与取得生产经营收入无关的其他支出	34	
8. 投资者工资薪金支出	35	300 000
9. 其他不允许扣除的支出	36	
五、纳税调整减少额	37	
六、纳税调整后所得（38=11+12−37）	38	1032 000
七、弥补以前年度亏损	39	
八、合伙企业个人合伙人分配比例（%）	40	
九、允许扣除的个人费用及其他扣除（41=42+43+48+55）	41	90 000

（一）投资者减除费用	42	60 000
（二）专项扣除（43=44+45+46+47）	43	18 000
1.基本养老保险费	44	
2.基本医疗保险费	45	
3.失业保险费	46	
4.住房公积金	47	
（三）专项附加扣除（48=49+50+51+52+53+54）	48	12 000
1.子女教育	49	12 000
2.继续教育	50	
3.大病医疗	51	
4.住房贷款利息	52	
5.住房租金	53	
6.赡养老人	54	
（四）依法确定的其他扣除（55=56+57+58+59）	55	
1.商业健康保险	56	
2.税延养老保险	57	
3.	58	
4.	59	
十、投资抵扣	60	
十一、准予扣除的个人捐赠支出	61	
十二、应纳税所得额（62=38-39-41-60-61）或[62=（38-39）×40-41-60-61]	62	942 000
十三、税率（%）	63	35%
十四、速算扣除数	64	65 500
十五、应纳税额（65=62×63-64）	65	264 200
十六、减免税额(附报《个人所得税减免税事项报告表》)	66	
十七、已缴税额	67	127 000
十八、应补/退税额（68=65-66-67）	68	137 200

谨声明：本表是根据国家税收法律法规及相关规定填报的，是真实的、可靠的、完整的。
纳税人签字：　　　　年　月　日

经办人：	受理人：
经办人身份证件号码：	
代理机构签章：	受理税务机关（章）：
代理机构统一社会信用代码：	受理日期：　　年　月　日

三、两处或者两处以上取得经营所得年度汇总纳税申报

个体工商户业主、个人独资企业投资人、合伙企业个人合伙人、承包承租经营者个人以及其他从事生产、经营活动的个人在中国境内两处以上取得经营所得，应当于取得所得的次年3月31日前办理年度汇总纳税申报。办理合并计算个人所得税的年度汇总纳税申报时，向税务机关报送《个人所得税经营所得纳税申报表（C表）》（见表4—8）。

表4—8 个人所得税经营所得纳税申报表（C表）

税款所属期：　年　月　日至　　年　月　日

纳税人姓名：王某

纳税人识别号：□□□□□□□□□□□□□□□□□□　　金额单位：人民币元（列至角分）

被投资单位信息	单位名称			纳税人识别号（统一社会信用代码）	投资者应纳税所得额
	汇总地				
	非汇总地	1			
		2			
		3			
		4			
		5			

项目	行次	金额比例
一、投资者应纳税所得额合计	1	
二、应调整的个人费用及其他扣除（2=3+4+5+6）	2	
（一）投资者减除费用	3	
（二）专项扣除	4	
（三）专项附加扣除	5	
（四）依法确定的其他扣除	6	

项目		
三、应调整的其他项目	7	
四、调整后应纳税所得额（8=1+2+7）	8	
五、税率（%）	9	
六、速算扣除数	10	
七、应纳税额（11=8×9-10）	11	
八、减免税额（附报《个人所得税减免税事项报告表》）	12	
九、已缴税额	13	
十、应补/退税额（14=11-12-13）	14	
谨声明：本表是根据国家税收法律法规及相关规定填报的，是真实的、可靠的、完整的。 纳税人签字：　　　　年　月　日		
经办人： 经办人身份证件号码： 代理机构签章： 代理机构统一社会信用代码：	受理人： 受理税务机关（章）： 受理日期：　　　年　月　日	

《个人所得税经营所得纳税申报表（C表）》各栏填写如下：

（一）表头项目

1. 税款所属期：填写纳税人取得经营所得应纳个人所得税款的所属期间，应填写具体的起止年月日。

2. 纳税人姓名：填写自然人纳税人姓名。

3. 纳税人识别号：有中国公民身份号码的，填写中华人民共和国居民身份证上载明的"公民身份号码"；没有中国公民身份号码的，填写税务机关赋予的纳税人识别号。

（二）被投资单位信息

1. 名称：填写被投资单位法定名称的全称。

2. 纳税人识别号（统一社会信用代码）：填写被投资单位的纳税人识别号或者统一社会信用代码。

3. 投资者应纳税所得额：填写投资者从其各投资单位取得的年度应纳税所得额。

（三）表内各行填写

1. 第1行"投资者应纳税所得额合计"：填写投资者从其各投资单位取得的年度应纳税所得额的合计金额。

2. 第2～6行"应调整的个人费用及其他扣除"：填写按规定需调整增加或者减少应纳税所得额的项目金额。调整减少应纳税所得额的，用负数表示。

（1）第 3 行"投资者减除费用"：填写需调整增加或者减少应纳税所得额的投资者减除费用的金额。

（2）第 4 行"专项扣除"：填写需调整增加或者减少应纳税所得额的"三险一金"（基本养老保险费、基本医疗保险费、失业保险费、住房公积金）的合计金额。

（3）第 5 行"专项附加扣除"：填写需调整增加或者减少应纳税所得额的专项附加扣除（子女教育、继续教育、大病医疗、住房贷款利息、住房租金、赡养老人）的合计金额。

（4）第 6 行"依法确定的其他扣除"：填写需调整增加或者减少应纳税所得额的商业健康保险、税延养老保险以及国务院规定其他可以扣除项目的合计金额。

3. 第 7 行"应调整的其他项目"：填写按规定应予调整的其他项目的合计金额。调整减少应纳税所得额的，用负数表示。

4. 第 8 行"调整后应纳税所得额"：根据相关行次计算填报。第 8 行＝第 1 行＋第 2 行＋第 7 行。

5. 第 9～10 行"税率""速算扣除数"：填写按规定适用的税率和速算扣除数。

6. 第 11 行"应纳税额"：根据相关行次计算填报。第 11 行＝第 8 行×第 9 行－第 10 行。

7. 第 12 行"减免税额"：填写符合税法规定可以减免的税额，并附报《个人所得税减免税事项报告表》。

8. 第 13 行"已缴税额"：填写纳税人本年度累计已缴纳的经营所得个人所得税的金额。

9. 第 14 行"应补／退税额"：按相关行次计算填报。第 14 行＝第 11 行－第 12 行－第 13 行。

练习与解析

一、单选选择题

1. 按照个人所得税法规定，经营所得适用（　　）。

A.3%—45% 的七级超额累进税率

B.3%—35% 的五级超额累进税率

C.5%—35% 的五级超额累进税率

D. 比例税率 20%

【答案】C

【答案解析】按照个人所得税法第三条规定，经营所得适用百分之五至百分之三十五的五级超额累进税率。

2. 个体工商户发生的下列支出中允许在个人所得税税前扣除的是（　　）。

A. 用于个人和家庭的支出

B. 非广告性质赞助支出

C. 生产经营过程中发生的财产转让损失

D. 已缴纳的增值税税款

【答案】C

【答案解析】选项 A、B、D 不得税前扣除。按照《个体工商户个人所得税计税办法》（国家税务总局令第 35 号）规定，用于个人和家庭的支出、非广告性质赞助支出不得扣除；由于增值税为价外税，个体工商户从事生产经营取得的收入属于增值税征收范围的，应按不含增值税金额确认收入，因此，缴纳的增值税不得税前扣除；

3. 个体工商户生产经营活动中，应当分别核算生产经营费用和个人、家庭费用。对于生产经营与个人、家庭生活混用难以分清的费用，（　　）。

A. 全部视为与生产经营无关费用，不得扣除。

B. 其 40% 视为与生产经营有关费用，准予扣除。

C. 其 50% 视为与生产经营有关费用，准予扣除

D. 其 60% 视为与生产经营有关费用，准予扣除

【答案】B

【答案解析】按照《个体工商户个人所得税计税办法》（国家税务总局令第 35 号）规定，对于生产经营与个人、家庭生活混用难以分清的费用，其 40% 视为与生产经营有关费用，准予扣除。

4. 个人因从事彩票代销业务取得的所得，应按照（　　）项目计征个人所得税。

A. 工资、薪金所得

B. 劳务报酬所得

C. 偶然所得

D. 个体工商户的生产、经营所得

【答案】D

【答案解析】按照国税函〔2002〕629 号文件规定，个人因从事彩票代销业务而取得所得，应按照"个体工商户的生产、经营所得"项目计征个人所得税。

5. 合伙创投企业采取股权投资方式直接投资于初创科技型企业满 2 年的，该合伙创投企业的个人合伙人可以按照对初创科技型企业投资额的（　）70% 抵扣个人合伙人从合伙创投企业分得的经营所得

A.50%　　　　B.60%　　　　C.70%　　　　D.80%

【答案】C

【答案解析】依据财税〔2018〕55 号规定，合伙创投企业采取股权投资方式直接投资于初创科技型企业满 2 年的，该合伙创投企业的个人合伙人可以按照对初创科技型企业投资额的 70% 抵扣个人合伙人从合伙创投企业分得的经营所得；当年不足抵扣的，可以在以后纳税年度结转抵扣。

6. 个体工商户生产、经营所得计征个人所得税时，个体工商户业主本人缴纳的补充养老保险费、补充医疗保险费，下列税法正确的是（　）。

A. 不得税前扣除

B. 以当地（地级市）上年度社会平均工资的 3 倍为计算基数，分别在不超过该计算基数 5% 标准内的部分据实扣除；超过部分，不得扣除

C. 以当地（地级市）上年度社会平均工资的 3 倍为计算基数，分别在不超过该计算基数 5% 标准内的部分据实扣除；超过部分，准予结转以后年度扣除

D. 以当地（地级市）上年度社会平均工资的 3 倍为计算基数，合计在不超过该计算基数 5% 标准内的部分据实扣除；超过部分，不得扣除

【答案】B

【答案解析】依据国家税务总局令第 35 号规定，个体工商户业主本人缴纳的补充养老保险费、补充医疗保险费，以当地（地级市）上年度社会平均工资的 3 倍为计算基数，分别在不超过该计算基数 5% 标准内的部分据实扣除；超过部分，不得扣除。

7. 个体工商户研究开发新产品、新技术而购置单台价值在（　）万元以下的测试仪器和试验性装置的购置费准予直接扣除；

A.3　　　　B.5　　　　C.10　　　　D.20

【答案】C

【答案解析】依据国家税务总局令第 35 号规定，个体工商户研究开发新产品、新技术而购置单台价值在 10 万元以下的测试仪器和试验性装置的购置费准予直接扣除；单台价值在 10 万元以上（含 10 万元）的测试仪器和试验性装置，按固定资产管理，不得在当期直接扣除。

8. 按照个人所得税法的相关规定，对于投资者及其家庭发生的生活费用与企业生产经营费用混合在一起，并且难以划分的，下列说法正确的是（　）。

A. 全部视为投资者个人及其家庭发生的生活费用，不允许在税前扣除。

B. 全部视为生产经营有关费用，允许全部在税前扣除。

C. 其 40% 视为与生产经营有关费用，准予扣除

D. 其 60% 视为与生产经营有关费用，准予扣除

【答案】A

【答案解析】依据财税〔2000〕91 号规定，个人独资企业和合伙企业投资者及其家庭发生的生活费用不允许在税前扣除。投资者及其家庭发生的生活费用与企业生产经营费用混合在一起，并且难以划分的，全部视为投资者个人及其家庭发生的生活费用，不允许在税前扣除。

9. 按照个人所得税法的相关规定，对于个体工商户生产经营与个人、家庭生活混用难以分清的费用，下列说法正确的是（   ）。

A. 全部视为投资者个人及其家庭发生的生活费用，不允许在税前扣除。

B. 全部视为生产经营有关费用，允许全部在税前扣除。

C. 其 40% 视为与生产经营有关费用，准予扣除

D. 其 60% 视为与生产经营有关费用，准予扣除

【答案】C

【答案解析】依据国家税务总局令第 35 号规定，个体工商户生产经营活动中，应当分别核算生产经营费用和个人、家庭费用。对于生产经营与个人、家庭生活混用难以分清的费用，其 40% 视为与生产经营有关费用，准予扣除。

10. 个体工商户通过公益性社会团体或者县级以上人民政府及其部门，用于《中华人民共和国公益事业捐赠法》规定的公益事业的捐赠，捐赠额不超过其（   ）的部分可以据实扣除。

A. 会计利润总额 30%

B. 应纳税所得额 30%

C. 会计利润总额 12%

D. 应纳税所得额 12%

【答案】B

【答案解析】依据国家税务总局令第 35 号规定，个体工商户通过公益性社会团体或者县级以上人民政府及其部门，用于《中华人民共和国公益事业捐赠法》规定的公益事业的捐赠，捐赠额不超过其应纳税所得额 30% 的部分可以据实扣除。

11. 个体工商户张某 2019 年取得销售收入 1000 万元，当年实际发生业务招待费 20 万元。计算张某个体工商户经营所得个人所得税时准予扣除的业务招待费为（   ）万元。

A. 8   B. 5   C. 12   D. 20

【答案】B

【答案解析】个体工商户发生的业务招待费按照实际发生额的 60% 扣除，但最高不得超过当年销售（营业）收入的 5‰。业务招待费支出实际发生额为 20 万元，发生额的 60% 为 12 万元（20×60%），收入 5‰ 的比例为 5 万元（1000×0.5%），由于 12 万元 >5 万元，准予扣除 5 万元。

12. 个体工商户王某 2019 年取得销售收入 100 万元，当年转让股票取得转让所得 10 万元，当年实际发生的广告费和业务宣传费 20 万元。王某 2019 年准予扣除的广告费和业务宣传费为（   ）万元。

A. 15   B. 16.5   C. 20   D. 12

【答案】A

【答案解析】个体工商户发生的广告费和业务宣传费不超过当年销售（营业）收入15%的部分，可以据实扣除；超过部分，准予在以后纳税年度结转扣除。转让股票取得转让所得不属于销售收入，不构成计算广告费和业务宣传费扣除限额的计算基数。100×15%=15万元，由于实际发生额20万元＞15万元，准予扣除15万元。

二、多选选择题

1.个人取得下列所得中，按年征收个人所得税的有（   ）。

A.居民个人的综合所得

B.非居民个人的工资、薪金所得

C.经营所得

D.财产租赁所得

【答案】AC.

【答案解析】按照个人所得税法第十一条的规定，居民个人取得综合所得，按年计算个人所得税；纳税人取得经营所得，按年计算个人所得税；非居民个人取得工资、薪金所得，由扣缴义务人按月或者按次代扣代缴税款；财产租赁所得，按月或者按次计算个人所得税。

2.下列各项中应按"个体工商户的生产、经营所得"项目征收个人所得税的有（   ）。

A.法人企业的个人投资者以企业资金为本人购置的汽车

B.合伙企业的个人投资者以企业资金为本人购置的汽车

C.合伙企业对外投资分回的利息、股息、红利

D.个人因从事彩票代销业务取得的所得

【答案】BD

【答案解析】按照财税〔2003〕158号的规定，合伙企业的个人投资者以企业资金为本人购置汽车，依照"个体工商户的生产经营所得"项目计税；除个人独资企业、合伙企业以外的其他企业的个人投资者以企业资金为本人购置汽车，依照"利息、股息、红利所得"项目计税。按照国税函〔2001〕84号文件规定，个人独资企业和合伙企业对外投资分回的利息或者股息、红利，不并入企业的收入，按"利息、股息、红利所得"应税项目计税。按照国税函〔2002〕629号文件规定，个人因从事彩票代销业务而取得所得，应按照"个体工商户的生产、经营所得"项目计税。

3.根据个人所得税的相关规定，在计算个体工商户生产、经营所得的应纳税所得额时，准予据实扣除的支出有（   ）。

A.实际支付给从业人员的、合理的工资薪金支出

B.业务招待费支出

C.广告费和业务宣传费支出

D.向金融企业借款的利息支出

【答案】AD

【答案解析】依据国家税务总局令第35号规定，选项AD符合题意。选项B不符合题意，业务招待费按照实际发生额的60%扣除，但最高不得超过当年销售（营业）收入的5‰；选项C不符合题意，广告费和业务宣传费不超过当年销售（营业）收入15%的部分，可以据实扣除；超过

部分，准予在以后纳税年度结转扣除。

4.下列关于个体工商户生产、经营所得计征个人所得税的说法，正确的有（　　）。

A.个体工商户业主的工资薪金支出不得税前扣除

B.从业人员的、合理的工资薪金支出，准予扣除

C.个体工商户为从业人员缴纳的补充养老保险费、补充医疗保险费，分别在不超过从业人员工资总额5%标准内的部分据实扣除；超过部分，不得扣除

D.个体工商户业主本人缴纳的补充养老保险费、补充医疗保险费，不得扣除

【答案】ABC

【答案解析】依据国家税务总局令第35号规定，选项ABC符合题意。选项D不符合题意，个体工商户业主本人缴纳的补充养老保险费、补充医疗保险费，以当地（地级市）上年度社会平均工资的3倍为计算基数，分别在不超过该计算基数5%标准内的部分据实扣除；超过部分，不得扣除。

5.在计算个人独资企业和合伙企业生产、经营所得个人所得税时，不得税前扣除的有（　　）。

A.投资者及其家庭发生的生活费用

B.投资者的工资

C.企业生产经营和投资者及其家庭生活共用的固定资产的折旧费

D.向非金融企业和个人借款的利息支出，

【答案】AB

【答案解析】选项C、D不符合题意。选项C，企业生产经营和投资者及其家庭生活共用的固定资产，难以划分的，由主管税务机关根据企业的生产经营类型、规模等具体情况，核定准予在税前扣除的折旧费用的数额或比例。选择D，向非金融企业和个人借款的利息支出，不超过按照金融企业同期同类贷款利率计算的数额的部分，准予扣除。

6.在计算个体工商户生产、经营所得计征个人所得税时，下列支出不得税前扣除的有（　　）

A.购买固定资产的支出

B.非广告性赞助支出

C.向行政部门支付的罚款、罚金

D.个体工商户代其从业人员或者他人负担的税款

【答案】BCD

【答案解析】选项A不符合题意，购买固定资产的支出属于资本性支出，资本性支出应当分期扣除或者计入有关资产成本，不得在发生当期直接扣除。

7.在计算个体工商户生产、经营所得计征个人所得税时，下列支出不得税前扣除的有（　　）

A.非公益救济项性捐赠支出

B.为雇员负担的个人所得税

C.业主个人消费性支出

D.当年实际发生的超过税前扣除标准的广告费和业务宣传费

【答案】ABC

【答案解析】选项D不符合题意，个体工商户每一纳税年度发生的与其生产经营活动直接相

关的广告费和业务宣传费不超过当年销售（营业）收入 15% 的部分，可以据实扣除；超过部分，准予在以后纳税年度结转扣除。

8. 对合伙创投企业个人合伙人来源于创投企业的所得计算个人所得税时采用的计算方法表述正确的有（　　）。

A. 创投企业只能选择按单一投资基金核算

B. 创投企业只能选择按年度所得整体核算

C. 创投企业可以选择按单一投资基金核算或者按创投企业年度所得整体核算两种方式之一

D. 创投企业选择按单一投资基金核算或按创投企业年度所得整体核算后，3 年内不能变更

【答案】CD

【答案解析】依据《财政部 税务总局 发展改革委 证监会关于创业投资企业个人合伙人所得税政策问题的通知》（财税〔2019〕8 号）文件规定，创投企业可以选择按单一投资基金核算或者按创投企业年度所得整体核算两种方式之一，对其个人合伙人来源于创投企业的所得计算个人所得税应纳税额。创投企业选择按单一投资基金核算或按创投企业年度所得整体核算后，3 年内不能变更。

9. 个人取得的承包承租所得，按经营所得项目缴纳个人所得税的有（　　）。

A. 承包、承租人对企业经营成果不拥有所有权，仅是按合同规定取得一定所得

B. 承包、承租人按合同（协议）的规定只向发包、出租方交纳一定费用后，企业经营成果归其所有的，承包、承租人取得的所得

C. 商业企业在职职工对企业下属部门实行自筹资金、自主经营、独立核算、自负盈亏的承包、承租经营方式取得的所得

D. 对于由集体、合伙或个人出资的乡村卫生室，由医生承包经营，经营成果归医生个人所有，承包人取得的所得

【答案】BCD

【答案解析】依据国税发〔1994〕179 号的规定，承包、承租人对企业经营成果不拥有所有权，仅是按合同（协议）规定取得一定所得的，其所得按工资、薪金所得项目征税；承包、承租人按合同（协议）的规定只向发包、出租方交纳一定费用后，企业经营成果归其所有的，承包、承租人取得的所得，按对企事业单位的承包经营、承租经营所得项目征税。依据国税函〔2000〕395 号规定，商业企业在职职工对企业下属部门实行自筹资金、自主经营、独立核算、自负盈亏的承包、承租经营方式，虽不是对整个企业的承包、承租经营，对在职职工从事承包、承租经营取得的所得，应比照 "对企事业单位的承包经营、承租经营所得" 项目征收个人所得税。依据国税发〔1997〕178 号规定，对于由集体、合伙或个人出资的乡村卫生室（站），由医生承包经营，经营成果归医生个人所有，承包人取得的所得，比照 "对企事业单位的承包经营、承租经营所得" 应税项目缴纳个人所得税。

10. 以下关于出租车驾驶员计征个人所得税的说法正确的有（　　）。

A. 出租汽车经营单位对出租车驾驶员采取单车承包或承租方式运营，出租车驾驶员从事客货运营取得的收入，按承包、承租经营所得项目征税。

B. 从事个体出租车运营的出租车驾驶员取得的收入，按个体工商户的生产、经营所得项目征税。

C. 出租汽车经营单位将出租车所有权转移给驾驶员的，出租车驾驶员从事客货运营取得的收入，比照个体工商户的生产、经营所得项目征税。

D. 出租车属个人所有，但挂靠出租汽车经营单位或企事业单位，驾驶员向挂靠单位缴纳管理费的，出租车驾驶员从事客货运营取得的收入，按工资、薪金所得项目征税。

【答案】BC

【答案解析】依据国税发〔1995〕50号规定，选项AD不对。选项A，出租汽车经营单位对出租车驾驶员采取单车承包或承租方式运营，出租车驾驶员从事客货运营取得的收入，按工资、薪金所得项目征税。选项D，出租车属个人所有，但挂靠出租汽车经营单位或企事业单位，驾驶员向挂靠单位缴纳管理费的，或出租汽车经营单位将出租车所有权转移给驾驶员的，出租车驾驶员从事客货运营取得的收入，比照个体工商户的生产、经营所得项目征税。

三、判断题

1. 取得经营所得的个人，没有综合所得的，计算其每一纳税年度的应纳税所得额时，应当减除费用6万元、专项扣除、专项附加扣除以及依法确定的其他扣除。专项附加扣除在办理汇算清缴时减除。（　）

【答案】对

【答案解析】符合个人所得税法实施条例第十五条的规定。

2. 个人独资企业和合伙企业对外投资分回的利息或者股息、红利，应并入企业的收入，按"经营所得"应税项目计算缴纳个人所得税。（　）

【答案】错

【答案解析】按照国税函〔2001〕84号文件的规定，个人独资企业和合伙企业对外投资分回的利息或者股息、红利，不并入企业的收入，而应单独作为投资者个人取得的利息、股息、红利所得，按"利息、股息、红利所得"应税项目计算缴纳个人所得税。

3. 在确定个人独资企业和合伙企业的生产经营所得时，其投资者及其家庭发生的生活费用不允许在税前扣除。投资者及其家庭发生的生活费用与企业生产经营费用混合在一起，并且难以划分的，其40%视为与生产经营有关费用，准予扣除。

【答案】错

【答案解析】按照财税〔2000〕91号文件的规定，在确定个人独资企业和合伙企业的生产经营所得时，其投资者及其家庭发生的生活费用不允许在税前扣除。投资者及其家庭发生的生活费用与企业生产经营费用混合在一起，并且难以划分的，全部视为投资者个人及其家庭发生的生活费用，不允许在税前扣除。

4. 实行查账征税方式的个人独资企业和合伙企业改为核定征税方式后，在查账征税方式下认定的年度经营亏损未弥补完的部分，不得再继续弥补。

【答案】对

【答案解析】符合国税函〔2001〕84号文件的规定。

5. 个人独资企业、合伙企业的个人投资者以企业资金为本人、家庭成员及其相关人员支付与企业生产经营无关的消费性支出及购买汽车、住房等财产性支出，视为企业对个人投资者的利润分配，依照"利息、股息、红利所得"项目计征个人所得税。

【答案】错

【答案解析】按照财税〔2003〕158 号文件的规定，个人独资企业、合伙企业的个人投资者以企业资金为本人、家庭成员及其相关人员支付与企业生产经营无关的消费性支出及购买汽车、住房等财产性支出，视为企业对个人投资者的利润分配，并入投资者个人的生产经营所得，依照"个体工商户的生产经营所得"项目计征个人所得税。

6. 个人独资企业和合伙企业投资者兴办两个或两个以上企业的，年度终了时，应汇总从所有企业取得的应纳税所得额，据此确定适用税率并计算缴纳应纳税款。如果企业发生年度经营亏损，准予跨企业弥补。

【答案】错

【答案解析】按照财税〔2000〕91 号文件第十四条规定，投资者兴办两个或两个以上企业的，企业的年度经营亏损不能跨企业弥补。

7. 创投企业可以选择按单一投资基金核算或者按创投企业年度所得整体核算两种方式之一，对其个人合伙人来源于创投企业的所得计算个人所得税应纳税额，选择后 5 年内不能变更。

【答案】错

【答案解析】依据《关于创业投资企业个人合伙人所得税政策问题的通知》（财税〔2019〕8 号）文件规定，创投企业选择按单一投资基金核算或按创投企业年度所得整体核算后，3 年内不能变更。

8. 创投企业选择按单一投资基金核算的，其个人合伙人从该基金应分得的股权转让所得和股息红利所得，按照 20% 税率计算缴纳个人所得税。

【答案】对

【答案解析】符合财税〔2019〕8 号文件规定。

9. 出租汽车经营单位将出租车所有权转移给驾驶员的，出租车驾驶员从事客货运营取得的收入，按工资、薪金所得项目征税。

【答案】错

【答案解析】依据国税发〔1995〕50 号规定，出租汽车经营单位将出租车所有权转移给驾驶员的，出租车驾驶员从事客货运营取得的收入，比照个体工商户的生产、经营所得项目征税。

10. 个体工商户研究开发新产品、新技术、新工艺所发生的开发费用，准予直接扣除；研究开发新产品、新技术而购置单台价值在 10 万元以下的测试仪器和试验性装置的购置费，属于资本性支出在发生当期不得直接扣除。

【答案】错

【答案解析】依据《个体工商户个人所得税计税办法》（国家税务总局令第 35 号）规定，个体工商户研究开发新产品、新技术、新工艺所发生的开发费用，以及研究开发新产品、新技术而购置单台价值在 10 万元以下的测试仪器和试验性装置的购置费准予直接扣除。

四、业务计算题

（一）某个体工商户，2019 年全年销售收入 1000 万元；销售成本和期间费用 760 万元，其中业务招待费 10 万元、广告费和业务宣传费 30 万元、业主工资 8 万元；业主本人当年扣减费用 9 万元（包括减除费用 6 万元、专项扣除、专项附加扣除以及依法确定的其他扣除），增值税以外各种税金附加费 150 万元，当年累计已预缴个人所得税 24.95 万元，假定没有其他涉税调整事项。

计算该个体工商户业主 2019 年度汇缴应补（退）的个人所得税额。

【答案解析】

1. 当年会计利润总额 =1000–760–150=90（万元）

2. 当年应纳税所得额 =90+5+8–9=94（万元）

（1）业务招待费支出，实际发生额为 10 万元，发生额的 60% 为 6 万元（10×60%），收入 5‰ 的比例为 5 万元（1000×0.5%），由于 6 万元 >5 万元，准予扣除 5 万元，应调增金额 =10–5=5 万元；

（2）广告费、业务宣传费支出，扣除限额为 150 万元（1000×15%），实际发生额为 30 万元，没有超过扣除限额，准予据实扣除，无需调增；

（3）业主工资 8 万元不得扣除，应调增金额 8 万元；

（4）业主本人当年扣减费用 9 万元。

3. 当年应纳税额 =94×35%–6.55=26.35（万元）

汇缴应补税额 =26.35–24.95=1.4（万元）

（二）A 合伙企业由张某、王某两个自然人投资新办，采用核定征收方式征收个人所得税，张某和王某分配比例分别为 40%，60%。2019 年 1 月至 3 月 A 收入总额 40 万元，1 月至 2 月累计已预缴生产经营所得个人所得税分别为甲 240 元，乙 360 元。核定 A 的应税所得率为 10%。计算张某和王某 3 月份应纳个人所得税额。

【答案解析】

1. 计算张某 3 月份应纳个人所得税额

张某 1—3 月累计应纳税所得额 =400 000×40%×10%=16 000（元）

张某 1—3 月累计应纳税额 =16 000×5%–0=800（元）

张某 3 月份应纳税额 =800–240=460（元）

2. 计算王某 3 月份应纳个人所得税额

王某 1—3 月累计应纳税所得额 =400 000×60%×10%=24 000（元）

王某 1—3 月累计应纳税额 =24 000×5%–0=1 200（元）

王某 3 月份应纳税额 =1 200–360=840（元）

第五章
财产租赁和财产转让所得

第一节 财产租赁所得

一、纳税人的确定

财产租赁所得，是指个人出租不动产、机器设备、车船以及其他财产取得的所得。

确认财产租赁所得的纳税义务人，应以产权凭证为依据。无产权凭证的，由主管税务机关根据实际情况确定纳税义务人。

产权所有人死亡，在未办理产权继承手续期间，该财产出租而有租金收入的，以领取租金的个人为纳税义务人。（国税发〔1994〕089号）

扣缴义务人支付财产租赁所得时，应当依法按次或者按月代扣代缴税款。

二、应纳税所得额的确定

财产租赁所得，以一个月内取得的收入为一次。

财产租赁所得，每次收入不超过四千元的，减除费用八百元；四千元以上的，减除百分之二十的费用，其余额为应纳税所得额。

（一）依法减除规定费用和有关税费

国家税务总局关于印发《征收个人所得税若干问题的规定》的通知（国税发〔1994〕089号）规定，纳税义务人出租财产取得财产租赁收入，在计算征税时，可依法减除规定费用和有关税费，具体包括：

1.出租财产过程中缴纳的税金和国家能源交通重点建设基金，国家预算调节基金，教育费附加，可持完税（缴款）凭证，从其财产租赁收入中扣除。

2.准予扣除能够提供有效，准确凭证，证明由纳税义务人负担的该出租财产实际开支的修缮费用。允许扣除的修缮费用，以每次800元为限，一次扣除不完的，准予在下一次继续扣除，直至扣完为止。

（二）扣除税费的扣除次序

国家税务总局关于个人转租房屋取得收入征收个人所得税问题的通知（国税函〔2009〕639号）规定，有关财产租赁所得个人所得税前扣除税费的扣除次序为：

1.产租赁过程中缴纳的税费；

2.出租方支付的租金；

3.纳税人负担的租赁财产实际开支的修缮费用；

4.税法规定的费用扣除标准。

三、应纳税额的计算

财产租赁所得,适用比例税率,税率为百分之二十。

每次收入不超过 4000 元的:应纳税额 =(收入 – 税费 – 800)× 20%

每次收入超过 4000 元的:应纳税额 =(收入 – 税费)×(1 – 20%)× 20%

注意:财税〔2000〕125 号规定,个人出租房屋取得的所得暂减按 10% 的税率征收个人所得税。

【例 5-1】张三自 2018 年 1 月 1 日起将自有的商铺出租,月租金 3500 元(不含增值税),2018 年 6 月发生房屋修缮费 700 元,请计算 2018 年张三应缴纳多少的个人所得税。(不考虑房屋出租过程中缴纳的税金及附加)

【解析】全年租金收入应纳个人所得税 =(3500 – 700 – 800)× 20%+(3500–800)× 20% × 11=400+5940=6340(元)

【例 5-2】李四 2018 年 7 月 10 将自有住房出租,月租金收入 1500 元,请计算张三 2018 年度应缴纳的个人所得税。

【解析】应缴纳个人所得税 =(1500–800)× 10% × 6=420(元)

四、特殊事项的处理

(一)转租所得

个人将承租房屋转租取得的租金收入,属于个人所得税应税所得,应按"财产租赁所得"项目计算缴纳个人所得税。

取得转租收入的个人向房屋出租方支付的租金,凭房屋租赁合同和合法支付凭据允许在计算个人所得税时,从该项转租收入中扣除。(国税函〔2009〕639 号)

(二)个人投资设备所得

个人和医院签订协议规定,由个人出资购买医疗仪器或设备交医院使用,取得的收入扣除有关费用后,剩余部分双方按一定比例分成;医疗仪器或设备使用达到一定年限后,产权归医院所有,但收入继续分成。个人的上述行为,实际上是一种具有投资特征的融资租赁行为。

根据《中华人民共和国个人所得税法》的有关法规精神和以上事实,对上述个人取得的分成所得,应按照'财产租赁所得'项目征收个人所得税,具体计征办法为:自合同生效之日起至财产产权发生转移之日止,个人取得的分成所得可在上述年限内按月平均扣除设备投资后,就其余额按税法法规计征个人所得税;产权转移后,个人取得的全部分成收入应按税法法规计征个人所得税。税款由医院在向个人支付所得时代扣代缴。(国税函〔2000〕540 号)

(三)酒店产权式经营业主所得

酒店产权式经营业主(以下简称业主)在约定的时间内提供房产使用权与酒店进行合作经营,如房产产权并未归属新的经济实体,业主按照约定取得的固定收入和分红收入均应视为租金收入,按照财产租赁所得项目征收个人所得税。(国税函〔2006〕478 号)

(四)售后回租购买者所得

房地产开发企业与商店购买者个人签订协议规定,房地产开发企业按优惠价格出售其开发的商店给购买者个人，但购买者个人在一定期限内必须将购买的商店无偿提供给房地产开发企业对外出租使用。其实质是购买者个人以所购商店交由房地产开发企业出租而取得的房屋租赁收入支付了部分购房价款。

根据个人所得税法的有关规定精神，对上述情形的购买者个人少支出的购房价款，应视同个人财产租赁所得，按照"财产租赁所得"项目征收个人所得税。每次财产租赁所得的收入额，按照少支出的购房价款和协议规定的租赁月份数平均计算确定。（国税函〔2008〕576号）

第二节 财产转让所得

一、应纳税所得额的确定

（一）收入的确定

财产转让收入，是指个人转让有价证券、股权、合伙企业中的财产份额、不动产、机器设备、车船以及其他财产取得的收入额。

（二）财产原值和合理费用的确定

财产原值，按照下列方法确定：

1. 有价证券，为买入价以及买入时按照规定交纳的有关费用；

2. 建筑物，为建造费或者购进价格以及其他有关费用；

3. 土地使用权，为取得土地使用权所支付的金额、开发土地的费用以及其他有关费用；

4. 机器设备、车船，为购进价格、运输费、安装费以及其他有关费用。

5. 其他财产，参照前款规定的方法确定财产原值。

纳税人未提供完整、准确的财产原值凭证，不能按照上述规定的方法确定财产原值的，由主管税务机关核定财产原值。

合理费用，是指卖出财产时按照规定支付的有关税费。

二、应纳税额的计算

财产转让所得，按照一次转让财产的收入额减除财产原值和合理费用后的余额计算纳税。

应纳税额 =（转让财产收入额—财产原值—合理费用）X20%

【例5-3】张三2017年4月自某房地产开发公司购买普通住房一套，支付房款60万元，缴纳契税1.8万元，支付住房维修基金8000元，已支付银行住房贷款利息5万元。2019年2月张三将该房屋出售，合同约定总价款90万元，计算张三转让房屋应缴纳的个人所得税。

【解析】（1）不含税收入 =900000/（1+5%）=857142（元）

（2）转让过程中的税费

个人将购买不足2年的住房对外销售的，按照5%的征收率全额缴纳增值税。应纳增值税：900000/（1+5%）X5%=42857（元）

税金及附加13%（城建税7%，教育附加3%，地方教育附加2%，水利基金1%）：

42857X13%=5571（元）

印花税：900000X0.0005=450（元）

对居民个人拥有的普通住宅，在其转让时暂免征收土地增值税。

（3）应纳税所得额 =857142-600000-18000-8000-50000-5571-450=175121

应纳个人所得税 =175121X20%=35024（元）

三、特殊事项的处理

（一）转让限售股所得

1.限售股的构成

限售股主要包括：

（1）上市公司股权分置改革完成后股票复牌日之前股东所持原非流通股股份，以及股票复牌日至解禁日期间由上述股份产生的送、转股（统称股改限售股）；

（2）2006 年股权分置改革新老划断后，首次公开发行股票并上市的公司形成的限售股，以及上市首日至解禁日期间由上述股份产生的送、转股（统称新股限售股）；

（3）财政部、税务总局、法制办和证监会共同确定的其他限售股。（财税〔2009〕167 号）

2.转让限售股所得的计算

自 2010 年 1 月 1 日起，对个人转让限售股取得的所得，按照"财产转让所得"，适用 20% 的比例税率征收个人所得税。

个人转让限售股，以每次限售股转让收入，减除股票原值和合理税费后的余额，为应纳税所得额。即：

应纳税所得额 = 限售股转让收入 –（限售股原值 + 合理税费）

应纳税额 = 应纳税所得额 × 20%

限售股转让收入，是指转让限售股股票实际取得的收入。限售股原值，是指限售股买入时的买入价及按照规定缴纳的有关费用。合理税费，是指转让限售股过程中发生的印花税、佣金、过户费等与交易相关的税费。

如果纳税人未能提供完整、真实的限售股原值凭证的，不能准确计算限售股原值的，主管税务机关一律按限售股转让收入的 15% 核定限售股原值及合理税费。

纳税人同时持有限售股及该股流通股的，其股票转让所得，按照限售股优先原则，即：转让股票视同为先转让限售股，按规定计算缴纳个人所得税。（财税〔2009〕167 号）

（二）非货币性资产投资所得

非货币性资产，是指现金、银行存款等货币性资产以外的资产，包括股权、不动产、技术发明成果以及其他形式的非货币性资产。

非货币性资产投资，包括以非货币性资产出资设立新的企业，以及以非货币性资产出资参与企业增资扩股、定向增发股票、股权置换、重组改制等投资行为。

个人以非货币性资产投资，属于个人转让非货币性资产和投资同时发生。对个人转让非货币性资产的所得，应按照"财产转让所得"项目，依法计算缴纳个人所得税。

个人通过转移非货币性资产权属，投资换得被投资企业的股权（或股票，以下统称股权），实现了对非货币性资产的转让性处置。根据《中华人民共和国公司法》规定，以非货币性资产投资应对资产评估作价，对资产评估价值高出个人初始取得该资产时实际发生的支出（即资产原值）的部分，个人虽然没有现金流入，但取得了另一家企业的股权，符合《中华人民共和国个人所得税法》关于"个人所得的形式包括现金、实物、有价证券和其他形式的经济利益"的规定，应按"财产转让所得"项目缴纳个人所得税。反之，如果评估后的公允价值没有超过原值，个人则没有所得，也就不需要缴纳个人所得税。

应纳税所得额＝非货币性资产转让收入－资产原值－转让时按规定支付的合理税费

应纳税额＝应纳税所得额×20%

非货币性资产投资，实质为个人"转让非货币性资产"和"对外投资"两笔经济业务同时发生。个人通过转移非货币性资产权属，投资换得被投资企业的股权（或股票，以下统称股权），实现了对非货币性资产的转让性处置。根据《中华人民共和国公司法》规定，以非货币性资产投资应对资产评估作价，对资产评估价值高出个人初始取得该资产时实际发生的支出（即资产原值）的部分，个人虽然没有现金流入，但取得了另一家企业的股权，符合《中华人民共和国个人所得税法》关于"个人所得的形式包括现金、实物、有价证券和其他形式的经济利益"的规定，应按"财产转让所得"项目缴纳个人所得税。反之，如果评估后的公允价值没有超过原值，个人则没有所得，也就不需要缴纳个人所得税。

1. 收入的确认

个人以非货币性资产投资，应按评估后的公允价值确认非货币性资产转让收入。非货币性资产转让收入减除该资产原值及合理税费后的余额为应纳税所得额。

个人以非货币性资产投资，应于非货币性资产转让、取得被投资企业股权时，确认非货币性资产转让收入的实现。

个人以非货币性资产投资交易过程中取得现金补价的，现金部分应优先用于缴税；现金不足以缴纳的部分，可分期缴纳。

2. 资产原值及合理税费的确认

（1）非货币性资产原值为纳税人取得该项资产时实际发生的支出。

纳税人无法提供完整、准确的非货币性资产原值凭证，不能正确计算非货币性资产原值的，主管税务机关可依法核定其非货币性资产原值。

（2）合理税费是指纳税人在非货币性资产投资过程中发生的与资产转移相关的税金及合理费用。允许扣除的税费必须与非货币性资产投资相关，且具有合理性。

此外，对以股权投资的情形，股权原值的确认等问题按照股权转让个人所得税的有关规定处理。

3. 申报缴纳

非货币性资产投资个人所得税以发生非货币性资产投资行为并取得被投资企业股权的个人为纳税人。由纳税人向主管税务机关自行申报缴纳。

纳税人以不动产投资的，以不动产所在地税务机关为主管税务机关；纳税人以其持有的企业股权对外投资的，以该企业所在地税务机关为主管税务机关；纳税人以其他非货币资产投资的，以被投资企业所在地税务机关为主管税务机关。

纳税人非货币性资产投资需要分期缴纳个人所得税的，应于取得被投资企业股权之日的次月15日内，自行制定缴税计划并向主管税务机关报送《非货币性资产投资分期缴纳个人所得税备案表》、纳税人身份证明、投资协议、非货币性资产评估价格证明材料、能够证明非货币性资产原值及合理税费的相关资料。

【例5-4】2018年刘先生以1000万元购得一块土地。后其以此土地经评估作价2000万元入股B公司。过户时发生评估费、中介费等相关税费100万元。计算刘先生以土地入股B公司时，应缴纳的个人所得税。

【解析】应纳个人所得税税＝（2000-1000-100）×20%=180万元

【例5-5】王先生、李先生最初各出资300万元成立A公司。为促进企业发展壮大，王、李两位与B公司达成重组协议，B公司以发行股份并支付现金补价方式购买王先生、李先生持有的B公司股权。其中，分别向两位发行价值3000万元的股份、支付300万元的现金，在此过程中两人各自发生评估费、中介费等相关税费100万元。计算王先生、李先生应分别缴纳的个人所得税。

【解析】应分别缴纳的个人所得税＝（3000＋300-300-100）×20%=580万元

注意：王先生、李先生因非货币性资产投资，分别应缴纳个人所得税580万元。两人在此次交易过程中各自取得的300万元现金补价，应优先用于缴税。剩余的280万元，可分期缴纳。

假设王先生在办理280万元分期缴税手续后的第3年，仍有200万元税款尚未缴纳。此时他转让了部分以非货币性资产投资换取的股权，如果取得的税后转让收入超过200万元，那么他应一次结清税款；如果取得的税后转让收入不超过200万元，假设为160万元，那么，剩余的40万元可以继续分期缴纳。

（三）股权激励和技术入股有关优惠政策

财政部、国家税务总局关于完善股权激励和技术入股有关所得税政策的通知（财税〔2016〕101号）规定：

1. 对符合条件的非上市公司股票期权、股权期权、限制性股票和股权奖励实行递延纳税政策

非上市公司授予本公司员工的股票期权、股权期权、限制性股票和股权奖励，符合规定条件的，经向主管税务机关备案，可实行递延纳税政策，即员工在取得股权激励时可暂不纳税，递延至转让该股权时纳税；股权转让时，按照股权转让收入减除股权取得成本以及合理税费后的差额，适用"财产转让所得"项目，按照20%的税率计算缴纳个人所得税。

股权转让时，股票（权）期权取得成本按行权价确定，限制性股票取得成本按实际出资额确定，股权奖励取得成本为零。

2. 对技术成果投资入股实施选择性税收优惠政策

技术成果是指专利技术（含国防专利）、计算机软件著作权、集成电路布图设计专有权、植物新品种权、生物医药新品种，以及科技部、财政部、国家税务总局确定的其他技术成果。

技术成果投资入股，是指纳税人将技术成果所有权让渡给被投资企业、取得该企业股票（权）的行为。

企业或个人以技术成果投资入股到境内居民企业，被投资企业支付的对价全部为股票（权）的，企业或个人可选择继续按现行有关税收政策执行，也可选择适用递延纳税优惠政策。

选择技术成果投资入股递延纳税政策的，经向主管税务机关备案，投资入股当期可暂不纳税，允许递延至转让股权时，按股权转让收入减去技术成果原值和合理税费后的差额计算缴纳所得税。

（四）个人房产转让所得

个人出售自有住房取得的所得应按照"财产转让所得"项目征收个人所得税。根据财税字〔1999〕278号、国税发〔2006〕108号）及国税发〔2007〕33号的相关规定，具体内容包括：

1.对个人转让自用5年以上、并且是家庭唯一生活用房取得的所得,继续免征个人所得税。

(1)"自用5年以上",是指个人购房至转让房屋的时间达5年以上。

(2)个人购房日期的确定。个人按照国家房改政策购买的公有住房,以其购房合同的生效时间、房款收据开具日期或房屋产权证上注明的时间,依照孰先原则确定;个人购买的其他住房,以其房屋产权证注明日期或契税完税凭证注明日期,按照孰先原则确定。

(3)个人转让房屋的日期,以销售发票上注明的时间为准。

(4)"家庭唯一生活用房"是指在同一省、自治区、直辖市范围内纳税人(有配偶的为夫妻双方)仅拥有一套住房。

2.对住房转让所得征收个人所得税时,以实际成交价格为转让收入。纳税人申报的住房成交价格明显低于市场价格且无正当理由的,征收机关依法有权根据有关信息核定其转让收入,但必须保证各税种计税价格一致。

纳税人申报的房屋销售价格高于各地区确定的最低计税价格的,应按纳税人申报的销售价格计算征税;纳税人申报的房屋销售价格低于各地区确定的最低计税价格的,应按最低计税价格计算征税。

3.对转让住房收入计算个人所得税应纳税所得额时,纳税人可凭原购房合同、发票等有效凭证,经税务机关审核后,允许从其转让收入中减除房屋原值、转让住房过程中缴纳的税金及有关合理费用。

(1)房屋原值具体为:

①商品房:购置该房屋时实际支付的房价款及交纳的相关税费。

②自建住房:实际发生的建造费用及建造和取得产权时实际交纳的相关税费。

③经济适用房(含集资合作建房、安居工程住房):原购房人实际支付的房价款及相关税费,以及按规定交纳的土地出让金。

④已购公有住房:原购公有住房标准面积按当地经济适用房价格计算的房价款,加上原购公有住房超标准面积实际支付的房价款以及按规定向财政部门(或原产权单位)交纳的所得收益及相关税费。

已购公有住房是指城镇职工根据国家和县级(含县级)以上人民政府有关城镇住房制度改革政策规定,按照成本价(或标准价)购买的公有住房。

经济适用房价格按县级(含县级)以上地方人民政府规定的标准确定。

⑤城镇拆迁安置住房:根据《城市房屋拆迁管理条例》(国务院令第305号)和《建设部关于印发<城市房屋拆迁估价指导意见>的通知》(建住房〔2003〕234号)等有关规定,其原值分别为:

房屋拆迁取得货币补偿后购置房屋的,为购置该房屋实际支付的房价款及交纳的相关税费;

房屋拆迁采取产权调换方式的,所调换房屋原值为《房屋拆迁补偿安置协议》注明的价款及交纳的相关税费;

房屋拆迁采取产权调换方式,被拆迁人除取得所调换房屋,又取得部分货币补偿的,所调换房屋原值为《房屋拆迁补偿安置协议》注明的价款和交纳的相关税费,减去货币补偿后的余额;

房屋拆迁采取产权调换方式,被拆迁人取得所调换房屋,又支付部分货币的,所调换房屋原值为《房屋拆迁补偿安置协议》注明的价款，加上所支付的货币及交纳的相关税费。

（2）转让住房过程中缴纳的税金是指：纳税人在转让住房时实际缴纳的营业税、城市维护建设税、教育费附加、土地增值税、印花税等税金。

（3）合理费用是指：纳税人按照规定实际支付的住房装修费用、住房贷款利息、手续费、公证费等费用。

①支付的住房装修费用。纳税人能提供实际支付装修费用的税务统一发票，并且发票上所列付款人姓名与转让房屋产权人一致的，经税务机关审核，其转让的住房在转让前实际发生的装修费用，可在以下规定比例内扣除：

已购公有住房、经济适用房：最高扣除限额为房屋原值的15%；商品房及其他住房：最高扣除限额为房屋原值的10%。

纳税人原购房为装修房，即合同注明房价款中含有装修费（铺装了地板，装配了洁具、厨具等）的，不得再重复扣除装修费用。

②支付的住房贷款利息。纳税人出售以按揭贷款方式购置的住房的，其向贷款银行实际支付的住房贷款利息，凭贷款银行出具的有效证明据实扣除。

③纳税人按照有关规定实际支付的手续费、公证费等，凭有关部门出具的有效证明据实扣除。

4. 纳税人未提供完整、准确的房屋原值凭证，不能正确计算房屋原值和应纳税额的，税务机关可根据《中华人民共和国税收征收管理法》第三十五条的规定，对其实行核定征税，即按纳税人住房转让收入的一定比例核定应纳个人所得税额。具体比例由省级税务局或者省级税务局授权的地市级税务局根据纳税人出售住房的所处区域、地理位置、建造时间、房屋类型、住房平均价格水平等因素，在住房转让收入1% – 3%的幅度内确定。

上述所称"未提供完整、准确的房屋原值凭证"，是指纳税人不能提供房屋购买合同、发票或建造成本、费用支出的有效凭证，或契税征管档案中没有上次交易价格或建造成本、费用支出金额等记录。凡纳税人能提供房屋购买合同、发票或建造成本、费用支出的有效凭证，或契税征管档案中有上次交易价格或建造成本、费用支出金额等记录的，均应按照核实征收方式计征个人所得税。

（六）个人其他财产转让所得

1. 买卖虚拟货币所得

个人通过网络收购玩家的虚拟货币，加价后向他人出售取得的收入，属于个人所得税应税所得，应按照"财产转让所得"项目计算缴纳个人所得税。个人销售虚拟货币的财产原值为其收购网络虚拟货币所支付的价款和相关税费。对于个人不能提供有关财产原值凭证的，由主管税务机关核定其财产原值。（国税函〔2008〕818号）

2. 拍卖财产所得

为了加强和规范个人取得拍卖收入征收个人所得税有关问题，国税发〔2007〕38号规定：

（1）个人通过拍卖市场拍卖个人财产，对其取得所得按以下规定征税：

①根据《国家税务总局关于印发＜征收个人所得税若干问题的规定）的通知》（国税发〔1994〕089号），作者将自己的文字作品手稿原件或复印件拍卖取得的所得，应以其转让收入额减除800元（转让收入额4000元以下）或者20%（转让收入额4000元以上）后的余额为应纳税所得额，

按照"特许权使用费"所得项目适用20%税率缴纳个人所得税。

②个人拍卖除文字作品原稿及复印件外的其他财产，应以其转让收入额减除财产原值和合理费用后的余额为应纳税所得额，按照"财产转让所得"项目适用20%税率缴纳个人所得税。

（2）对个人财产拍卖所得征收个人所得税时，以该项财产最终拍卖成交价格为其转让收入额。

（3）个人财产拍卖所得适用"财产转让所得"项目计算应纳税所得额时，纳税人凭合法有效凭证（税务机关监制的正式发票、相关境外交易单据或海关报关单据、完税证明等），从其转让收入额中减除相应的财产原值、拍卖财产过程中缴纳的税金及有关合理费用。

①财产原值，是指售出方个人取得该拍卖品的价格（以合法有效凭证为准）。具体为：

取得方式	财产原值
通过商店、画廊等途径购买的	购买该拍卖品时实际支付的价款
通过拍卖行拍得的	拍得该拍卖品实际支付的价款及交纳的相关税费
通过祖传收藏的	收藏该拍卖品而发生的费用
通过赠送取得的	受赠该拍卖品时发生的相关税费
通过其他形式取得的	参照以上原则确定财产原值

②拍卖财产过程中缴纳的税金，是指在拍卖财产时纳税人实际缴纳的相关税金及附加。

③有关合理费用，是指拍卖财产时纳税人按照规定实际支付的拍卖费（佣金）、鉴定费、评估费、图录费、证书费等费用。

（4）纳税人如不能提供合法、完整、准确的财产原值凭证，不能正确计算财产原值的，按转让收入额的3%征收率计算缴纳个人所得税；拍卖品为经文物部门认定是海外回流文物的，按转让收入额的2%征收率计算缴纳个人所得税。

（5）纳税人的财产原值凭证内容填写不规范，或者一份财产原值凭证包括多件拍卖品且无法确认每件拍卖品一一对应的原值的，不得将其作为扣除财产原值的计算依据，应视为不能提供合法、完整、准确的财产原值凭证，并按上述规定的征收率计算缴纳个人所得税。

（6）纳税人能够提供合法、完整、准确的财产原值凭证，但不能提供有关税费凭证的，不得按征收率计算纳税，应当就财产原值凭证上注明的金额据实扣除，并按照税法规定计算缴纳个人所得税。

（7）个人财产拍卖所得应纳的个人所得税税款，由拍卖单位负责代扣代缴，并按规定向拍卖单位所在地主管税务机关办理纳税申报。

拍卖单位代扣代缴个人财产拍卖所得应纳的个人所得税税款时，应给纳税人填开完税凭证，并详细标明每件拍卖品的名称、拍卖成交价格、扣缴税款额。

3.购买和处置债权所得

个人通过招标、竞拍或其他方式购置债权以后，通过相关司法或行政程序主张债权而取得的所得，应按照"财产转让所得"项目缴纳个人所得税。

个人通过上述方式取得"打包"债权，只处置部分债权的，其应纳税所得额按以下方式确定：

（1）以每次处置部分债权的所得，作为一次财产转让所得征税。

（2）其应税收入按照个人取得的货币资产和非货币资产的评估价值或市场价值的合计数确定。

（3）所处置债权成本费用（即财产原值），按下列公式计算：

当次处置债权成本费用＝个人购置"打包"债权实际支出 × 当次处置债权账面价值（或拍卖机构公布价值）÷"打包"债权账面价值（或拍卖机构公布价值）。

（4）个人购买和处置债权过程中发生的拍卖招标手续费、诉讼费、审计评估费以及缴纳的税金等合理税费，在计算个人所得税时允许扣除。（国税函〔2005〕655号）

4.转让汽车所得

个人购买汽车并将该车转让给汽车运输公司从事营运。转让期满后，该车的所有权、营运权、线路牌等均归汽车运输公司所有。上述交易于财产转让。应按照财产转让所得项目计算缴纳个人所得税。（国税函发〔1997〕035号）

第三节 股权转让所得

为加强股权转让所得个人所得税征收管理，规范税务机关、纳税人和扣缴义务人征纳行为，维护纳税人合法权益，国家税务总局发布了《股权转让所得个人所得税管理办法（试行）》（国家税务总局公告 2014 年第 67 号）

一、纳税人与征税范围

（一）征税范围

股权是指自然人股东（简称个人）投资于在中国境内成立的企业或组织（统称被投资企业，不包括个人独资企业和合伙企业）的股权或股份。

股权转让是指个人将股权转让给其他个人或法人的行为，包括以下情形：

1. 出售股权； 2. 公司回购股权；

3. 发行人首次公开发行新股时，被投资企业股东将其持有的股份以公开发行方式一并向投资者发售；

4. 股权被司法或行政机关强制过户；

5. 以股权对外投资或进行其他非货币性交易；

6. 以股权抵偿债务； 7. 其他股权转移行为。

（二）纳税人

个人股权转让所得个人所得税，以股权转让方为纳税人，以受让方为扣缴义务人。

扣缴义务人应于股权转让相关协议签订后 5 个工作日内，将股权转让的有关情况报告主管税务机关。

被投资企业应当详细记录股东持有本企业股权的相关成本，如实向税务机关提供与股权转让有关的信息，协助税务机关依法执行公务。

个人转让股权，以股权转让收入减除股权原值和合理费用后的余额为应纳税所得额，按"财产转让所得"缴纳个人所得税。

合理费用是指股权转让时按照规定支付的有关税费。

二、股权转让收入的确认

股权转让收入是指转让方因股权转让而获得的现金、实物、有价证券和其他形式的经济利益。

转让方取得与股权转让相关的各种款项，包括违约金、补偿金以及其他名目的款项、资产、权益等，均应当并入股权转让收入。

纳税人按照合同约定，在满足约定条件后取得的后续收入，应当作为股权转让收入。

（一）股权转让收入应当按照公平交易原则确定。符合下列情形之一的，主管税务机关可以核定股权转让收入：

1. 申报的股权转让收入明显偏低且无正当理由的；

2. 未按照规定期限办理纳税申报，经税务机关责令限期申报，逾期仍不申报的；

3. 转让方无法提供或拒不提供股权转让收入的有关资料；

4. 其他应核定股权转让收入的情形。

（二）符合下列情形之一，视为股权转让收入明显偏低：

1. 申报的股权转让收入低于股权对应的净资产份额的。其中，被投资企业拥有土地使用权、房屋、房地产企业未销售房产、知识产权、探矿权、采矿权、股权等资产的，申报的股权转让收入低于股权对应的净资产公允价值份额的；

2. 申报的股权转让收入低于初始投资成本或低于取得该股权所支付的价款及相关税费的；

3. 申报的股权转让收入低于相同或类似条件下同一企业同一股东或其他股东股权转让收入的；

4. 申报的股权转让收入低于相同或类似条件下同类行业的企业股权转让收入的；

5. 不具合理性的无偿让渡股权或股份；

6. 主管税务机关认定的其他情形。

（三）符合下列条件之一的股权转让收入明显偏低，视为有正当理由：

1. 能出具有效文件，证明被投资企业因国家政策调整，生产经营受到重大影响，导致低价转让股权；

2. 继承或将股权转让给其能提供具有法律效力身份关系证明的配偶、父母、子女、祖父母、外祖父母、孙子女、外孙子女、兄弟姐妹以及对转让人承担直接抚养或者赡养义务的抚养人或者赡养人；

3. 相关法律、政府文件或企业章程规定，并有相关资料充分证明转让价格合理且真实的本企业员工持有的不能对外转让股权的内部转让；

4. 股权转让双方能够提供有效证据证明其合理性的其他合理情形。

（四）主管税务机关应依次按照下列方法核定股权转让收入：

1. 净资产核定法

股权转让收入按照每股净资产或股权对应的净资产份额核定。

被投资企业的土地使用权、房屋、房地产企业未销售房产、知识产权、探矿权、采矿权、股权等资产占企业总资产比例超过20%的，主管税务机关可参照纳税人提供的具有法定资质的中介机构出具的资产评估报告核定股权转让收入。

6个月内再次发生股权转让且被投资企业净资产未发生重大变化的，主管税务机关可参照上一次股权转让时被投资企业的资产评估报告核定此次股权转让收入。

2. 类比法

（1）参照相同或类似条件下同一企业同一股东或其他股东股权转让收入核定；

（2）参照相同或类似条件下同类行业企业股权转让收入核定。

3.其他合理方法

主管税务机关采用以上方法核定股权转让收入存在困难的，可以采取其他合理方法核定。

【例5-6】2014年9月，张三与李四共同出资100万元，注册成立了A企业管理咨询有限公司，张三占60%的股权，李四占40%的股权，2018年12月，张三以60万元的价格将其全部股权转让给王五，转让截止前，A企业的所有者权益为180万元，其中注册资本为100万元，未分配利润和盈余公积为80万元。请分析张三的股权转让是否缴纳个人所得税。

【解析】A企业的所有者权益为180万元，张三占60%的股权，享有的权益份额108万元，而其股权转让收入60万元，低于初始投资成本，也低于股权对应的净资产份额，应视为股权转让收入明显偏低且无正当理由的情形。主管税务机关可按照净资产核定法核定股权转让收入，即：180X60%=108

应交个人所得税（108-100X60%）X20%=9.6（万元）

采用净资产核定法时，需要注意被投资企业的土地使用权、房屋、房地产企业未销售房产、知识产权、探矿权、采矿权、股权等资产占企业总资产比例超过20%的，主管税务机关可参照纳税人提供的具有法定资质的中介机构出具的资产评估报告核定股权转让收入。

三、股权原值的确认

（一）个人转让股权的原值依照以下方法确认：

1.以现金出资方式取得的股权，按照实际支付的价款与取得股权直接相关的合理税费之和确认股权原值；

2.以非货币性资产出资方式取得的股权，按照税务机关认可或核定的投资入股时非货币性资产价格与取得股权直接相关的合理税费之和确认股权原值；

3.通过无偿让渡方式取得股权，具备本办法第十三条第二项所列情形的，按取得股权发生的合理税费与原持有人的股权原值之和确认股权原值；

4.被投资企业以资本公积、盈余公积、未分配利润转增股本，个人股东已依法缴纳个人所得税的，以转增额和相关税费之和确认其新转增股本的股权原值；

5.除以上情形外，由主管税务机关按照避免重复征收个人所得税的原则合理确认股权原值。

（二）确认股权原值注意事项

1.股权转让人已被主管税务机关核定股权转让收入并依法征收个人所得税的，该股权受让人的股权原值以取得股权时发生的合理税费与股权转让人被主管税务机关核定的股权转让收入之和确认。

2.个人转让股权未提供完整、准确的股权原值凭证，不能正确计算股权原值的，由主管税务机关核定其股权原值。

3.对个人多次取得同一被投资企业股权的，转让部分股权时，采用"加权平均法"确定其股权原值。

【例5-7】2014年9月，张三与李四共同出资100万元，注册成立了A企业管理咨询有限公司，张三占60%的股权，李四占40%的股权。2016年12月该企业将未分配利润50万元按股权比例转增个人股本，注册资本变更为150万元，张三与李四已分别缴纳了个人所得税。2018年12月，张三以 120 万元的价格将其全部股权转让给王五，截至转让前，A 企业的所有者权益为 180 万元，其中注册资本为 150 万元，未分配利润和盈余公积为 30 万元。计算张三股权转让缴纳的个人所得税。

【例 5-8】张三所转让股权的原值为 90 万（100X60%+30=90），其转让价 120 万高于初始投资成本（含转增股本），也高于其净资产对应份额 108（180X60%），视为转让价合理。应交个人所得税（120-90）X20%=6（万元）

四、纳税申报

个人股权转让所得个人所得税以被投资企业所在地税务机关地税机关为主管税务机关。

（一）具有下列情形之一的，扣缴义务人、纳税人应当依法在次月 15 日内向主管税务机关申报纳税：

1. 受让方已支付或部分支付股权转让价款的；

2. 股权转让协议已签订生效的；

3. 受让方已经实际履行股东职责或者享受股东权益的；

4. 国家有关部门判决、登记或公告生效的；

5. 股权转让情形第四至第七项行为已完成的；

6. 税务机关认定的其他有证据表明股权已发生转移的情形。

（二）纳税人、扣缴义务人向主管税务机关办理股权转让纳税（扣缴）申报时，还应当报送以下资料：

1. 股权转让合同（协议）；

2. 股权转让双方身份证明；

3. 按规定需要进行资产评估的，需提供具有法定资质的中介机构出具的净资产或土地房产等资产价值评估报告；

4. 计税依据明显偏低但有正当理由的证明材料；

5. 主管税务机关要求报送的其他材料。

（三）被投资企业的责任

1. 被投资企业应当在董事会或股东会结束后 5 个工作日内，向主管税务机关报送与股权变动事项相关的董事会或股东会决议、会议纪要等资料。

2. 被投资企业发生个人股东变动或者个人股东所持股权变动的，应当在次月 15 日内向主管税务机关报送含有股东变动信息的《个人所得税基础信息表（A 表）》及股东变更情况说明。

五、股权转让的特殊事项

（一）以转让资产方式转让股权

1. 原全体股东，通过签订股权转让协议，以转让公司全部资产方式将股权转让给新股东，协议约定时间以前的债权债务由原股东负责，协议约定时间以后的债权债务由新股东负责。根据《中华人民共和国个人所得税法》及其实施条例的规定，原股东取得股权转让所得，应按"财产转让所得"项目征收个人所得税。（国税函〔2007〕244 号）

2.应纳税所得额的计算

（1）对于原股东取得转让收入后，根据持股比例先清收债权、归还债务后，再对每个股东进行分配的，应纳税所得额的计算公式为：

应纳税所得额＝（原股东股权转让总收入－原股东承担的债务总额＋原股东所收回的债权总额－注册资本额－股权转让过程中的有关税费）×原股东持股比例。其中，原股东承担的债务不包括应付未付股东的利润（下同）。

（2）对于原股东取得转让收入后，根据持股比例对股权转让收入、债权债务进行分配的，应纳税所得额的计算公式为：应纳税所得额＝原股东分配取得股权转让收入＋原股东清收公司债权收入－原股东承担公司债务支出－原股东向公司投资成本。（国税函〔2007〕244号）

【例5-8】东方公司成立于2017年5月，注册资金100万元，有张三、李四两个股东，张三占60%的股份，李四占40%的股份，现与B公司签订股权转让协议，张三、李四将其所持股份全部转让给B公司，股权转让总收入150万元，支付的相关税费0.6万元。截止到2019年1月31日，公司应收账款30万元，应付账款20万元，协议约定2019年2月1日以前的债权债务由原股东负责，2019年2月1日以后的债权债务由新股东负责。计算张三李四各自应缴纳的个人所得税。

【解析】张三应纳个人所得税＝（150－20＋30－100－0.6）×60%×20%＝71280（元）

李四应纳个人所得税＝（150－20＋30－100－0.6）×40%×20%＝47520（元）

（二）个人终止投资经营收回款项所得

个人因各种原因终止投资、联营、经营合作等行为，从被投资企业或合作项目、被投资企业的其他投资者以及合作项目的经营合作人取得股权转让收入、违约金、补偿金、赔偿金及以其他名目收回的款项等，均属于个人所得税应税收入，应按照"财产转让所得"项目适用的规定计算缴纳个人所得税。

应纳税所得额的计算公式如下：

应纳税所得额＝个人取得的股权转让收入、违约金、补偿金、赔偿金及以其他名目收回款项合计数－原实际出资额（投入额）及相关税费

（国家税务总局公告2011年第41号）

（三）收回转让股权的处理

1.股权转让合同履行完毕、股权已作变更登记，且所得已经实现的，转让人取得的股权转让收入应当依法缴纳个人所得税。转让行为结束后，当事人双方签订并执行解除原股权转让合同、退回股权的协议，是另一次股权转让行为，对前次转让行为征收的个人所得税款不予退回。

2.股权转让合同未履行完毕，因执行仲裁委员会作出的解除股权转让合同及补充协议的裁决、停止执行原股权转让合同，并原价收回已转让股权的，由于其股权转让行为尚未完成、收入未完全实现，随着股权转让关系的解除，股权收益不复存在，根据个人所得税法和征管法的有关规定，以及从行政行为合理性原则出发，纳税人不应缴纳个人所得税。（国税函〔2005〕130号）

（四）个人投资者收购企业股权后将原盈余积累转增股本

1.1名或多名个人投资者以股权收购方式取得被收购企业100%股权，股权收购前，被收购企业原账面金额中的"资本公积、盈余公积、未分配利润"等盈余积累未转增股本，而在股权交易时将其一并计入股权转让价格并履行了所得税纳税义务。股权收购后，企业将原账面金额中的盈

余积累向个人投资者（新股东，下同）转增股本，有关个人所得税问题区分以下情形处理：

（1）新股东以不低于净资产价格收购股权的，企业原盈余积累已全部计入股权交易价格，新股东取得盈余积累转增股本的部分，不征收个人所得税。

（2）新股东以低于净资产价格收购股权的，企业原盈余积累中，对于股权收购价格减去原股本的差额部分已经计入股权交易价格，新股东取得盈余积累转增股本的部分，不征收个人所得税；对于股权收购价格低于原所有者权益的差额部分未计入股权交易价格，新股东取得盈余积累转增股本的部分，应按照"利息、股息、红利所得"项目征收个人所得税。

新股东以低于净资产价格收购企业股权后转增股本，应按照下列顺序进行，即：先转增应税的盈余积累部分，然后再转增免税的盈余积累部分。

2. 新股东将所持股权转让时，其财产原值为其收购企业股权实际支付的对价及相关税费。

3. 企业发生股权交易及转增股本等事项后，应在次月 15 日内，将股东及其股权变化情况、股权交易前原账面记载的盈余积累数额、转增股本数额及扣缴税款情况报告主管税务机关。（国家税务总局公告 2013 年第 23 号）

练习与解析

一、单项选择题

1.确认财产租赁所得的纳税义务人，应以（　　）为依据。

A.出租人 B.承租人 C.出租合同 D.产权凭证

【答案】D

【答案解析】确认财产租赁所得的纳税义务人，应以产权凭证为依据。无产权凭证的，由主管税务机关根据实际情况确定纳税义务人。

2.计算财产租赁所得时，允许扣除的修缮费用，以每次（　　）元为限。

A.500 B.600 C.800 D.100

【答案】C

【答案解析】允许扣除的修缮费用，以每次800元为限，一次扣除不完的，准予在下一次继续扣除，直至扣完为止。

3.个人出租房屋取得的所得暂减按（　　）的税率征收个人所得税。

A.1.5% B.5% C.10% D.15%

【答案】C

【答案解析】个人出租房屋取得的所得暂减按10%的税率征收个人所得税。

4.如果纳税人未能提供完整、真实的限售股原值凭证的，不能准确计算限售股原值的，主管税务机关一律按限售股转让收入的（　　）核定限售股原值及合理税费。

A.10% B.15% C.20% D.30%

【答案】B

【答案解析】主管税务机关一律按限售股转让收入的15%核定限售股原值及合理税费。

5.个人选择技术成果投资入股递延纳税政策的，经向主管税务机关备案，投资入股当期可暂不纳税，允许递延至（　　）时，计算缴纳个人所得税。

A.股权转让 B.初次分配股息、红利 C.企业盈利 D.企业注销

【答案】A

【答案解析】选择技术成果投资入股递延纳税政策的，经向主管税务机关备案，投资入股当期可暂不纳税，允许递延至转让股权时，按股权转让收入减去技术成果原值和合理税费后的差额计算缴纳所得税。

6.被投资企业的土地使用权、房屋、房地产企业未销售房产、知识产权、探矿权、采矿权、股权等资产占企业总资产比例超过20%的，主管税务机关可参照（　　）核定股权转让收入。

A.成本利润率

B.每股净资产或股权对应的净资产份额

C. 纳税人提供的股权转让合同或协议

D. 纳税人提供的具有法定资质的中介机构出具的资产评估报告

【答案】D

【答案解析】被投资企业的土地使用权、房屋、房地产企业未销售房产、知识产权、探矿权、采矿权、股权等资产占企业总资产比例超过 20% 的，主管税务机关可参照纳税人提供的具有法定资质的中介机构出具的资产评估报告核定股权转让收入。

7. 对个人多次取得同一被投资企业股权的，转让部分股权时，采用（　　）确定其股权原值。

A. 成本利润率　B. 加权平均法　C. 先进先出　D. 后进先出

【答案】B

【答案解析】对个人多次取得同一被投资企业股权的，转让部分股权时，采用"加权平均法"确定其股权原值。

8. 下列关于个人拍卖财产原值的确定，表述不正确的是（　　）

A. 通过商店、画廊等途径购买的，以购买该拍卖品时实际支付的价款为财产原值。

B. 通过拍卖行拍得的，以拍得该拍卖品实际支付的价款为财产原值。

C. 通过祖传收藏的，以收藏该拍卖品而发生的费用为财产原值。

D. 通过赠送取得的，以受赠该拍卖品时发生的相关税费为财产原值。

【答案】B

【答案解析】B 选项应为：通过拍卖行拍得的，以拍得该拍卖品实际支付的价款及交纳的相关税费为财产原值。

9. 个人拍卖财产所得，纳税人如不能提供合法、完整、准确的财产原值凭证，不能正确计算财产原值的，按转让收入额的（　　）征收率计算缴纳个人所得税；

A. 2%　B. 3%　C. 5%　D. 10%

【答案】B

【答案解析】纳税人如不能提供合法、完整、准确的财产原值凭证，不能正确计算财产原值的，按转让收入额的 3% 征收率计算缴纳个人所得税；

10. 个人通过招标、竞拍或其他方式购置债权以后，只处置部分债权的，下列确定应纳税所得额的表述，不正确的是（　　）

A. 以每次处置部分债权的所得，作为一次财产转让所得征税。

B. 其应税收入按照个人取得的货币资产和非货币资产的评估价值或市场价值的合计数确定。

C. 所处置债权成本费用（即财产原值），按下列公式计算：

当次处置债权成本费用 = 个人购置"打包"债权实际支出 × 当次处置债权账面价值（或拍卖机构公布价值）÷ "打包"债权账面价值（或拍卖机构公布价值）。

D. 个人购买和处置债权过程中发生的拍卖招标手续费、诉讼费、审计评估费以及缴纳的税金等合理税费，在计算个人所得税时不允许扣除。

【答案】D

【答案解析】D 选项应为：个人购买和处置债权过程中发生的拍卖招标手续费、诉讼费、审计评估费以及缴纳的税金等合理税费，在计算个人所得税时允许扣除。

11.产权所有人死亡，在未办理产权继承手续期间，该财产出租而有租金收入的，以领取租金的个人为纳税义务人。

A.领取租金的个人 B.支付租金的个人 C.负有赡养义务的个人

D.产权人的直系亲属

【答案】A

【答案解析】国税发〔1994〕089号规定，产权所有人死亡，在未办理产权继承手续期间，该财产出租而有租金收入的，以领取租金的个人为纳税义务人。

二、多项选择题

1.下列税费准予在计算财产租赁所得个人所得税前扣除的（   ）

A.产租赁过程中缴纳的税费；

B.出租方支付的租金；

C.纳税人负担的租赁财产实际开支的修缮费用；

D.税法规定的费用扣除标准。

【答案】ABCD

【答案解析】国税函〔2009〕639号规定，有关财产租赁所得个人所得税前扣除税费的扣除次序为：（1）产租赁过程中缴纳的税费；（2）出租方支付的租金；（3）纳税人负担的租赁财产实际开支的修缮费用；（4）税法规定的费用扣除标准。

2.财产转让所得，是指个人转让（   ）机器设备、车船以及其他财产取得的所得。

A.有价证券 B.股权 C.合伙企业中的财产份额 D.不动产、

【答案】ABCD

【答案解析】财产转让所得，是指个人转让有价证券、股权、合伙企业中的财产份额、不动产、机器设备、车船以及其他财产取得的所得。

3.下列各项属于股权转让收入明显偏低的情形（   ）

A.申报的股权转让收入低于股权对应的净资产份额的。

B.申报的股权转让收入低于初始投资成本或低于取得该股权所支付的价款及相关税费的；

C.申报的股权转让收入低于相同或类似条件下同类行业的企业股权转让收入的；

D.具有合理性的无偿让渡股权或股份；

【答案】ABC

【答案解析】D项应为：不具合理性的无偿让渡股权或股份；

4.属于股权转让收入明显偏低，但是视为有正当理由的是（   ）

A.能出具有效文件，证明被投资企业因国家政策调整，生产经营受到重大影响，导致低价转让股权；

B.企业连续三年以上经营亏损；

C.继承或将股权转让给其能提供具有法律效力身份关系证明的配偶、父母、子女；

D.继承或将股权转让给对转让人承担直接抚养或者赡养义务的抚养人或者赡养人；

【答案】ACD

【答案解析】符合下列条件之一的股权转让收入明显偏低，视为有正当理由：

（1）能出具有效文件，证明被投资企业因国家政策调整，生产经营受到重大影响，导致低价转让股权；

（2）继承或将股权转让给其能提供具有法律效力身份关系证明的配偶、父母、子女、祖父母、外祖父母、孙子女、外孙子女、兄弟姐妹以及对转让人承担直接抚养或者赡养义务的抚养人或者赡养人；

（3）相关法律、政府文件或企业章程规定，并有相关资料充分证明转让价格合理且真实的本企业员工持有的不能对外转让股权的内部转让；

（4）股权转让双方能够提供有效证据证明其合理性的其他合理情形。

5. 个人转让股权的原值依照以下方法确认（　　）

A. 以现金出资方式取得的股权，按照实际支付的价款与取得股权直接相关的合理税费之和确认股权原值；

B. 以非货币性资产出资方式取得的股权，按照税务机关认可或核定的投资入股时非货币性资产价格与取得股权直接相关的合理税费之和确认股权原值；

C. 通过无偿让渡方式取得股权，具备税法所列情形的，按取得股权发生的合理税费与原持有人的股权原值之和确认股权原值；

D. 被投资企业以资本公积、盈余公积、未分配利润转增股本，个人股东已依法缴纳个人所得税的，以转增之前的股权价值确认其新转增股本的股权原值；

【答案】ABC

【答案解析】D项应为：被投资企业以资本公积、盈余公积、未分配利润转增股本，个人股东已依法缴纳个人所得税的，以转增额和相关税费之和确认其新转增股本的股权原值；

6. 主管税务机关可以核定股权转让收入的情形有（　　）

A. 申报的股权转让收入明显偏低且无正当理由的；

B. 未按照规定期限办理纳税申报，经税务机关责令限期申报，逾期仍不申报的；

C. 转让方无法提供或拒不提供股权转让收入的有关资料；

D. 关联企业之间转让股权

【答案】ABC

【答案解析】D选项，关联企业之间转让股权，只要符合公平交易原则，就无需核定收入。

三、判断题

1. 财产租赁所得，以一个季度内取得的收入为一次。（　　）

【答案】错误

【答案解析】财产租赁所得，以一个月内取得的收入为一次。

2. 计算财产租赁所得时，允许扣除的修缮费用，以每次800元为限，一次扣除不完的，准予在下一次继续扣除，直至扣完为止。（　　）

【答案】错误

【答案解析】允许扣除的修缮费用，以每次800元为限，一次扣除不完的，准予在下一次继续扣除，直至扣完为止。

3. 个人将承租房屋转租取得的租金收入，不属于个人所得税应税所得，不征收个人所得税。（　　）

【答案】错误

【答案解析】个人将承租房屋转租取得的租金收入，属于个人所得税应税所得，应按"财产租赁所得"项目计算缴纳个人所得税。

4. 确定有价证券的财产原值，为买入价以及买入时按照规定交纳的有关费用（　）

【答案】正确

5. 纳税人以其持有的企业股权对外投资的，以被投资企业所在地税务机关为主管税务机关（　）

【答案】错误

【答案解析】纳税人以其持有的企业股权对外投资的，以该企业所在地税务机关为主管税务机关；

6. 对个人转让自用5年以上、并且是家庭唯一生活用房取得的所得，继续免征个人所得税。（　）

【答案】正确

7. 个人通过网络收购玩家的虚拟货币，加价后向他人出售取得的收入，不征收个人所得税。（　）

【答案】错误

【答案解析】个人通过网络收购玩家的虚拟货币，加价后向他人出售取得的收入，属于个人所得税应税所得，应按照"财产转让所得"项目计算缴纳个人所得税。

8. 对个人财产拍卖所得征收个人所得税时，以该项财产最终拍卖成交价格为其转让收入额。（　）

【答案】正确

9. 股权转让方取得与股权转让相关的违约金、补偿金不并入股权转让收入。

【答案】错误

【答案解析】转让方取得与股权转让相关的各种款项，包括违约金、补偿金以及其他名目的款项、资产、权益等，均应当并入股权转让收入。

10. 个人购买和处置债权过程中发生的拍卖招标手续费、诉讼费、审计评估费以及缴纳的税金等合理税费，在计算个人所得税时允许扣除。（　）

【答案】正确

第六章
利息、股息、
红利所得及偶然所得

第一节　利息、股息、红利所得

一、征税范围的界定

个人所得税法	个人所得税法实施条例
第二条 下列各项个人所得，应当缴纳个人所得税： （一）工资、薪金所得； （二）劳务报酬所得； （三）稿酬所得； （四）特许权使用费所得； （五）经营所得； （六）利息、股息、红利所得； （七）财产租赁所得； （八）财产转让所得； （九）偶然所得。	利息、股息、红利所得，是指个人拥有债权、股权等而取得的利息、股息、红利所得。

实务中，为了防止企业将资产直接为股东支付其个人生活方面的支出，变相分配实物股利，财税〔2003〕158号规定，除个人独资企业、合伙企业以外的其他企业的个人投资者，以企业资金为本人、家庭成员及其相关人员支付与企业生产经营无关的消费性支出及购买汽车、住房等财产性支出，视为企业对个人投资者的红利分配，依照"利息、股息、红利所得"项目计征个人所得税。

【例6-1】下列各项中，应按"利息、股息、红利所得"项目征收个人所得税的有（　　）。

A　法人企业为其股东购买小汽车将汽车办理在股东名下

B　个人取得的国债转让所得

C　个人独资企业业主用企业资金进行个人消费部分

D　职工因拥有股票期权且在行权后，取得企业税后利润分配收益

E　个人合伙企业的自有利润

参考答案：AD

试题解析：选项B，属于资产转让所得；选项C、E，属于个体工商户生产经营所得。

二、应纳税所得额

个人所得税法	个人所得税法实施条例
利息、股息、红利所得，以每次收入额为应纳税所得额。	利息、股息、红利所得，以支付利息、股息、红利时取得的收入为一次。

三、应纳税额的计算

利息、股息、红利所得，适用比例税率，税率为百分之二十。

应纳税额 = 利息、股息、红利所得 × 20%

【例6-2】某公民2019年2月买进某公司债券20000份，每份买价8元，共支付手续费800元，11月份卖出10000份，每份卖价8.3元，共支付手续费415元，12月末债券到期，该公民取得债券利息收入2700元。该公民应缴纳个人所得税多少元？

解析：（1）卖出债券应扣除的买价及费用 =（ 20000 × 8 + 800 ）÷ 20000 × 10000 + 415 = 80815（元）

（2）转让债券应缴纳的个人所得税 =（ 10000 × 8.3 − 80815 ）× 20% = 437（元）

（3）债券利息收入应缴纳的个人所得税 = 2700 × 20% = 540（元）

（4）该公民应缴纳个人所得税 = 437 + 540 = 977（元）

四、税收征管

个人所得税法	个人所得税法实施条例
纳税人取得利息、股息、红利所得，财产租赁所得，财产转让所得和偶然所得，按月或者按次计算个人所得税，有扣缴义务人的，由扣缴义务人按月或者按次代扣代缴税款。	扣缴义务人支付利息、股息、红利所得，财产租赁所得，财产转让所得或者偶然所得时，应当依法按次或者按月代扣代缴税款。 纳税人取得利息、股息、红利所得，财产租赁所得，财产转让所得和偶然所得的，应当在取得所得的次年6月30日前，按相关规定向主管税务机关办理纳税申报，并报送《个人所得税自行纳税申报表（A表）》。税务机关通知限期缴纳的，纳税人应当按照期限缴纳税款。 纳税人在注销户籍当年取得利息、股息、红利所得，财产租赁所得，财产转让所得和偶然所得的，应当在注销户籍前，申报当年上述所得的完税情况，并报送《个人所得税自行纳税申报表（A表）》。

五、特殊事项的计税

（一）上市公司、股份转让系统挂牌公司股息红利差别化政策（财税〔2015〕101号）

政策要点	政策解读
一、个人、证券投资基金从公开发行和转让市场取得的上市公司股票，持股期限超过1年的，股息红利所得暂免征收个人所得税。 个人、证券投资基金从公开发行和转让市场取得的上市公司股票，持股期限在1个月以内（含1个月）的，其股息红利所得全额计入应纳税所得额；持股期限在1个月以上至1年（含1年）的，暂减按50%计入应纳税所得额；上述所得统一适用20%的税率计征个人所得税。 二、上市公司派发股息红利时，对个人持股1年以内（含1年）的，上市公司暂不扣缴个人所得税；待个人转让股票时，证券登记结算公司根据其持股期限计算应纳税额，由证券公司等股份托管机构从个人资金账户中扣收并划付证券登记结算公司，证券登记结算公司应于次月5个工作日内划付上市公司，上市公司在收到税款当月的法定申报期内向主管税务机关申报缴纳。	本通知所称年（月）是指自然年（月），即持股一年是指从上一年某月某日至本年同月同日的前一日连续持股，持股一个月是指从上月某日至本月同日的前一日连续持股。 对个人持有的上市公司限售股，解禁后取得的股息红利，按照本通知规定计算纳税，持股时间自解禁日起计算；解禁前取得的股息红利继续暂减按50%计入应纳税所得额，适用20%的税率计征个人所得税。 个人转让股票时，按照先进先出的原则计算持股期限，即证券账户中先取得的股票视为先转让。 应纳税所得额以个人投资者证券账户为单位计算，持股数量以每日日终结算后个人投资者证券账户的持有记录为准，证券账户取得或转让的股票数为每日日终结算后的净增（减）股票数。
全国中小企业股份转让系统挂牌公司股息红利差别化个人所得税政策，按照上述规定执行。	

（二）个人股东取得转增股本是否纳税问题

政策要点	政策解读
一、股份制企业用资本公积金转增股本不属于股息、红利性质的分配，对个人取得的转增股本数额，不作为个人所得，不征收个人所得税。 二、股份制企业用盈余公积金派发红股属于股息、红利性质的分配，对个人取得的红股数额，应作为个人所得征税。 各地要严格按照《国家税务总局关于印发〈征收个人所得税若干问题的法规〉的通知》（国税发〔1994〕89 号）的有关法规执行，没有执行的要尽快纠正。派发红股的股份制企业作为支付所得的单位应按照税法法规履行扣缴义务。 国税发〔1997〕198 号	一、"资本公积金"是指股份制企业股票溢价发行收入所形成的资本公积金。将此转增股本由个人取得的数额，不作为应税所得征收个人所得税。而与此不相符合的其他资本公积金分配个人所得部分，应当依法征收个人所得税。 国税函发〔1998〕289 号 二、关于派发红股的征税问题 股份制企业在分配股息、红利时，以股票形式向股东个人支付应得的股息、红利（即派发红股），应以派发红股的股票票面金额为收入额，按利息、股息、红利项目计征个人所得税。 国税发〔1994〕89 号

（三）个人股东取得转增股本是否可以享受税收优惠

政策要点	政策解读
1. 自 2016 年 1 月 1 日起，全国范围内的中小高新技术企业以未分配利润、盈余公积、资本公积向个人股东转增股本时，个人股东一次缴纳个人所得税确有困难的，可根据实际情况自行制定分期缴税计划，在不超过 5 个公历年度内（含）分期缴纳，并将有关资料报主管税务机关备案。 2. 个人股东获得转增的股本，应按照"利息、股息、红利所得"项目，适用 20% 税率征收个人所得税。 3. 股东转让股权并取得现金收入的，该现金收入应优先用于缴纳尚未缴清的税款。 4. 在股东转让该部分股权之前，企业依法宣告破产，股东进行相关权益处置后没有取得收益或收益小于初始投资额的，主管税务机关对其尚未缴纳的个人所得税可不予追征。	非上市及未在全国中小企业股份转让系统挂牌的中小高新技术企业以未分配利润、盈余公积、资本公积向个人股东转增股本，并符合财税〔2015〕116 号文件有关规定的，纳税人可分期缴纳个人所得税；非上市及未在全国中小企业股份转让系统挂牌的其他企业转增股本，应及时代扣代缴个人所得税。 上市公司或在全国中小企业股份转让系统挂牌的企业转增股本（不含以股票发行溢价形成的资本公积转增股本），按现行有关股息红利差别化政策执行。 税务总局公告 2015 年第 80 号

5. 本通知所称中小高新技术企业，是指注册在中国境内实行查账征收的、经认定取得高新技术企业资格，且年销售额和资产总额均不超过 2 亿元、从业人数不超过 500 人的企业。 6. 上市中小高新技术企业或在全国中小企业股份转让系统挂牌的中小高新技术企业向个人股东转增股本，股东应纳的个人所得税，继续按照现行有关股息红利差别化个人所得税政策执行，不适用本通知规定的分期纳税政策。 财税〔2015〕116 号	

第二节 偶然所得

一、征税范围的界定

《个人所得税法》（中华人民共和国主席令第九号）	《个人所得税法实施条例》（中华人民共和国国务院令第707号）	政策解读
第二条　下列各项个人所得，应当缴纳个人所得税：（九）偶然所得	第六条　个人所得税法规定的各项个人所得的范围：（九）偶然所得，是指个人得奖、中奖、中彩以及其他偶然性质的所得。	得奖是指个人参加各种有奖竞赛活动取得名次得到的奖金；中奖、中彩是个人参加各种有奖活动，如有奖销售或购买彩票等，经过规定程序，抽中、摇中号码而取得的奖金。

二、应纳税所得额

《个人所得税法》（中华人民共和国主席令第九号）	《个人所得税法实施条例》（中华人民共和国国务院令第707号）	政策解读
第六条　应纳税所得额的计算：（六）利息、股息、红利所得和偶然所得	第八条　个人所得的形式，包括现金、实物、有价证券和其他形式的经济利益；所得为实物的，应当按照取得的凭证上所注明的价格计算应纳税所得额，无凭证的实物或者凭证上所注明的价格明显偏低的，参照市场价格核定应纳税所得额；所得为有价证券的，根据票面价格和市场价格核定应纳税所得额；所得为其他形式的经济利益的，参照市场价格核定应纳税所得额。第十四条　个人所得税法第六条第一款第二项、第四项、第六项所称每次，分别按照下列方法确定：（四）偶然所得，以每次取得该项收入为一次。	以个人每次取得的收入全额为应纳税所得额，不扣除任何费用。

三、应纳税额的计算

偶然所得适用 20% 的比例税率，其应纳税额的计算公式为：

应纳税额 = 应纳税所得额（每次收入额）× 适用税率

（一）顾客额外抽奖获奖所得（财税〔2011〕50号第二条）

政策规定	政策解读
一、企业在销售商品（产品）和提供服务过程中向个人赠送礼品，属于下列情形之一的，不征收个人所得税： 1. 企业通过价格折扣、折让方式向个人销售商品（产品）和提供服务； 2. 企业在向个人销售商品（产品）和提供服务的同时给予赠品，如通信企业对个人购买手机赠话费、入网费，或者购话费赠手机等； 3. 企业对累积消费达到一定额度的个人按消费积分反馈礼品。 二、企业向个人赠送礼品，属于下列情形之一的，取得该项所得的个人应依法缴纳个人所得税，税款由赠送礼品的企业代扣代缴： 1. 企业在业务宣传、广告等活动中，随机向本单位以外的个人赠送礼品，对个人取得的礼品所得，按照"其他所得"项目，全额适用 20% 的税率缴纳个人所得税。 2. 企业在年会、座谈会、庆典以及其他活动中向本单位以外的个人赠送礼品，对个人取得的礼品所得，按照"其他所得"项目，全额适用 20% 的税率缴纳个人所得税。 3. 企业对累积消费达到一定额度的顾客，给予额外抽奖机会，个人的获奖所得，按照"偶然所得"项目，全额适用 20% 的税率缴纳个人所得税。 三、企业赠送的礼品是自产产品（服务）的，按该产品（服务）的市场销售价格确定个人的应税所得；是外购商品（服务）的，按该商品（服务）的实际购置价格确定个人的应税所得。	新修订的《个人所得税法》已经删除"其他所得"税目，笔者认为上述企业在业务宣传、广告等活动中，随机向本单位以外的个人赠送礼品，以及企业在年会、座谈会、庆典和其他活动中向本单位以外的个人赠送礼品，目前应当属于"偶然所得"税目的征税范围，我们还需要等待国家税务总局的明确。

（二）有奖储蓄中奖所得（国税函发〔1995〕98号）

政策规定	政策解读
个人参加有奖储蓄取得的各种形式的中奖所得，属于机遇性的所得，应按照个人所得税法中"偶然所得"应税项目的规定征收个人所得税。	虽然这种中奖所得具有银行储蓄利息二次分配的特点，但对中奖个人而言，已不属于按照国家规定利率标准取得的存款利息所得性质。支付该项所得的各级银行部门是税法规定的代扣代缴义务人，在其向个人支付有奖储蓄中奖所得时应按照"偶然所得"应税项目扣缴个人所得税税款。

（三）博彩所得（国税函发〔1995〕663号）

根据《中华人民共和国个人所得税法实施条例》的规定，中彩所得属于"偶然所得"应税项目，适用比例税率20%。

（四）有奖发票奖金所得（财税〔2007〕34号第一条）

一、个人取得单张有奖发票奖金所得不超过800元（含800元）的，暂免征收个人所得税；个人取得单张有奖发票奖金所得超过800元的，应全额按照个人所得税法规定的"偶然所得"项目征收个人所得税。

（五）企业向个人支付的不竞争款项所得（财税〔2007〕102号）

政策规定	政策解读
根据《中华人民共和国个人所得税法》第二条第十一项有关规定，鉴于资产购买方企业向个人支付的不竞争款项，属于个人因偶然因素取得的一次性所得，为此，资产出售方企业自然人股东取得的所得，应按照《中华人民共和国个人所得税法》第二条第十项"偶然所得"项目计算缴纳个人所得税，税款由资产购买方企业在向资产出售方企业自然人股东支付不竞争款项时代扣代缴。	不竞争款项是指资产购买方企业与资产出售方企业自然人股东之间在资产购买交易中，通过签订保密和不竞争协议等方式，约定资产出售方企业自然人股东在交易完成后一定期限内，承诺不从事有市场竞争的相关业务，并负有相关技术资料的保密义务，资产购买方企业则在约定期限内，按一定方式向资产出售方企业自然人股东所支付的款项。

（六）网络红包收入（税总函〔2015〕409号）

政策规定	政策解读
一、对个人取得企业派发的现金网络红包，应按照偶然所得项目计算缴纳个人所得税，税款由派发红包的企业代扣代缴。	企业为广告、宣传或扩大企业用户等目的，通过网络向个人派发红包，带有一定偶然性和随机性，故按"偶然所得"征收个人所得税，由派发红包企业代扣代缴。

二、对个人取得企业派发的且用于购买该企业商品（产品）或服务才能使用的非现金网络红包，包括各种消费券、代金券、抵用券、优惠券等，以及个人因购买该企业商品或服务达到一定额度而取得企业返还的现金网络红包，属于企业销售商品（产品）或提供服务的价格折扣、折让，不征收个人所得税。 三、个人之间派发的现金网络红包，不属于个人所得税法规定的应税所得，不征收个人所得税。	企业派发的消费券、代金券、抵用券、优惠券等非现金网络红包，在该企业进行消费时才可使用，属于企业销售的价格折扣、折让，个人并没有取得所得，不应征收个人所得税。

【例 6-3】根据个人所得税法律制度的规定，下列各项中，应该按照"偶然所得"项目缴纳个人所得税的是（　）。

A. 企业通过价格折扣、折让方式向个人销售商品（产品）和提供服务

B. 企业在向个人销售商品（产品）和提供服务的同时给予赠品

C. 企业对累积消费达到一定额度的个人按消费积分反馈礼品

D. 个人取得单张有奖发票奖金所得超过 800 元的

【答案】D

【答案解析】选项 ABC：均不征收个人所得税；选项 D：按照"偶然所得"项目缴纳个人所得税。

【例 6-4】下列各项中，应当按"偶然所得"项目征收个人所得税的是（　　）。

A. 个人取得劳动分红

B. 个人将珍藏的古董拍卖所得

C. 个人将文字作品手稿原件拍卖所得

D. 个人因参加企业累计消费达到一定额度的参加抽奖活动而取得的赠品所得

【答案】D

【答案解析】个人取得劳动分红应按"工资薪金"所得，计算缴纳个人所得税；作者将自己的文字作品手稿原件或复印件拍卖取得的所得，按照"特许权使用费"所得项目计算缴纳个人所得税；个人拍卖除文字作品原稿及复印件外的其他财产，按照"财产转让所得"项目计算缴纳个人所得税。

【例 6-5】下列所得中，应按"偶然所得"征收个人所得税的是（　　　）。

A. 个人处置打包债权取得的收入

B. 个人取得不竞争款项

C. 个人取得的不在公司任职的董事费收入

D. 个人转让限售股所得

【答案】B

【答案解析】个人处置打包债权取得的收入，按"财产转让所得"项目缴纳个人所得税；个人取得的不在公司任职的董事费收入，按"劳务报酬"项目缴纳个人所得税；个人转让限售股所得，按照"财产转让"项目缴纳个人所得税。

练习与解析

1.【多选】下列关于个人所得税的表述，正确的是（　　）。

A. 利息、股息、红利所得和偶然所得，不得扣除任何费用

B. 股份制企业用资本公积金转增股本不属于股息、红利性质的分配

C. 员工因拥有股权而参与企业税后利润分配取得的所得，应按"工资、薪金所得"缴纳个人所得税

D. 股东取得股份制公司为其购买并登记在该股东名下的小轿车应按照"利息、股息、红利所得"项目征收个人所得税

【答案】ABD

【答案解析】选项C均应按照"利息、股息、红利所得"项目征收个人所得税。

2.【多选】张某在足球世界杯期间参加下列活动所获得的收益中下列所得中，应按"偶然所得"缴纳个人所得税的有（　　）。

A. 参加某电商的秒杀活动，以100元购得原价2000元的足球鞋一双

B. 为赴巴西看球，开通手机全球漫游套餐，获赠价值1500元的手机一部

C. 参加某电台举办世界杯竞猜活动，获得价值6000元的赴巴西机票一张

D. 作为某航空公司金卡会员被邀请参加世界杯抽奖活动，抽得市价2500的运动服一套

【答案】CD

【答案解析】选项A：企业通过价格折扣、折让方式向个人销售商品（产品）和提供服务，不征收个人所得税；选项B：企业在向个人销售商品（产品）和提供服务的同时给予赠品，如通信企业对个人购买手机赠话费、入网费，或者购话费赠手机等，不征收个人所得税；选项C：按照"偶然所得"项目征收个人所得税；选项D：企业对累积消费达到一定额度的顾客，给予额外抽奖机会，个人的获奖所得，按照"偶然所得"项目，全额适用20%的税率缴纳个人所得税。

3.【计算】张先生2019年1月取得以下所得：

因购物取得三张发票，其中一张发票中奖1000元，一张发票中奖200元，第三张发票没有中奖。

在某商场参加该商城举行的抽奖活动，抽中二等奖，为价值5000元的商品。

取得某企业支付的不竞争款项38000元，张某承诺在约定的期限内对相关技术资料保密且不从事有竞争的相关业务。

要求：根据上述资料，计算张某2019年1月应缴纳的个人所得税

解析：（1）个人取得单张有奖发票奖金所得不超过800元（含800元）的，暂免征收个人所得税；个人取得单张有奖发票奖金所得超过800元的，全额按照"偶然所得"征收个人所得税。张某应缴纳个人所得税=1000×20%=200（元）

（2）个人参加抽奖活动，获奖取得的所得，按"偶然所得"缴纳个人所得税。张某应缴纳个人所得税=5000×20%=1000（元）

（3）购买方企业向个人支付的不竞争款项，属于个人因偶然因素取得的一次性所得，按"偶然所得"缴纳个人所得税。张某应缴纳个人所得税 =38000×20%=7600（元）

张某 2019 年 1 月应缴纳个人所得税 =200+1000+7600=8800（元）

第七章
税收优惠

第一节 税法及实施条例税收优惠

主要政策依据：

《中华人民共和国个人所得税法》（以下简称《税法》）（2018 年修正，主席令第 9 号）；

《中华人民共和国个人所得税法实施条例》（以下简称《实施条例》）（国务院令第 707 号）。

关于个人所得税税收优惠的规定，税法规定了免税和减征两种情形。

一、下列各项个人所得，免征个人所得税

（一）省级人民政府、国务院部委和中国人民解放军军以上单位，以及外国组织、国际组织颁发的科学、教育、技术、文化、卫生、体育、环境保护等方面的奖金；

（二）国债和国家发行的金融债券利息；

《个人所得税法》 （中华人民共和国主席令第九号）	《个人所得税法实施条例》 （中华人民共和国国务院令第 707 号）
第四条 （二）国债和国家发行的金融债券利息；	第九条 个人所得税法第四条第一款第二项所称国债利息，是指个人持有中华人民共和国财政部发行的债券而取得的利息；所称国家发行的金融债券利息，是指个人持有经国务院批准发行的金融债券而取得的利息。

（三）按照国家统一规定发给的补贴、津贴；

《个人所得税法》 （中华人民共和国主席令第九号）	《个人所得税法实施条例》 （中华人民共和国国务院令第 707 号）
第四条 （二）国债和国家发行的金融债券利息；	第十条 个人所得税法第四条第一款第三项所称按照国家统一规定发给的补贴、津贴，是指按照国务院规定发给的政府特殊津贴、院士津贴，以及国务院规定免予缴纳个人所得税的其他补贴、津贴。

（四）福利费、抚恤金、救济金；

《个人所得税法》 （中华人民共和国主席令第九号）	《个人所得税法实施条例》 （中华人民共和国国务院令第707号）
第四条　福利费、抚恤金、救济金；	第十一条　个人所得税法第四条第一款第四项所称福利费，是指根据国家有关规定，从企业、事业单位、国家机关、社会组织提留的福利费或者工会经费中支付给个人的生活补助费；所称救济金，是指各级人民政府民政部门支付给个人的生活困难补助费。

（五）保险赔款；

（六）军人的转业费、复员费、退役金；

（七）按照国家统一规定发给干部、职工的安家费、退职费、基本养老金或者退休费、离休费、离休生活补助费；

（八）依照有关法律规定应予免税的各国驻华使馆、领事馆的外交代表、领事官员和其他人员的所得；

第四条　依照有关法律规定应予免税的各国驻华使馆、领事馆的外交代表、领事官员和其他人员的所得；	第十二条　个人所得税法第四条第一款第八项所称依照有关法律规定应予免税的各国驻华使馆、领事馆的外交代表、领事官员和其他人员的所得，是指依照《中华人民共和国外交特权与豁免条例》和《中华人民共和国领事特权与豁免条例》规定免税的所得。

（九）中国政府参加的国际公约、签订的协议中规定免税的所得；

（十）国务院规定的其他免税所得。

前款第十项免税规定，由国务院报全国人民代表大会常务委员会备案。

二、有下列情形之一的，可以减征个人所得税，具体幅度和期限，由省、自治区、直辖市人民政府规定，并报同级人民代表大会常务委员会备案：

（一）残疾、孤老人员和烈属的所得；

（二）因自然灾害遭受重大损失的。

国务院可以规定其他减税情形，报全国人民代表大会常务委员会备案。

第二节　其他规范性文件税收优惠

目前，经财政部或国家税务总局批准的、适用性较广的税收优惠包括：

一、不属于工资、薪金性质的补贴、津贴收入的优惠

不属于工资、薪金性质的补贴、津贴或者不属于纳税人本人工资、薪金所得项目的收入，不征税

（一）独生子女补贴；

（二）执行公务员工资制度未纳入基本工资总额的补贴、津贴差额和家属成员的副食品补贴；

（三）托儿补助费；

（四）差旅费津贴、误餐补助。

（国税发〔1994〕089号）

二、对外国来华工作人员个人所得税免税优惠

依据《财政部关于外国来华工作人员缴纳个人所得税问题的通知》（80）财税字第189号

（一）援助国派往我国专为该国无偿援助我国的建设项目服务的工作人员，取得的工资、生活津贴，不论是我方支付或外国支付，均可免征个人所得税。

（二）外国来华文教专家，在我国服务期间，由我方发工资、薪金，并对其住房、使用汽车、医疗实行免费"三包"，可只就工资、薪金所得按照税法规定征收个人所得税；对我方免费提供的住房、使用汽车、医疗，可免予计算纳税。

（三）外国来华工作人员，在我国服务而取得的工资、薪金，不论是我方支付、外国支付、我方和外国共同支付，均属于来源于中国的所得，除本通知第（一）项规定给予免税优惠外，其他均应按规定征收个人所得税。但对在中国境内连续居住不超过90天的，可只就我方支付的工资、薪金部分计算纳税，对外国支付的工资、薪金部分免予征税。

（四）外国来华留学生，领取的生活津贴费、奖学金，不属于工资、薪金范畴，不征个人所得税。

（五）外国来华工作人员，由外国派出单位发给包干款项，其中包括个人工资、公用经费（邮电费、办公费、广告费、业务上往来必要的交际费）、生活津贴费（住房费、差旅费），凡对上项所得能够划分清楚的，可只就工资薪金所得部分按照规定征收个人所得税。

依据《财政部 国家税务总局关于个人所得税若干政策问题的通知》财税字〔1994〕20号

（六）外籍个人以非现金形式或实报实销形式取得的住房补贴、伙食补贴、搬迁费、洗衣费。

（七）外籍个人按合理标准取得的境内、外出差补贴。

（八）外籍个人取得的探亲费、语言训练费、子女教育费等，经当地税务机关审核批准为合

理的部分。

（九）外籍个人从外商投资企业取得的股息、红利所得。

（十）凡符合下列条件之一的外籍专家取得的工资、薪金所得可免征个人所得税：

1. 根据世界银行专项贷款协议由世界银行直接派往我国工作的外国专家；

2. 联合国组织直接派往我国工作的专家；

3. 为联合国援助项目来华工作的专家；

4. 援助国派往我国专为该国无偿援助项目工作的专家；

5. 根据两国政府签订文化交流项目来华工作两年以内的文教专家，其工资、薪金所得由该国负担的；

6. 根据我国大专院校国际交流项目来华工作两年以内的文教专家，其工资、薪金所得由该国负担的；

7. 通过民间科研协定来华工作的专家，其工资、薪金所得由该国政府机构负担的。

三、对军队干部工资薪金补贴、津贴的优惠

（一）按照政策规定，属于免税项目或者不属于本人所得的补贴、津贴有 8 项，不计入工资、薪金所得项目征税。即：

1. 政府特殊津贴；

2. 福利补助；

3. 夫妻分居补助费；

4. 随军家属无工作生活困难补助；

5. 独生子女保健费；

6. 子女保教补助费；

7. 机关在职军以上干部公勤费（保姆费）；

8. 军粮差价补贴。

（二）对以下 5 项补贴、津贴，暂不征税：

1. 军人职业津贴；

2. 军队设立的艰苦地区补助；

3. 专业性补助；

4. 基层军官岗位津贴（营连排长岗位津贴）；

5. 伙食补贴。

（财税字〔1996〕14 号）

四、对西藏的特别优惠政策

为了照顾西藏的实际情况，保持国家对西藏的特别优惠政策，对个人从西藏自治区内取得的下列所得，免征个人所得税：

（一）20 世纪末之前，农牧民在农牧区从事生产、经营活动的所得。

（二）艰苦边远地区津贴。

（三）经国家批准或者同意，由自治区人民政府或者有关部门发给在藏长期工作的人员和大中专毕业生的浮动工资，增发的工龄工资，离退休人员的安家费和建房补贴费。

（财税字〔1994〕021号）

（四）经国务院批准，自1994年1月1日起发放的西藏特殊津贴，体现了党中央、国务院对西藏各族职工的关怀，对进一步促进西藏的改革、发展和稳定具有重要意义，因此，根据《中华人民共和国个人所得税法》和《中华人民共和国个人所得税法实施条例》的规定，对在你区区域内工作的机关、事业单位职工、按照国家统一规定取得的西藏特殊津贴，免征个人所得税。

（财税字〔1996〕91号）

五、个人举报、协查获得的奖金优惠

个人举报、协查各种违法、犯罪行业而获得的奖金。暂免征收个人所得税。

（财税字〔1994〕20号）

六、个人办理代扣代缴税款手续费优惠

个人办理代扣代缴税款手续，按规定取得的扣缴手续费。免征收个人所得税。

（财税字〔1994〕20号）

七、个人转让自用家庭生活用房取得的所得优惠

个人转让自用达5年以上、并且是唯一的家庭生活用房取得的所得，暂免征收个人所得税。

（财税字〔1994〕20号）（财税字〔1999〕278号）

八、个人购买社会福利有奖募捐奖券、体育彩票中奖收入优惠

对个人购买社会福利有奖募捐奖券、体育彩票中奖收入，一次中奖不超过10000元的暂免征收个人所得税，对一次中奖收入超过10000元的，应按税法规定全额征税[（国税发〔1994〕127号）、（财税字〔1998〕12号）]

九、见义勇为的奖金或奖品的优惠

对乡、镇（含乡、镇）以上人民政府或经县（含县）以上人民政府主管部门批准成立的有机构、有章程的见义勇为基金或者类似组织，奖励见义勇为者的奖金或奖品，经主管税务机关核准，免予征收个人所得税。（财税字〔1995〕25号）

十、青苗补偿费收入优惠

乡镇企业的职工和农民取得的青苗补偿费，属种植业的收益范围，同时，也属经济损失的补偿性收入，因此，对他们取得的青苗补偿费收入暂不征收个人所得税。（国税函发〔1995〕079号）

十一、股份制企业资本公积金转增股本优惠

股份制企业用资本公积金转增股本不属于股息、红利性质的分配，对个人取得的转增股本数额，

不作为个人所得，不征收个人所得税。（国税发〔1997〕198 号）

十二、国债利息、储蓄存款利息以及买卖股票价差收入优惠

对投资者从基金分配中获得的国债利息、储蓄存款利息以及买卖股票价差收入，在国债利息收入、个人储蓄存款利息收入以及个人买卖股票差价收入未恢复征收所得税以前，暂不征收所得税。（财税字〔1998〕55 号）

十三、买卖股票、基金差价收入优惠

为了配合企业改制，促进股票市场的稳健发展，经报国务院批准，从 1997 年 1 月 1 日起，对个人转让上市公司股票取得的所得继续暂免征收个人所得税。

（财税字〔1998〕61 号）

对个人投资者买卖基金单位获得的差价收入，在对个人买卖股票的差价收入未恢复征收个人所得税以前，暂不征收个人所得税。[（财税字〔1998〕55 号）、（财税〔2002〕128 号）]

十四、商业保险无赔款优待收入优惠

对于个人自己缴纳有关商业保险费（保费全部返还个人的保险除外）而取得的无赔款优待收入，不作为个人的应纳税收入，不征收个人所得税。（国税发〔1999〕58 号）

十五、关于促进科技成果转化有关个人所得税问题

（一）自 1999 年 7 月 1 日起，科研机构、高等学校转化职务科技成果以股份或出资比例等股权形式给予个人奖励，获奖人在取得股份、出资比例时，暂不缴纳个人所得税；取得按股份、出资比例分红或转让股权、出资比例所得时，应依法缴纳个人所得税。有关此项的具体操作规定，由国家税务总局另行制定。（财税字〔1999〕45 号）

（二）科研机构、高等学校转化职务科技成果以股份或出资比例等股权形式给予科技人员个人奖励，经主管税务机关审核后，暂不征收个人所得税。

为了便于主管税务机关审核，奖励单位或获奖人应向主管税务机关提供有关部门根据国家科委和国家工商行政管理局联合制定的《关于以高新技术成果出资入股若干问题的规定》（国家科发政字〔1997〕326 号）和科学技术部和国家工商行政管理局联合制定的《〈关于以高新技术成果出资入股若干问题的规定〉实施办法》（国科发政字〔1998〕171 号）出具的《出资入股高新技术成果认定书》、工商行政管理部门办理的企业登记手续及经工商行政管理机关登记注册的评估机构的技术成果价值评估报告和确认书。不提供上述资料的，不得享受暂不征收个人所得税优惠政策。

上述科研机构是指按《关于科研事业单位机构设置审批事项的通知》（中编办发〔1997〕14 号）的规定设置审批的自然科学研究事业单位机构。

上述高等学校是指全日制普通高等学校（包括大学、专门学院和高等专科学校）。

在获奖人按股份、出资比例获得分红时，对其所得按"利息股息、红利所得"应税项目征收个人所得税。

获奖人转让股份出资比例，对其所得按"财产转让所得"应税项目征收个人所得税，财产原

值为零。（国税发〔1999〕125号）

十六、个人因解除劳动关系取得的一次性补偿收入优惠

个人因解除劳动关系取得的一次性补偿收入（包括用人单位发放的经济补偿金、生活补助费和其他补助费用），在当地上年职工平均工资3倍数额以内的部分，免征个人所得税（财税〔2001〕157号）

十七、城镇房屋拆迁补偿款优惠

对被拆迁人按照国家有关城镇房屋拆迁管理办法规定的标准取得的拆迁补偿款，免征个人所得税（财税〔2005〕45号）

十八、有奖发票奖金优惠

个人取得单张有奖发票奖金所得不超过800元（含800元）的，暂免征收个人所得税；个人取得单张有奖发票奖金所得超过800元的，应全额按照个人所得税法规定的"偶然所得"目征收个人所得税。

税务机关或其指定的有奖发票兑奖机构，是有奖发票奖金所得个人所得税的扣缴义务人，应依法认真做好个人所得税代扣代缴工作。（财税〔2007〕34号）

十九、生育津贴、生育医疗费或其他属于生育保险性质的津贴、补贴优惠

生育妇女按照县级以上人民政府根据国家有关规定制定的生育保险办法，取得的生育津贴、生育医疗费或其他属于生育保险性质的津贴、补贴，免征个人所得税。（财税〔2008〕8号）

二十、教育储蓄存款利息所得优惠

对个人取得的教育储蓄存款利息所得以及国务院财政部门确定的其他专项储蓄存款或者储蓄性专项基金存款的利息所得，免征个人所得税（国务院令第272号）；对储蓄存款利息所得暂免征收个人所得税（财税〔2008〕132号）

二十一、个人出租住房取得的所得优惠

对个人出租住房取得的所得减按10%的税率征收个人所得税。（财税〔2008〕24号）

二十二、房屋产权无偿赠予优惠

以下情形的房屋产权无偿赠予，对当事双方不征收个人所得税：

（一）房屋产权所有人将房屋产权无偿赠予配偶、父母、子女、祖父母、外祖父母、孙子女、外孙子女、兄弟姐妹；

（二）房屋产权所有人将房屋产权无偿赠予对其承担直接抚养或者赡养义务的抚养人或者赡养人；

（三）屋产权所有人死亡，依法取得房屋产权的法定继承人、遗嘱继承人或者受遗赠人。（财税〔2009〕78号）

二十三、离婚办理房屋产权过户手续优惠

通过离婚析产的方式分割房屋产权是夫妻双方对共同共有财产的处置，个人因离婚办理房屋产权过户手续，不征收个人所得税。（国税发〔2009〕121号）

二十四、种植业、养殖业、饲养业和捕捞业优惠

对个人独资企业和合伙企业从事种植业、养殖业、饲养业和捕捞业（以下简称"四业"），其投资者取得的"四业"所得暂不征收个人所得税。（财税〔2010〕96号）

二十五、企业在销售商品（产品）和提供服务过程中向个人赠送礼品优惠

企业在销售商品（产品）和提供服务过程中向个人赠送礼品，属于下列情形之一的，不征收个人所得税：

（一）企业通过价格折扣、折让方式向个人销售商品（产品）和提供服务；

（二）企业在向个人销售商品（产品）和提供服务的同时给予赠品，如通信企业对个人购买手机赠话费、入网费，或者购话费赠手机等；

（三）企业对累积消费达到一定额度的个人按消费积分反馈礼品。（财税〔2011〕50号）

二十六、退役金以及地方政府发放的一次性经济补助优惠

对退役士兵按照《退役士兵安置条例》（国务院、中央军委令第608号）规定，取得的一次性退役金以及地方政府发放的一次性经济补助，免征个人所得税。（财税〔2011〕109号）

二十七、工伤职工及其近亲属工伤保险待遇优惠

对工伤职工及其近亲属按照《工伤保险条例》（国务院令第586号）规定取得的工伤保险待遇，免征个人所得税。（财税〔2012〕40号）

二十八、地方政府债券利息收入优惠

对企业和个人取得的2012年及以后年度发行的地方政府债券利息收入，免征企业所得税和个人所得税。地方政府债券是指经国务院批准同意，以省、自治区、直辖市、计划单列市政府为发行和偿还主体的债券。（财税〔2013〕5号）

二十九、廉租住房货币补贴优惠

对个人按《廉租住房保障办法》（建设部等9部委令第162号）规定取得的廉租住房货币补贴，免征个人所得税；对于所在单位以廉租住房名义发放的不符合规定的补贴，应征收个人所得税。（财税（2014）52号）

三十、股票股息红利所得优惠

个人从公开发行和转让市场取得的上市公司股票或者持有全国中小企业股份转让系统（新三板，下同）挂牌公司的股票，持股期限超过1年的，股息红利所得暂免征收个人所得税。个人从公开发行和转让市场取得的上市公司股票或者持有全国中小企业股份转让系统挂牌公司的股票，持股期限在1个月以内（含1个月）的，其股息红利所得全额计入应纳税所得额；持股期限在1个月以上至1年（含1年）的，暂减按50%计入应纳税所得额（财税〔2015〕101号）

三十一、关于企业转增股本优惠

自2016年1月1日起，全国范围内的中小高新技术企业以未分配利润、盈余公积、资本公积向个人股东转增股本时，个人股东一次缴纳个人所得税确有困难的，可根据实际情况自行制定分期缴税计划，在不超过5个公历年度内（含）分期缴纳，并将有关资料报主管税务机关备案。（财税〔2015〕116号）

三十二、关于股权奖励优惠

自2016年1月1日起，全国范围内的高新技术企业转化科技成果，给予本企业相关技术人员的股权奖励，个人一次缴纳税款有困难的，可根据实际情况自行制定分期缴税计划，在不超过5个公历年度内（含）分期缴纳，并将有关资料报主管税务机关备案。（财税〔2015〕116号）

三十三、从投保基金公司取得的行政和解金优惠

对个人投资者从投保基金公司取得的行政和解金，暂免征收个人所得税。（财税〔2016〕100号）

三十四、自主就业创业优惠

对自主就业退役士兵从事个体经营的，在3年内按每户每年8000元为限额依次扣减其当年实际应缴纳的增值税、城市维护建设税、教育费附加、地方教育附加和个人所得税。限额标准最高可上浮20%，各省、自治区、直辖市人民政府可根据本地区实际情况在此幅度内确定具体限额标准，并报财政部和税务总局备案。（财税〔2017〕46号）

对持《就业创业证》的人员从事个体经营的，在3年内按每户每年8000元为限额依次扣减其当年实际应缴纳的增值税、城市维护建设税、教育费附加、地方教育附加和个人所得税（财税〔2017〕49号）；

三十五、对北京2022年冬奥会、冬残奥会、测试赛参与者优惠

（一）个人捐赠北京2022年冬奥会、冬残奥会、测试赛的资金和物资支出可在计算个人应纳税所得额时予以全额扣除。

（二）对受北京冬奥组委邀请的，在北京2022年冬奥会、冬残奥会、测试赛期间临时来华，从事奥运相关工作的外籍顾问以及裁判员等外籍技术官员取得的由北京冬奥组委、测试赛赛事组委会支付的劳务报酬免征增值税和个人所得税。

（三）对于参赛运动员因北京 2022 年冬奥会、冬残奥会、测试赛比赛获得的奖金和其他奖赏收入，按现行税收法律法规的有关规定征免应缴纳的个人所得税。（财税〔2017〕60 号）

三十六、沪港通投资上市股票取得的转让差价所得优惠

对内地个人投资者通过沪港通投资香港联交所上市股票取得的转让差价所得，自 2017 年 11 月 17 日起至 2019 年 12 月 4 日止，继续暂免征收个人所得税。（财税〔2017〕78 号）

三十七、境外个人投资者投资中国境内原油期货取得的所得优惠

自原油期货对外开放之日起，对境外个人投资者投资中国境内原油期货取得的所得，三年内暂免征收个人所得税。（财税〔2018〕21 号）

三十八、内地个人投资者通过基金互认买卖香港基金份额取得的转让差价所得优惠

对内地个人投资者通过基金互认买卖香港基金份额取得的转让差价所得，自 2018 年 12 月 18 日起至 2019 年 12 月 4 日止，继续暂免征收个人所得税。（财税〔2018〕154 号）

三十九、个人转让新三板挂牌公司非原始股取得的所得优惠

自 2018 年 11 月 1 日（含）起，对个人转让新三板挂牌公司非原始股取得的所得，暂免征收个人所得税。（财税〔2018〕137 号）

四十、对易地扶贫搬迁贫困人口优惠

对易地扶贫搬迁贫困人口按规定取得的住房建设补助资金、拆旧复垦奖励资金等与易地扶贫搬迁相关的货币化补偿和易地扶贫搬迁安置住房（以下简称安置住房），免征个人所得税。
（财税〔2018〕135 号）

四十一、关于个人所得税法修改后有关优惠政策衔接问题

（一）关于全年一次性奖金、中央企业负责人年度绩效薪金延期兑现收入和任期奖励的政策

1、居民个人取得全年一次性奖金，符合《国家税务总局关于调整个人取得全年一次性奖金等计算征收个人所得税方法问题的通知》（国税发〔2005〕9 号）规定的，在 2021 年 12 月 31 日前，不并入当年综合所得，以全年一次性奖金收入除以 12 个月得到的数额，按照本通知所附按月换算后的综合所得税率表（以下简称月度税率表），确定适用税率和速算扣除数，单独计算纳税。计算公式为：

应纳税额 = 全年一次性奖金收入 × 适用税率 − 速算扣除数

居民个人取得全年一次性奖金，也可以选择并入当年综合所得计算纳税。

自 2022 年 1 月 1 日起，居民个人取得全年一次性奖金，应并入当年综合所得计算缴纳个人所得税。

2、中央企业负责人取得年度绩效薪金延期兑现收入和任期奖励，符合《国家税务总局关于中央企业负责人年度绩效薪金延期兑现收入和任期奖励征收个人所得税问题的通知》（国税发〔2007〕118号）规定的，在2021年12月31日前，参照本通知第一条第（一）项执行；2022年1月1日之后的政策另行明确。

（二）关于上市公司股权激励的政策

1、居民个人取得股票期权、股票增值权、限制性股票、股权奖励等股权激励（以下简称股权激励），符合《财政部 国家税务总局关于个人股票期权所得征收个人所得税问题的通知》（财税〔2005〕35号）、《财政部国家税务总局关于股票增值权所得和限制性股票所得征收个人所得税有关问题的通知》（财税〔2009〕5号）、《财政部 国家税务总局关于将国家自主创新示范区有关税收试点政策推广到全国范围实施的通知》（财税〔2015〕116号）第四条、《财政部国家税务总局关于完善股权激励和技术入股有关所得税政策的通知》（财税〔2016〕101号）第四条第（一）项规定的相关条件的，在2021年12月31日前，不并入当年综合所得，全额单独适用综合所得税率表，计算纳税。计算公式为：

应纳税额 = 股权激励收入 × 适用税率 − 速算扣除数

2、居民个人一个纳税年度内取得两次以上（含两次）股权激励的，应合并按本通知第二条第（一）项规定计算纳税。

3、2022年1月1日之后的股权激励政策另行明确。

（三）关于保险营销员、证券经纪人佣金收入的政策

保险营销员、证券经纪人取得的佣金收入，属于劳务报酬所得，以不含增值税的收入减除20%的费用后的余额为收入额，收入额减去展业成本以及附加税费后，并入当年综合所得，计算缴纳个人所得税。保险营销员、证券经纪人展业成本按照收入额的25%计算。

扣缴义务人向保险营销员、证券经纪人支付佣金收入时，应按照《个人所得税扣缴申报管理办法（试行）》（国家税务总局公告2018年第61号）规定的累计预扣法计算预扣税款。

（四）关于个人领取企业年金、职业年金的政策

个人达到国家规定的退休年龄，领取的企业年金、职业年金，符合《财政部 人力资源社会保障部 国家税务总局关于企业年金 职业年金个人所得税有关问题的通知》（财税〔2013〕103号）规定的，不并入综合所得，全额单独计算应纳税款。其中按月领取的，适用月度税率表计算纳税；按季领取的，平均分摊计入各月，按每月领取额适用月度税率表计算纳税；按年领取的，适用综合所得税率表计算纳税。

个人因出境定居而一次性领取的年金个人账户资金，或个人死亡后，其指定的受益人或法定继承人一次性领取的年金个人账户余额，适用综合所得税率表计算纳税。对个人除上述特殊原因外一次性领取年金个人账户资金或余额的，适用月度税率表计算纳税。

（五）关于解除劳动关系、提前退休、内部退养的一次性补偿收入的政策

1、个人与用人单位解除劳动关系取得一次性补偿收入（包括用人单位发放的经济补偿金、生活补助费和其他补助费），在当地上年职工平均工资3倍数额以内的部分，免征个人所得税；超过3倍数额的部分，不并入当年综合所得，单独适用综合所得税率表，计算纳税。

2、个人办理提前退休手续而取得的一次性补贴收入，应按照办理提前退休手续至法定离退休

年龄之间实际年度数平均分摊，确定适用税率和速算扣除数，单独适用综合所得税率表，计算纳税。计算公式：

应纳税额 ={〔（一次性补贴收入 ÷ 办理提前退休手续至法定退休年龄的实际年度数）－费用扣除标准〕× 适用税率－速算扣除数}× 办理提前退休手续至法定退休年龄的实际年度数

3、个人办理内部退养手续而取得的一次性补贴收入，按照《国家税务总局关于个人所得税有关政策问题的通知》（国税发〔1999〕58 号）规定计算纳税。

（六）关于单位低价向职工售房的政策

单位按低于购置或建造成本价格出售住房给职工，职工因此而少支出的差价部分，符合《财政部 国家税务总局关于单位低价向职工售房有关个人所得税问题的通知》（财税〔2007〕13 号）第二条规定的，不并入当年综合所得，以差价收入除以 12 个月得到的数额，按照月度税率表确定适用税率和速算扣除数，单独计算纳税。计算公式为：

应纳税额 = 职工实际支付的购房价款低于该房屋的购置或建造成本价格的差额 × 适用税率－速算扣除数

（七）关于外籍个人有关津补贴的政策

1、2019 年 1 月 1 日至 2021 年 12 月 31 日期间，外籍个人符合居民个人条件的，可以选择享受个人所得税专项附加扣除，也可以选择按照《财政部 国家税务总局关于个人所得税若干政策问题的通知》（财税〔1994〕20 号）、《国家税务总局关于外籍个人取得有关补贴征免个人所得税执行问题的通知》（国税发〔1997〕54 号）和《财政部 国家税务总局关于外籍个人取得港澳地区住房等补贴征免个人所得税的通知》（财税〔2004〕29 号）规定，享受住房补贴、语言训练费、子女教育费等津补贴免税优惠政策，但不得同时享受。外籍个人一经选择，在一个纳税年度内不得变更。

2、自 2022 年 1 月 1 日起，外籍个人不再享受住房补贴、语言训练费、子女教育费津补贴免税优惠政策，应按规定享受专项附加扣除。

（八）除上述衔接事项外，其他个人所得税优惠政策继续按照原文件规定执行。

（财税〔2018〕164 号）

四十二、关于进一步支持和促进重点群体创业就业有关税收优惠

（一）建档立卡贫困人口、持《就业创业证》（注明"自主创业税收政策"或"毕业年度内自主创业税收政策"）或《就业失业登记证》（注明"自主创业税收政策"）的人员，从事个体经营的，自办理个体工商户登记当月起，在 3 年（36 个月，下同）内按每户每年 12000 元为限额依次扣减其当年实际应缴纳的增值税、城市维护建设税、教育费附加、地方教育附加和个人所得税。限额标准最高可上浮 20%，各省、自治区、直辖市人民政府可根据本地区实际情况在此幅度内确定具体限额标准。

纳税人年度应缴纳税款小于上述扣减限额的，减免税额以其实际缴纳的税款为限；大于上述扣减限额的，以上述扣减限额为限。

上述人员具体包括：1. 纳入全国扶贫开发信息系统的建档立卡贫困人口；2. 在人力资源社会保障部门公共就业服务机构登记失业半年以上的人员；3. 零就业家庭、享受城市居民最低生活保

障家庭劳动年龄内的登记失业人员；4. 毕业年度内高校毕业生。高校毕业生是指实施高等学历教育的普通高等学校、成人高等学校应届毕业的学生；毕业年度是指毕业所在自然年，即 1 月 1 日至 12 月 31 日。

（二）国务院扶贫办在每年 1 月 15 日前将建档立卡贫困人口名单及相关信息提供给人力资源社会保障部、税务总局，税务总局将相关信息转发给各省、自治区、直辖市税务部门。人力资源社会保障部门依托全国扶贫开发信息系统核实建档立卡贫困人口身份信息。

（三）本通知规定的税收政策执行期限为 2019 年 1 月 1 日至 2021 年 12 月 31 日。纳税人在 2021 年 12 月 31 日享受本通知规定税收优惠政策未满 3 年的，可继续享受至 3 年期满为止。《财政部 税务总局 人力资源社会保障部关于继续实施支持和促进重点群体创业就业有关税收政策的通知》（财税〔2017〕49 号）自 2019 年 1 月 1 日起停止执行。

本通知所述人员，以前年度已享受重点群体创业就业税收优惠政策满 3 年的，不得再享受本通知规定的税收优惠政策；以前年度享受重点群体创业就业税收优惠政策未满 3 年且符合本通知规定条件的，可按本通知规定享受优惠至 3 年期满。

（财税〔2019〕22 号）

四十三、关于进一步扶持自主就业退役士兵创业就业有关税收优惠

（一）自主就业退役士兵从事个体经营的，自办理个体工商户登记当月起，在 3 年（36 个月，下同）内按每户每年 12000 元为限额依次扣减其当年实际应缴纳的增值税、城市维护建设税、教育费附加、地方教育附加和个人所得税。限额标准最高可上浮 20%，各省、自治区、直辖市人民政府可根据本地区实际情况在此幅度内确定具体限额标准。

纳税人年度应缴纳税款小于上述扣减限额的，减免税额以其实际缴纳的税款为限；大于上述扣减限额的，以上述扣减限额为限。纳税人的实际经营期不足 1 年的，应当按月换算其减免税限额。换算公式为：减免税限额 = 年度减免税限额 ÷ 12 × 实际经营月数。城市维护建设税、教育费附加、地方教育附加的计税依据是享受本项税收优惠政策前的增值税应纳税额。

（二）本通知所称自主就业退役士兵是指依照《退役士兵安置条例》（国务院 中央军委令第 608 号）的规定退出现役并按自主就业方式安置的退役士兵。

（三）自主就业退役士兵从事个体经营的，在享受税收优惠政策进行纳税申报时，注明其退役军人身份，并将《中国人民解放军义务兵退出现役证》《中国人民解放军士官退出现役证》或《中国人民武装警察部队义务兵退出现役证》《中国人民武装警察部队士官退出现役证》留存备查。

（四）本通知规定的税收政策执行期限为 2019 年 1 月 1 日至 2021 年 12 月 31 日。纳税人在 2021 年 12 月 31 日享受本通知规定税收优惠政策未满 3 年的，可继续享受至 3 年期满为止。《财政部 税务总局 民政部关于继续实施扶持自主就业退役士兵创业就业有关税收政策的通知》（财税〔2017〕46 号）自 2019 年 1 月 1 日起停止执行。

退役士兵以前年度已享受退役士兵创业就业税收优惠政策满 3 年的，不得再享受本通知规定的税收优惠政策；以前年度享受退役士兵创业就业税收优惠政策未满 3 年且符合本通知规定条件的，可按本通知规定享受优惠至 3 年期满。

（财税〔2019〕21 号）

四十四、继续有效的个人所得税优惠政策涉及的文件目录的公告

为了贯彻落实修改后的《中华人民共和国个人所得税法》，财政部、税务总局公布了继续有效的个人所得税优惠政策涉及的文件目录。

（财政部 税务总局公告 2018 年第 177 号）

继续有效的个人所得税优惠政策涉及的文件目录

序号	制定机关	优惠政策文件名称	文号
1	财政部	关于外国来华工作人员缴纳个人所得税问题的通知	（80）财税字第 189 号
2	财政部、税务总局	关于个人所得税若干政策问题的通知	财税字〔1994〕020 号
3	财政部、税务总局	关于西藏自治区贯彻施行《中华人民共和国个人所得税法》有关问题的批复	财税字〔1994〕021 号
4	财政部、税务总局	关于印发《征收个人所得税若干问题的规定》的通知	国税发〔1994〕089 号
5	税务总局	关于社会福利有奖募捐发行收入税收问题的通知	国税发〔1994〕127 号
6	税务总局	关于曾宪梓教育基金会教师奖免征个人所得税的函	国税函发〔1994〕376 号
7	财政部、税务总局	关于发给见义勇为者的奖金免征个人所得税问题的通知	财税字〔1995〕25 号
8	税务总局	国家税务总局关于个人取得青苗补偿费收入征免个人所得税的批复	国税函发〔1995〕079 号
9	财政部、税务总局	关于军队干部工资薪金收入征收个人所得税的通知	财税字〔1996〕14 号
10	财政部、税务总局	关于西藏特殊津贴免征个人所得税的批复	财税字〔1996〕91 号
11	财政部、税务总局	关于国际青少年消除贫困奖免征个人所得税的通知	财税字〔1997〕51 号
12	税务总局	关于股份制企业转增股本和派发红股征免个人所得税的通知	国税发〔1997〕198 号
13	财政部、税务总局	关于个人取得体育彩票中奖所得征免个人所得税问题的通知	财税字〔1998〕12 号
14	财政部、税务总局	关于证券投资基金税收问题的通知	财税字〔1998〕55 号

15	财政部、税务总局	关于个人转让股票所得继续暂免征收个人所得税的通知	财税字〔1998〕61号
16	税务总局	关于原城市信用社在转制为城市合作银行过程中个人股增值所得应纳个人所得税的批复	国税函〔1998〕289号
17	税务总局	关于"长江学者奖励计划"有关个人收入免征个人所得税的通知	国税函〔1998〕632号
18	财政部、税务总局	关于促进科技成果转化有关税收政策的通知	财税字〔1999〕45号
19	税务总局	关于个人所得税有关政策问题的通知	国税发〔1999〕58号
20	税务总局	关于促进科技成果转化有关个人所得税问题的通知	国税发〔1999〕125号
21	财政部、税务总局	关于住房公积金 医疗保险金 基本养老保险金 失业保险基金个人账户存款利息所得免征个人所得税的通知	财税字〔1999〕267号
22	税务总局	关于"特聘教授奖金"免征个人所得税的通知	国税函〔1999〕525号
23	税务总局	关于企业改组改制过程中个人取得的量化资产征收个人所得税问题的通知	国税发〔2000〕60号
24	财政部、税务总局	关于随军家属就业有关税收政策的通知	财税〔2000〕84号
25	财政部、税务总局	关于调整住房租赁市场税收政策的通知	财税〔2000〕125号
26	税务总局	关于律师事务所从业人员取得收入征收个人所得税有关业务问题的通知	国税发〔2000〕149号
27	税务总局	关于"长江小小科学家"奖金免征个人所得税的通知	国税函〔2000〕688号
28	税务总局	关于《关于个人独资企业和合伙企业投资者征收个人所得税的规定》执行口径的通知	国税函〔2001〕84号
29	财政部、税务总局	关于个人与用人单位解除劳动关系取得的一次性补偿收入征免个人所得税问题的通知	财税〔2001〕157号
30	财政部、税务总局	关于开放式证券投资基金有关税收问题的通知	财税〔2002〕128号

31	财政部、税务总局	关于自主择业的军队转业干部有关税收政策问题的通知	财税〔2003〕26号
32	税务总局	关于个人取得"母亲河（波司登）奖"奖金所得免征个人所得税问题的批复	国税函〔2003〕961号
33	税务总局	关于外籍个人取得港澳地区住房等补贴征免个人所得税的通知	财税〔2004〕29号
34	税务总局	关于农村税费改革试点地区有关个人所得税问题的通知	财税〔2004〕30号
35	税务总局	关于教育税收政策的通知	财税〔2004〕39号
36	财政部、税务总局	关于国际组织驻华机构 外国政府驻华使领馆和驻华新闻机构雇员个人所得税征收方式的通知	国税函〔2004〕808号
37	税务总局	关于城镇房屋拆迁有关税收政策的通知	财税〔2005〕45号
38	财政部、税务总局	关于股权分置试点改革有关税收政策问题的通知	财税〔2005〕103号
39	税务总局	关于基本养老保险费基本医疗保险费失业保险费住房公积金有关个人所得税政策的通知	财税〔2006〕10号
40	财政部、税务总局	关于陈嘉庚科学奖获奖个人取得的奖金收入免征个人所得税的通知	国税函〔2006〕561号
41	税务总局	关于单位低价向职工售房有关个人所得税问题的通知	财税〔2007〕13号
42	税务总局	关于个人取得有奖发票奖金征免个人所得税问题的通知	财税〔2007〕34号
43	财政部、税务总局	关于《建立亚洲开发银行协定》有关个人所得税问题的补充通知	财税〔2007〕93号
44	财政部、税务总局	关于高级专家延长离休退休期间取得工资薪金所得有关个人所得税问题的通知	财税〔2008〕7号
45	财政部、税务总局	关于生育津贴和生育医疗费有关个人所得税政策的通知	财税〔2008〕8号
46	财政部、人力资源社会保障部、税务总局	关于廉租住房经济适用住房和住房租赁有关税收政策的通知	财税〔2008〕24号

47	财政部、税务总局	关于认真落实抗震救灾及灾后重建税收政策问题的通知	财税〔2008〕62号
48	财政部、税务总局	关于储蓄存款利息所得有关个人所得税政策的通知	财税〔2008〕132号
49	财政部、税务总局	关于证券市场个人投资者证券交易结算资金利息所得有关个人所得税政策的通知	财税〔2008〕140号
50	财政部、税务总局、证监会	关于个人无偿受赠房屋有关个人所得税问题的通知	财税〔2009〕78号
51	财政部、税务总局	关于明确个人所得税若干政策执行问题的通知	国税发〔2009〕121号
52	财政部、税务总局	关于刘东生青年科学家奖和刘东生地球科学奖学金获奖者奖金免征个人所得税的通知	国税函〔2010〕74号
53	财政部、税务总局	关于全国职工职业技能大赛奖金免征个人所得税的通知	国税函〔2010〕78号
54	税务总局	关于个人独资企业和合伙企业投资者取得种植业 养殖业 饲养业 捕捞业所得有关个人所得税问题的批复	财税〔2010〕96号
55	财政部、税务总局	关于中华宝钢环境优秀奖奖金免征个人所得税问题的通知	国税函〔2010〕130号
56	财政部、税务总局	关于企业促销展业赠送礼品有关个人所得税问题的通知	财税〔2011〕50号
57	财政部、税务总局	关于2011年度李四光地质科学奖奖金免征个人所得税的公告	国家税务总局公告2011年第68号
58	税务总局	关于退役士兵退役金和经济补助免征个人所得税问题的通知	财税〔2011〕109号
59	财政部、税务总局	国关于第五届黄汲清青年地质科学技术奖奖金免征个人所得税问题的公告	国家税务总局公告2012年第4号
60	财政部、税务总局	关于明天小小科学家奖金免征个人所得税问题的公告	国家税务总局公告2012年第28号
61	财政部、税务总局	关于工伤职工取得的工伤保险待遇有关个人所得税政策的通知	财税〔2012〕40号

62	财政部、税务总局	关于地方政府债券利息免征所得税问题的通知	财税〔2013〕5 号
63	财政部、税务总局	关于棚户区改造有关税收政策的通知	财税〔2013〕101 号
64	财政部、税务总局	关于企业年金职业年金个人所得税有关问题的通知	财税〔2013〕103 号
65	财政部、税务总局	关于广东横琴新区个人所得税优惠政策的通知	财税〔2014〕23 号
66	财政部、税务总局	关于福建平潭综合实验区个人所得税优惠政策的通知	财税〔2014〕24 号
67	财政部、税务总局	关于深圳前海深港现代服务业合作区个人所得税优惠政策的通知	财税〔2014〕25 号
68	财政部、税务总局	关于沪港股票市场交易互联互通机制试点有关税收政策的通知	财税〔2014〕81 号
69	财政部、海关总署、税务总局	关于支持鲁甸地震灾后恢复重建有关税收政策问题的通知	财税〔2015〕27 号
70	财政部、税务总局	关于个人非货币性资产投资有关个人所得税政策的通知	财税〔2015〕41 号
71	财政部、税务总局、证监会	关于上市公司股息红利差别化个人所得税政策有关问题的通知	财税〔2015〕101 号
72	财政部、税务总局	关于将国家自主创新示范区有关税收试点政策推广到全国范围实施的通知	财税〔2015〕116 号
73	财政部、税务总局、证监会	关于内地与香港基金互认有关税收政策的通知	财税〔2015〕125 号
74	财政部、税务总局	关于行政和解金有关税收政策问题的通知	财税〔2016〕100 号
75	财政部、税务总局	关于完善股权激励和技术入股有关所得税政策的通知	财税〔2016〕101 号
76	财政部、税务总局、证监会	关于深港股票市场交易互联互通机制试点有关税收政策的通知	财税〔2016〕127 号
77	财政部、税务总局、民政部	关于继续实施扶持自主就业退役士兵创业就业有关税收政策的通知	财税〔2017〕46 号
78	财政部、税务总局、人力资源社会保障部	关于继续实施支持和促进重点群体创业就业有关税收政策的通知	财税〔2017〕49 号

79	财政部、税务总局、海关总署	关于北京 2022 年冬奥会和冬残奥会税收政策的通知	财税〔2017〕60 号
80	财政部、税务总局、证监会	关于沪港股票市场交易互联互通机制试点有关税收政策的通知	财税〔2017〕78 号
81	财政部、税务总局、证监会	关于支持原油等货物期货市场对外开放税收政策的通知	财税〔2018〕21 号
82	财政部、税务总局、人力资源社会保障部、中国银行保险监督管理委员会、证监会	关于开展个人税收递延型商业养老保险试点的通知	财税〔2018〕22 号
83	财政部、税务总局	关于创业投资企业和天使投资个人有关税收政策的通知	财税〔2018〕55 号
84	财政部、税务总局、科技部	关于科技人员取得职务科技成果转化现金奖励有关个人所得税政策的通知	财税〔2018〕58 号
85	财政部、税务总局	关于易地扶贫搬迁税收优惠政策的通知	财税〔2018〕135 号
86	财政部、税务总局、证监会	于个人转让全国中小企业股份转让系统挂牌公司股票有关个人所得税政策的通知	财税〔2018〕137 号
87	财政部、税务总局、证监会	关于继续执行内地与香港基金互认有关个人所得税政策的通知	财税〔2018〕154 号
88	财政部、税务总局	关于个人所得税法修改后有关优惠政策衔接问题的通知	财税〔2018〕164 号

注：上述文件中个人所得税优惠政策继续有效，已废止或者失效的部分条款除外。

练习与解析

1.【单选】下列各项个人所得，属于减征个人所得税项目的是。（   ）

A 按照国家统一规定发给的补贴、津贴　　B. 福利费、抚恤金、救济金

C.军人的转业费、复员费、退役金　　D.残疾、孤老人员和烈属的所得

【答案】D

【答案解析】关于个人所得税税收优惠的规定，税法规定了免税和减征两种情形。前三项属于免征项目，最后一项属于减征项目

2.【单选】下列各项个人所得，属于不征个人所得税项目的是。（   ）

A 体育彩票中奖收入，一次中奖不超过 10000 元的

B. 个人举报、协查各种违法、犯罪行业而获得的奖金

C. 企业通过价格折扣、折让方式向个人销售商品（产品）和提供服务

D. 个人办理代扣代缴税款手续，按规定取得的扣缴手续费

【答案】C

【答案解析】企业通过价格折扣、折让方式向个人销售商品（产品）和提供服务，不征个人所得税，其他三项属于免征项目。

3、【多选】下列各项个人所得，属于免征个人所得税项目的是。（   ）

A 国债和国家发行的金融债券利息　　B. 福利费、抚恤金、救济金

C. 保险赔款　　D. 因自然灾害遭受重大损失的

【答案】ABC

【答案解析】关于个人所得税税收优惠的规定。税法规定了免税和减征两种情形。前三项属于免征项目，最后一项属于减征项目

4.【多选】下列不属于工资、薪金性质的补贴、津贴，不征收个人所得税的有。（   ）

A. 独生子女补贴　　B. 托儿补助费

C. 差旅费津贴、误餐补助　　D. 年终加薪

【答案】ABC

【答案解析】独生子女补贴、托儿补助费、差旅费津贴、误餐补助不属于工资、薪金性质的补贴、津贴或者不属于纳税人本人工资、薪金所得项目的收入，不征税：国税发〔1994〕

5.【判断题】个人取得的各种奖金都要征收个人所得税，以所得人为纳税义务人，以支付所得的单位或者个人为扣缴义务人。（   ）

【答案】错误

【答案解析】省级人民政府、国务院部委和中国人民解放军军以上单位，以及外国组织、国际组织颁发的科学、教育、技术、文化、卫生、体育、环境保护等方面的奖金，免征个人所得税，

6.【判断题】

对个人出租住房取得的所得减按 10% 的税率征收个人所得税。（　）

【答案】正确

【答案解析】对个人出租住房取得的所得减按 10% 的税率征收个人所得税（财税〔2008〕24 号）

第八章
征收管理

第一节 代扣代缴义务人申报

主要政策依据：

《中华人民共和国个人所得税法》（以下简称《税法》）（2018年修正，主席令第9号）；

《中华人民共和国个人所得税法实施条例》（以下简称《实施条例》）（国务院令第707号）。

《国家税务总局关于发布＜个人所得税扣缴申报管理办法（试行）＞的公告》（国家税务总局公告2018年第61号）

一、个人所得税扣缴申报管理办法

为规范个人所得税扣缴申报行为，维护纳税人和扣缴义务人合法权益，根据《中华人民共和国个人所得税法》及其实施条例、《中华人民共和国税收征收管理法》及其实施细则等法律法规的规定，制定《个人所得税扣缴申报管理办法（试行）》（国家税务总局公告2018年第61号）。

（一）扣缴义务人的概念

扣缴义务人，是指向个人支付所得的单位或者个人。扣缴义务人应当依法办理全员全额扣缴申报。

（二）全员全额扣缴申报含义及包括的所得项目

1. 含义

全员全额扣缴申报，是指扣缴义务人应当在代扣税款的次月十五日内，向主管税务机关报送其支付所得的所有个人的有关信息、支付所得数额、扣除事项和数额、扣缴税款的具体数额和总额以及其他相关涉税信息资料。

2. 实行个人所得税全员全额扣缴申报的应税所得包括：

（1）工资、薪金所得；

（2）劳务报酬所得；

（3）稿酬所得；

（4）特许权使用费所得：

（5）利息、股息、红利所得；

（6）财产租赁所得；

（7）财产转让所得；

（8）偶然所得。

（三）扣缴税款的缴库时限

扣缴义务人每月或者每次预扣、代扣的税款，应当在次月十五日内缴入国库，并向税务机关报送《个人所得税扣缴申报表》。

（四）"按次"代扣代缴时"次"的确定

1.劳务报酬所得、稿酬所得、特许权使用费所得

（1）属于一次性收入的，以取得该项收入为一次；

（2）属于同一项目连续性收入的，以一个月内取得的收入为一次。

2.财产租赁所得

以一个月内取得的收入为一次。

3.利息、股息、红利所得

以支付利息、股息、红利时取得的收入为一次。

4.偶然所得

以每次取得该项收入为一次。

（五）代扣代缴时如何享受税收协定待遇

纳税人需要享受税收协定待遇的，应当在取得应税所得时主动向扣缴义务人提出，并提交相关信息、资料，扣缴义务人代扣代缴税款时按照享受税收协定待遇有关办法办理。

（六）已扣缴税款信息的获取

1.支付工资、薪金所得的扣缴义务人应当于年度终了后两个月内，向纳税人提供其个人所得和已扣缴税款等信息。纳税人年度中间需要提供上述信息的，扣缴义务人应当提供。

2.纳税人取得除工资、薪金所得以外的其他所得，扣缴义务人应当在扣缴税款后，及时向纳税人提供其个人所得和已扣缴税款等信息。

（七）不得擅自更改纳税人信息

1.扣缴义务人应当按照纳税人提供的信息计算税款、办理扣缴申报，不得擅自更改纳税人提供的信息。

2.扣缴义务人发现纳税人提供的信息与实际情况不符的，可以要求纳税人修改。纳税人拒绝修改的，扣缴义务人应当报告税务机关，税务机关应当及时处理。

3.纳税人发现扣缴义务人提供或者扣缴申报的个人信息、支付所得、扣缴税款等信息与实际情况不符的，有权要求扣缴义务人修改。扣缴义务人拒绝修改的，纳税人应当报告税务机关，税务机关应当及时处理。

（八）专项附加扣除信息表等资料的管理要求

1.扣缴义务人对纳税人提供的《个人所得税专项附加扣除信息表》，应当按照规定妥善保存备查。

2.扣缴义务人应当依法对纳税人报送的专项附加扣除等相关涉税信息和资料保密。

（九）扣缴义务人的法律责任

扣缴义务人有未按照规定向税务机关报送资料和信息、未按照纳税人提供信息虚报虚扣专项附加扣除、应扣未扣税款、不缴或少缴已扣税款、借用或冒用他人身份等行为的，依照《中华人

民共和国税收征收管理法》等相关法律、行政法规处理。

（十）个人所得税扣缴申报表　个人所得税扣缴申报表

税款所属期：　年　月　日至　　年　月　日

扣缴义务人名称：

扣缴义务人纳税人识别号（统一社会信用代码）：□□□□□□□□□□□□□□□□□□

金额单位：人民币元（列至角分）

序号	姓名	身份证件类型	身份证件号码	纳税人识别号	是否为非居民个人	所得项目	本月（次）情况														累计情况											税款计算							备注
							收入额计算				专项扣除				其他扣除						累计收入额	累计减除费用	累计专项扣除	累计专项附加扣除					累计其他扣除	减按计税比例	准予扣除的捐赠额	应纳税所得额	税率/预扣率	速算扣除数	应纳税额	减免税额	已缴税额	应补/退税额	
							收入	费用	免税收入	减除费用	基本养老保险费	基本医疗保险费	失业保险费	住房公积金	年金	商业健康保险	税延养老保险	财产原值	允许扣除的税费	其他				子女教育	赡养老人	住房贷款利息	住房租金	继续教育											
1	2	3	4	5	6	7	8	9	10	11	12	13	14	15	16	17	18	19	20	21	22	23	24	25	26	27	28	29	30	31	32	33	34	35	36	37	38	39	40
合计																																							

谨声明：本表是根据国家税收法律及相关规定填报的，是真实的、可靠的、完整的。

扣缴义务人（签章）：

经办人签字：

经办人身份证件号码：

代理机构签章：

代理机构统一社会信用代码：

受理人：

受理税务机关（章）：

受理日期：　年　月　日

国家税务总局监制

《个人所得税扣缴申报表》填表说明

一、适用范围

本表适用于扣缴义务人向居民个人支付工资、薪金所得，劳务报酬所得，稿酬所得和特许权使用费所得的个人所得税全员全额预扣预缴申报；向非居民个人支付工资、薪金所得，劳务报酬所得，稿酬所得和特许权使用费所得的个人所得税全员全额扣缴申报；以及向纳税人（居民个人和非居民个人）支付利息、股息、红利所得，财产租赁所得，财产转让所得和偶然所得的个人所得税全员全额扣缴申报。

二、报送期限

扣缴义务人应当在每月或者每次预扣、代扣税款的次月15日内，将已扣税款缴入国库，并向税务机关报送本表。

三、本表各栏填写

（一）表头项目

1. 税款所属期：填写扣缴义务人预扣、代扣税款当月的第1日至最后1日。如：2019年3月20日发放工资时代扣的税款，税款所属期填写"2019年3月1日至2019年3月31日"。

2. 扣缴义务人名称：填写扣缴义务人的法定名称全称。

3. 扣缴义务人纳税人识别号（统一社会信用代码）：填写扣缴义务人的纳税人识别号或者统一社会信用代码。

（二）表内各栏

1. 第2列"姓名"：填写纳税人姓名。

2. 第3列"身份证件类型"：填写纳税人有效的身份证件名称。中国公民有中华人民共和国居民身份证的，填写居民身份证；没有居民身份证的，填写中华人民共和国护照、港澳居民来往内地通行证或者港澳居民居住证、台湾居民通行证或者台湾居民居住证、外国人永久居留身份证、外国人工作许可证或者护照等。

3. 第4列"身份证件号码"：填写纳税人有效身份证件上载明的证件号码。

4. 第5列"纳税人识别号"：有中国公民身份号码的，填写中华人民共和国居民身份证上载明的"公民身份号码"；没有中国公民身份号码的，填写税务机关赋予的纳税人识别号。

5. 第6列"是否为非居民个人"：纳税人为居民个人的填"否"。为非居民个人的，根据合同、任职期限、预期工作时间等不同情况，填写"是，且不超过90天"或者"是，且超过90天不超过183天"。不填默认为"否"。

其中，纳税人为非居民个人的，填写"是，且不超过90天"的，当年在境内实际居住超过90天的次月15日内，填写"是，且超过90天不超过183天"。

6. 第7列"所得项目"：填写纳税人取得的个人所得税法第二条规定的应税所得项目名称。同一纳税人取得多项或者多次所得的，应分行填写。

7. 第8～21列"本月（次）情况"：填写扣缴义务人当月（次）支付给纳税人的所得，以及按规定各所得项目当月（次）可扣除的减除费用、专项扣除、其他扣除等。其中，工资、薪金所得预扣预缴个人所得税时扣除的专项附加扣除，按照纳税年度内纳税人在该任职受雇单位截至当月可享受的各专项附加扣除项目的扣除总额，填写至"累计情况"中第25～29列相应栏，本月情况中则无须填写。

（1）"收入额计算"：包含"收入""费用""免税收入"。收入额＝第8列－第9列－第10列。

①第8列"收入"：填写当月（次）扣缴义务人支付给纳税人所得的总额。

②第9列"费用"：取得劳务报酬所得、稿酬所得、特许权使用费所得时填写，取得其他各项所得时无须填写本列。居民个人取得上述所得，每次收入不超过4000元的，费用填写"800"元；每次收入4000元以上的，费用按收入的20%填写。非居民个人取得劳务报酬所得、稿酬所得、特许权使用费所得，费用按收入的20%填写。

③第10列"免税收入"：填写纳税人各所得项目收入总额中，包含的税法规定的免税收入金额。其中，税法规定"稿酬所得的收入额减按70%计算"，对稿酬所得的收入额减计的30%部分，填入本列。

（2）第11列"减除费用"：按税法规定的减除费用标准填写。如，2019年纳税人取得工资、薪金所得按月申报时，填写5000元。纳税人取得财产租赁所得，每次收入不超过4000元的，填写800元；每次收入4000元以上的，按收入的20%填写。

（3）第12～15列"专项扣除"：分别填写按规定允许扣除的基本养老保险费、基本医疗保险费、失业保险费、住房公积金（以下简称"三险一金"）的金额。

（4）第16～21列"其他扣除"：分别填写按规定允许扣除的项目金额。

8. 第22～30列"累计情况"：本栏适用于居民个人取得工资、薪金所得，保险营销员、证券经纪人取得佣金收入等按规定采取累计预扣法预扣预缴税款时填报。

（1）第22列"累计收入额"：填写本纳税年度截至当前月份，扣缴义务人支付给纳税人的工资、薪金所得，或者支付给保险营销员、证券经纪人的劳务报酬所得的累计收入额。

（2）第23列"累计减除费用"：按照5000元/月乘以纳税人当年在本单位的任职受雇或者从业的月份数计算。

（3）第24列"累计专项扣除"：填写本年度截至当前月份，按规定允许扣除的"三险一金"的累计金额。

（4）第25～29列"累计专项附加扣除"：分别填写截至当前月份，纳税人按规定可享受的子女教育、赡养老人、住房贷款利息或者住房租金、继续教育扣除的累计金额。大病医疗扣除由纳税人在年度汇算清缴时办理，此处无须填报。

（5）第30列"累计其他扣除"：填写本年度截至当前月份，按规定允许扣除的年金（包括企业年金、职业年金）、商业健康保险、税延养老保险及其他扣除项目的累计金额。

9. 第31列"减按计税比例"：填写按规定实行应纳税所得额减计税收优惠的减计比例。无减计规定的，可不填，系统默认为100%。如，某项税收政策实行减按60%计入应纳税所得额，则本列填60%。

10. 第32列"准予扣除的捐赠额"：是指按照税法及相关法规、政策规定，可以在税前扣除的捐赠额。

11. 第33～39列"税款计算"：填写扣缴义务人当月扣缴个人所得税款的计算情况。

（1）第33列"应纳税所得额"：根据相关列次计算填报。

①居民个人取得工资、薪金所得，填写累计收入额减除累计减除费用、累计专项扣除、累计专项附加扣除、累计其他扣除后的余额。

②非居民个人取得工资、薪金所得，填写收入额减去减除费用后的余额。

③居民个人或者非居民个人取得劳务报酬所得、稿酬所得、特许权使用费所得，填写本月（次）收入额减除其他扣除后的余额。

保险营销员、证券经纪人取得的佣金收入，填写累计收入额减除累计减除费用、累计其他扣除后的余额。

④居民个人或者非居民个人取得利息、股息、红利所得和偶然所得，填写本月（次）收入额。

⑤居民个人或者非居民个人取得财产租赁所得，填写本月（次）收入额减去减除费用、其他扣除后的余额。

⑥居民个人或者非居民个人取得财产转让所得，填写本月（次）收入额减除财产原值、允许扣除的税费后的余额。

其中，适用"减按计税比例"的所得项目，其应纳税所得额按上述方法计算后乘以减按计税比例的金额填报。

按照税法及相关法规、政策规定，可以在税前扣除的捐赠额，可以按上述方法计算后从应纳税所得额中扣除。

（1）第34～35列"税率／预扣率""速算扣除数"：填写各所得项目按规定适用的税率（或预扣率）和速算扣除数。没有速算扣除数的，则不填。

（2）第36列"应纳税额"：根据相关列次计算填报。第36列＝第33列×第34列－第35列。

（3）第37列"减免税额"：填写符合税法规定可减免的税额，并附报《个人所得税减免税事项报告表》。居民个人工资、薪金所得，以及保险营销员、证券经纪人取得佣金收入，填写本年度累计减免税额；居民个人取得工资、薪金以外的所得或非居民个人取得各项所得，填写本月（次）减免税额。

（4）第38列"已缴税额"：填写本年或本月（次）纳税人同一所得项目，已由扣缴义务人实际扣缴的税款金额。

（5）第39列"应补／退税额"：根据相关列次计算填报。第39列＝第36列－第37列－第38列。

四、其他事项说明

以纸质方式报送本表的，应当一式两份，扣缴义务人、税务机关各留存一份。

二、个人所得税扣缴方法

（一）工资薪金所得的累计预扣法及案例分析

扣缴义务人向居民个人支付工资、薪金所得时，应当按照累计预扣法计算预扣税款，并按月办理扣缴申报。

1. 累计预扣法的含义

累计预扣法，是指扣缴义务人在一个纳税年度内预扣预缴税款时，以纳税人在本单位截至当前月份工资、薪金所得累计收入减除累计免税收入、累计减除费用、累计专项扣除、累计专项附加扣除和累计依法确定的其他扣除后的余额为累计预扣预缴应纳税所得额，适用个人所得税预扣率表一（见附件），计算累计应预扣预缴税额，再减除累计减免税额和累计已预扣预缴税额，其余额为本期应预扣预缴税额。余额为负值时，暂不退税。纳税年度终了后余额仍为负值时，由纳税人通过办理综合所得年度汇算清缴，税款多退少补。

附件

个人所得税预扣率表一

（居民个人工资、薪金所得预扣预缴适用）

级数	累计预扣预缴应纳税所得额	预扣率（%）	速算扣除数
1	不超过 36000 元	3	0
2	超过 36000 元至 144000 元的部分	10	2520
3	超过 144000 元至 300000 元的部分	20	16920
4	超过 300000 元至 420000 元的部分	25	31920
5	超过 420000 元至 660000 元的部分	30	52920
6	超过 660000 元至 960000 元的部分	35	85920
7	超过 960000 元的部分	45	181920

2. 累计预扣法的具体计算公式如下：

本期应预扣预缴税额 =（累计预扣预缴应纳税所得额 × 预扣率 – 速算扣除数）– 累计减免税额 – 累计已预扣预缴税额

累计预扣预缴应纳税所得额 = 累计收入 – 累计免税收入 – 累计减除费用 – 累计专项扣除 – 累计专项附加扣除 – 累计依法确定的其他扣除

其中：累计减除费用，按照 5000 元 / 月乘以纳税人当年截至本月在本单位的任职受雇月份数计算。

【例题 9-1】

假设李某月工资薪金 1 万元，子女教育专项附加扣除每月 1000 元。

1 月份：

应纳税所得额 =10000–5000×1–1000×1=4000 元

预扣预缴个人所得税 =4000×3%=120 元

2 月份：

应纳税所得额 =20000–5000×2–1000×2=8000 元

预扣预缴个人所得税 =8000×3%–120=120 元

3 月份至 9 月份依此类推，每月代扣代缴个人所得税 120 元。

10 月份：

应纳税所得额 =100000–5000×10–1000×10=40000 元

预扣预缴个人所得税 =40000×10%–2520–1080=400 元

11 月份：

应纳税所得额 =110000–5000×11–1000×11=44000 元

预扣预缴个人所得税 =44000×10%–2520–1480=400 元

12 月份：

应纳税所得额 =120000–5000×12–1000×12=48000 元

预扣预缴个人所得税 =48000×10%–2520–1880=400 元

假如 12 月份发放年终奖金 50000，则：

方法之一：可以将 12 月份的年终奖金计入当年综合所得一并缴纳个人所得税

12 月份应纳税所得额 =（120000+50000）–5000×12–1000×12=98000 元

12 月份预扣预缴个人所得税 =98000*10%–2520–1880=5400 元

方法之二：也可以将 12 月份的年终奖金按国税发〔2005〕9 号文件继续个人所得税，则：

50000/12=4166.67 元

按月税率表确定，适用税率为 10%，速算扣除数为 210 元。

年终奖金个人所得税 =50000×10%–210=4790 元

12 月份合计缴纳个人所得税 =400+4790=5190 元

比年终奖金计入综合所得少缴个人所得税 =5400–5190=210 元

（二）劳务报酬所得、稿酬所得、特许权使用费所得预扣预缴办法

扣缴义务人向居民个人支付劳务报酬所得、稿酬所得、特许权使用费所得时，应当按照以下方法按次或者按月预扣预缴税款：

劳务报酬所得、稿酬所得、特许权使用费所得以收入减除费用后的余额为收入额；其中，稿酬所得的收入额减按百分之七十计算。

减除费用：预扣预缴税款时，劳务报酬所得、稿酬所得、特许权使用费所得每次收入不超过四千元的，减除费用按八百元计算；每次收入四千元以上的，减除费用按收入的百分之二十计算。

应纳税所得额：劳务报酬所得、稿酬所得、特许权使用费所得，以每次收入额为预扣预缴应纳税所得额，计算应预扣预缴税额。

其中：

1.劳务报酬所得适用个人所得税预扣率表二（见附件）。

附件

个人所得税预扣率表二

（居民个人劳务报酬所得预扣预缴适用）

级数	预扣预缴应纳税所得额	预扣率（％）	速算扣除数
1	不超过 20000 元	20	0
2	超过 20000 元至 50000 元的部分	30	2000
3	超过 50000 元的部分	40	7000

2. 稿酬所得、特许权使用费所得适用百分之二十的比例预扣率。

居民个人办理年度综合所得汇算清缴时，应当依法计算劳务报酬所得、稿酬所得、特许权使用费所得的收入额，并入年度综合所得计算应纳税款，税款多退少补。

【例题 9-2】

承上例，如果李某除上述工资薪金所得外，当年取得劳务报酬 60000 元，稿酬所得 80000 元。

①劳务报酬的支付方代扣代缴的劳务报酬所得个人所得税 =60000×80%×30%−2000=12400（元）

②稿酬所得的支付方代扣代缴稿酬所得个人所得税 =80000×80%×20%×70%=8960（元）

③李某年度汇算清缴时申报的应纳税所得额 =（120000+60000×80%+80000×56%）−5000×12−1000×12=140800（元）

汇算清缴时应当缴纳的个人所得税 =140800×10%−2520−1880−（12400+8960）=−11680（元）

由于汇算清缴结果为负值，应当办理退税手续。但在预扣环节不办理退税，年度汇算清缴时，才能办理。

（三）利息、股息、红利所得，财产租赁所得，财产转让所得或者偶然所得的代扣代缴

扣缴义务人支付利息、股息、红利所得，财产租赁所得，财产转让所得或者偶然所得时，应当依法按次或者按月代扣代缴税款。

（四）非居民个人劳务报酬所得、稿酬所得、特许权使用费所得的预扣预缴办法

扣缴义务人向非居民个人支付工资、薪金所得，劳务报酬所得，稿酬所得和特许权使用费所得时，应当按照以下方法按月或者按次代扣代缴税款：

1. 非居民个人的工资、薪金所得，以每月收入额减除费用五千元后的余额为应纳税所得额；

2. 劳务报酬所得、稿酬所得、特许权使用费所得，以每次收入额为应纳税所得额，适用个人所得税税率表三（见附件）计算应纳税额。

劳务报酬所得、稿酬所得、特许权使用费所得以收入减除百分之二十的费用后的余额为收入额；其中，稿酬所得的收入额减按百分之七十计算。

附件

个人所得税税率表三

（非居民个人工资、薪金所得，劳务报酬所得，稿酬所得，特许权使用费所得适用）

级数	应纳税所得额	税率（%）	速算扣除数
1	不超过 3000 元	3	0
2	超过 3000 元至 12000 元的部分	10	210
3	超过 12000 元至 25000 元的部分	20	1410
4	超过 25000 元至 35000 元的部分	25	2660
5	超过 35000 元至 55000 元的部分	30	4410
6	超过 55000 元至 80000 元的部分	35	7160
7	超过 80000 元的部分	45	15160

值得注意的是，非居民个人与居民个人个人所得税计算存在三个不同点：

第一，居民个人综合所得存在年度汇算清缴问题；但非居民个人不需要汇算清缴；

第二，居民个人存在预扣预缴问题，非居民个人不存在；

第三，非居民个人取得的劳务报酬所得、稿酬所得、特许权使用费所得在计算时不存在按 4000 元的临界点分别使用不同的减除办法；居民个人在预扣预缴时则存在。

非居民个人在一个纳税年度内税款扣缴方法保持不变，达到居民个人条件时，应当告知扣缴义务人基础信息变化情况，年度终了后按照居民个人有关规定办理汇算清缴。

三、扣缴信息法律规定

个人所得税基础信息表的填写、报送及管理要求

1. 扣缴义务人首次向纳税人支付所得时，应当按照纳税人提供的纳税人识别号等基础信息，填写《个人所得税基础信息表（A 表）》，并于次月扣缴申报时向税务机关报送。

2. 扣缴义务人对纳税人向其报告的相关基础信息变化情况，应当于次月扣缴申报时向税务机关报送。

3. 居民个人向扣缴义务人提供有关信息并依法要求办理专项附加扣除的，扣缴义务人应当按照规定在工资、薪金所得按月预扣预缴税款时予以扣除，不得拒绝。

4. 扣缴义务人应当按照纳税人提供的信息计算税款、办理扣缴申报，不得擅自更改纳税人提供的信息。

扣缴义务人发现纳税人提供的信息与实际情况不符的，可以要求纳税人修改。纳税人拒绝修改的，扣缴义务人应当报告税务机关，税务机关应当及时处理。

纳税人发现扣缴义务人提供或者扣缴申报的个人信息、支付所得、扣缴税款等信息与实际情况不符的，有权要求扣缴义务人修改。扣缴义务人拒绝修改的，纳税人应当报告税务机关，税务机关应当及时处理。

5. 扣缴义务人对纳税人提供的《个人所得税专项附加扣除信息表》，应当按照规定妥善保存备查。

6. 扣缴义务人应当依法对纳税人报送的专项附加扣除等相关涉税信息和资料保密。

四、代扣代缴手续费

根据《国家税务总局关于发布＜个人所得税扣缴申报管理办法（试行）＞的公告》（国家税务总局公告 2018 年第 61 号）规定：

1. 对扣缴义务人按照规定扣缴的税款，按年付给百分之二的手续费。不包括税务机关、司法机关等查补或者责令补扣的税款。

2. 扣缴义务人领取的扣缴手续费可用于提升办税能力、奖励办税人员。

3. 代扣代缴个人所得税取得的手续费收入是否缴纳个人所得税？

根据《财政部 税务总局关于继续有效的个人所得税优惠政策目录的公告》（财政部 税务总局公告 2018 年第 177 号）及《财政部国家税务总局关于个人所得税若干政策问题的通知》（（1994）财税字第 20 号）规定，个人办理代扣代缴税款手续，按规定取得的扣缴手续费，免征个人所得税。

五、纳税人拒绝代扣代缴税款的处理

扣缴义务人依法履行代扣代缴义务，纳税人不得拒绝。纳税人拒绝的，扣缴义务人应当及时报告税务机关。

第二节 自行申报

主要政策依据：

《中华人民共和国个人所得税法》（以下简称《税法》）（2018 年修正，主席令第 9 号）；

《中华人民共和国个人所得税法实施条例》（以下简称《实施条例》）（国务院令第 707 号）。

《国家税务总局关于个人所得税自行纳税申报有关问题的公告》（国家税务总局公告 2018 年第 62 号）

《国家税务总局关于将个人所得税〈税收完税证明〉（文书式）调整为〈纳税记录〉有关事项的公告》（国家税务总局公告 2018 年第 55 号）

《国家税务总局关于修订个人所得税申报表的公告》（国家税务总局公告 2019 年第 7 号）

根据《中华人民共和国个人所得税法》第十条规定，有下列情形之一的，纳税人应当依法办理纳税申报：

（一）取得综合所得需要办理汇算清缴；

（二）取得应税所得没有扣缴义务人；

（三）取得应税所得，扣缴义务人未扣缴税款；

（四）取得境外所得；

（五）因移居境外注销中国户籍；

（六）非居民个人在中国境内从两处以上取得工资、薪金所得；

（七）国务院规定的其他情形。

一、取得综合所得需要办理汇算清缴的纳税申报

（一）需要办理汇算清缴的纳税人

根据《国家税务总局关于个人所得税自行纳税申报有关问题的公告》（国家税务总局公告 2018 年第 62 号）第一条规定，取得综合所得且符合下列情形之一的纳税人，应当依法办理汇算清缴：

1. 从两处以上取得综合所得，且综合所得年收入额减除专项扣除后的余额超过 6 万元；

【例题 9-3】

李某 2019 年从任职的甲企业取得工资薪金所得 5 万元，在乙企业兼职，取得劳务报酬所得 2 万元，由甲企业按规定缴纳并由李某个人负担的"三险一金"0.2 万元，符合条件的专项附加扣除合计 1.9 万元。李某 2019 年度是否需要进行个人所得税汇算清缴？

分析

需要注意的是，综合所得只要减除"专项扣除"后的余额超过 6 万元，就应当办理个人所得税汇算清缴。不要扣掉专项附加扣除金额。

综合所得扣除专项扣除的余额 =50000+20000×80%−2000=64000 元

超过 6 万元，因此，李某 2019 年度符合汇算清缴个人所得税的条件。

2. 取得劳务报酬所得、稿酬所得、特许权使用费所得中一项或者多项所得，且综合所得年收入额减除专项扣除的余额超过 6 万元；

对于上述规定，可以总结为：

（1）纳税人没有任职受雇单位，取得上述所得，判断是否需要汇算清缴的计算公式

判断标准 =（劳务报酬收入 + 特许权使用费收入）*80%+ 稿酬收入 *56%−"三险一金"

上述计算结果只要超过 6 万元，应当办理个人所得税汇算清缴。

（2）如果上述三项所得减除专项扣除后的余额达不到 6 万元，预缴税款时多交的个人所得税是否可以办理退还？

当然可以。根据《国家税务总局关于个人所得税自行纳税申报有关问题的公告》（国家税务总局公告 2018 年第 62 号）第一条第四款规定，涉及纳税人申请退税的，也可以选择汇算清缴。但如果纳税人主动放弃申请退税，也可以不予选择汇算清缴。

3. 纳税年度内预缴税额低于应纳税额；

4. 纳税人申请退税。

需要办理汇算清缴的纳税人，应当在取得所得的次年 3 月 1 日至 6 月 30 日内，向任职、受雇单位所在地主管税务机关办理纳税申报，并报送《个人所得税年度自行纳税申报表》。纳税人有两处以上任职、受雇单位的，选择向其中一处任职、受雇单位所在地主管税务机关办理纳税申报；纳税人没有任职、受雇单位的，向户籍所在地或经常居住地主管税务机关办理纳税申报。

纳税人办理综合所得汇算清缴，应当准备与收入、专项扣除、专项附加扣除、依法确定的其他扣除、捐赠、享受税收优惠等相关的资料，并按规定留存备查或报送。

纳税人取得综合所得办理汇算清缴的具体办法，另行公告。

根据《中华人民共和国个人所得税法实施条例》第二十五条规定，纳税人申请退税，应当提供其在中国境内开设的银行账户，并在汇算清缴地就地办理税款退库。

（二）个人所得税自行纳税申报表

1. 个人所得税月度自行纳税申报表

个人所得税自行纳税申报表（A 表）

税款所属期： 年 月 日至 年 月 日

纳税人姓名：

纳税人识别号：□□□□□□□□□□□□□□□□□□ 　金额单位：人民币元（列至角分）

自行申报情形	□居民个人取得应税所得，扣缴义务人未扣缴税款 □非居民个人取得应税所得，扣缴义务人未扣缴税款 □非居民个人在中国境内从两处以上取得工资、薪金所得　　□其他＿＿＿＿＿															是否为非居民个人	□是 □否	非居民个人本年度境内居住天数		□不超过90天 □超过90天不超过183天	备注
	收入额计算					专项扣除				其他扣除					税款计算						
序号	所得项目	收入	费用	免税收入	减除费用	基本养老保险费	基本医疗保险费	失业保险费	住房公积金	财产原值	允许扣除的税费	其他	减按计税比例	准予扣除的捐赠额	应纳税所得额	税率	速算扣除数	应纳税额	减免税额	已缴税额	应补/退税额
1	2	3	4	5	6	7	8	9	10	11	12	13	14	15	16	17	18	19	20	21	22	23

谨声明：本表是根据国家税收法律法规及相关规定填报的，是真实的、可靠的、完整的。

经办人签字：

经办人身份证件号码：

代理机构签章：

代理机构统一社会信用代码：

受理人：

纳税人签字：　　　　年　　月　　日

受理税务机关（章）：

受理日期：　　　年　　月　　日

国家税务总局监制

《个人所得税自行纳税申报表（A 表）》填表说明

一、适用范围

本表适用于居民个人取得应税所得，扣缴义务人未扣缴税款，非居民个人取得应税所得扣缴义务人未扣缴税款，非居民个人在中国境内从两处以上取得工资、薪金所得等情形在办理自行纳税申报时，向税务机关报送。

二、报送期限

（一）居民个人取得应税所得扣缴义务人未扣缴税款，应当在取得所得的次年 6 月 30 日前办理纳税申报。税务机关通知限期缴纳的，纳税人应当按照期限缴纳税款。

（二）非居民个人取得应税所得，扣缴义务人未扣缴税款的，应当在取得所得的次年 6 月 30 日前办理纳税申报。非居民个人在次年 6 月 30 日前离境（临时离境除外）的，应当在离境前办理纳税申报。

（三）非居民个人在中国境内从两处以上取得工资、薪金所得的，应当在取得所得的次月 15 日内办理纳税申报。

（四）其他需要纳税人办理自行申报的情形，按规定的申报期限办理。

三、本表各栏填写

（一）表头项目

1. 税款所属期：填写纳税人取得所得应纳个人所得税款的所属期间，填写具体的起止年月日。

2. 纳税人姓名：填写自然人纳税人姓名。

3. 纳税人识别号：有中国公民身份号码的，填写中华人民共和国居民身份证上载明的"公民身份号码"；没有中国公民身份号码的，填写税务机关赋予的纳税人识别号。

（二）表内各栏

1."自行申报情形"：纳税人根据自身情况在对应框内打"√"。选择"其他"的，应当填写具体自行申报情形。

2."是否为非居民个人"：非居民个人选"是"，居民个人选"否"。不填默认为"否"。

3."非居民个人本年度境内居住天数"：非居民个人根据合同、任职期限、预期工作时间等不同情况，填写"不超过 90 天"或者"超过 90 天不超过 183 天"。

4. 第 2 列"所得项目"：按照个人所得税法第二条规定的项目填写。纳税人取得多项所得或者多次取得所得的，分行填写。

5. 第 3～5 列"收入额计算"：包含"收入""费用""免税收入"。收入额＝第 3 列－第 4 列－第 5 列。

（1）第 3 列"收入"：填写纳税人实际取得所得的收入总额。

（2）第 4 列"费用"：取得劳务报酬所得、稿酬所得、特许权使用费所得时填写，取得其他各项所得时无须填写本列。非居民个人取得劳务报酬所得、稿酬所得、特许权使用费所得，费用按收入的 20% 填写。

（3）第 5 列"免税收入"：填写符合税法规定的免税收入金额。其中，税法规定"稿酬所得的收入额减按 70% 计算"，对减计的 30% 部分，填入本列。

6. 第6列"减除费用"：按税法规定的减除费用标准填写。

7. 第7～10列"专项扣除"：分别填写按规定允许扣除的基本养老保险费、基本医疗保险费、失业保险费、住房公积金的金额。

8. 第11～13列"其他扣除"：包含"财产原值""允许扣除的税费""其他"，分别填写按照税法规定当月（次）允许扣除的金额。

（1）第11列"财产原值"：纳税人取得财产转让所得时填写本栏。

（2）第12列"允许扣除的税费"：填写按规定可以在税前扣除的税费。

①纳税人取得劳务报酬所得时，填写劳务发生过程中实际缴纳的可依法扣除的税费。

②纳税人取得特许权使用费所得时，填写提供特许权过程中发生的中介费和实际缴纳的可依法扣除的税费。

③纳税人取得财产租赁所得时，填写修缮费和出租财产过程中实际缴纳的可依法扣除的税费。

④纳税人取得财产转让所得时，填写转让财产过程中实际缴纳的可依法扣除的税费。

（3）第13列"其他"：填写按规定其他可以在税前扣除的项目。

9. 第14列"减按计税比例"：填写按规定实行应纳税所得额减计税收优惠的减计比例。无减计规定的，则不填，系统默认为100%。如，某项税收政策实行减按60%计入应纳税所得额，则本列填60%。

10. 第15列"准予扣除的捐赠额"：是指按照税法及相关法规、政策规定，可以在税前扣除的捐赠额。

11. 第16列"应纳税所得额"：根据相关列次计算填报。

12. 第17～18列"税率""速算扣除数"：填写所得项目按规定适用的税率和速算扣除数。所得项目没有速算扣除数的，则不填。

13. 第19列"应纳税额"：根据相关列次计算填报。第19列＝第16列×第17列－第18列。

14. 第20列"减免税额"：填写符合税法规定的可以减免的税额，并附报《个人所得税减免税事项报告表》。

15. 第21列"已缴税额"：填写纳税人当期已实际缴纳或者被扣缴的个人所得税税款。

16. 第22列"应补／退税额"：根据相关列次计算填报。第22列＝第19列－第20列－第21列。

四、其他事项说明

以纸质方式报送本表的，应当一式两份，纳税人、税务机关各留存一份。

2. 个人所得税年度自行纳税申报表

个人所得税自行纳税申报表（A表）

税款所属期： 年 月 日至 年 月 日

纳税人姓名：

纳税人识别号：□□□□□□□□□□□□□□□□□□ 金额单位：人民币元（列至角分）

项目	行次	金额
一、收入合计（1=2+3+4+5）	1	
（一）工资、薪金所得	2	
（二）劳务报酬所得	3	
（三）稿酬所得	4	
（四）特许权使用费所得	5	
二、费用合计	6	
三、免税收入合计	7	
四、减除费用	8	
五、专项扣除合计（9=10+11+12+13）	9	
（一）基本养老保险费	10	
（二）基本医疗保险费	11	
（三）失业保险费	12	
（四）住房公积金	13	
六、专项附加扣除合计（14=15+16+17+18+19+20）	14	
（一）子女教育	15	
（二）继续教育	16	
（三）大病医疗	17	
（四）住房贷款利息	18	
（五）住房租金	19	
（六）赡养老人	20	
七、其他扣除合计（21=22+23+24+25+26）	21	
（一）年金	22	
（二）商业健康保险	23	
（三）税延养老保险	24	
（四）允许扣除的税费	25	
（五）其他	26	
八、准予扣除的捐赠额	27	
九、应纳税所得额（28=1-6-7-8-9-14-21-27）	28	
十、税率（%）	29	
十一、速算扣除数	30	
十二、应纳税额（31=28×29-30）	31	
十三、减免税额	32	
十四、已缴税额	33	
十五、应补/退税额（34=31-32-33）	34	

无住所个人附报信息			
在华停留天数		已在华停留年数	

谨声明：本表是根据国家税收法律法规及相关规定填报的，是真实的、可靠的、完整的。

纳税人签字：

年　　月　　日

经办人签字： 经办人身份证件号码： 代理机构签章： 代理机构统一社会信用代码：	受理人： 受理税务机关（章）： 受理日期：　　　年　　月　　日

国家税务总局监制

《个人所得税年度自行纳税申报表》填表说明

一、适用范围

本表适用于居民个人取得境内综合所得，按税法规定进行个人所得税汇算清缴。纳税人取得境外所得的，不适用本表。

二、报送期限

居民个人取得综合所得需要办理汇算清缴的，应当在取得所得的次年3月1日至6月30日内，向主管税务机关办理汇算清缴，并报送本表。

三、本表各栏填写

（一）表头项目

1. 税款所属期：填写纳税人取得所得应纳个人所得税款的所属期间。如2019年1月1日至2019年12月31日。

2. 纳税人姓名：填写自然人纳税人姓名。

3. 纳税人识别号：有中国公民身份号码的，填写中华人民共和国居民身份证上载明的"公民身份号码"；没有中国公民身份号码的，填写税务机关赋予的纳税人识别号。

（二）表内各行

1. 第1行"收入合计"：填写纳税人本年度取得综合所得的收入合计金额。第1行=第2行+第3行+第4行+第5行。

2. 第2行"工资、薪金所得"：填写本年度应当并入综合所得计税的工资、薪金收入总额。

3. 第6行"费用合计"：纳税人取得劳务报酬所得、稿酬所得、特许权使用费所得时，填写减除20%费用的合计金额。

4. 第7行"免税收入合计"：填写本年度符合税法规定的免税收入合计金额。其中，税法规定"稿酬所得的收入额减按70%计算"，对减计的30%部分，填入本行。

5. 第8行"减除费用"：按税法规定的减除费用标准填写。

6. 第9行"专项扣除合计"：填写按规定本年度可在税前扣除的基本养老保险费、基本医疗保险费、失业保险费、住房公积金的合计金额。

第9行=第10行+第11行+第12行+第13行。

7. 第14行"专项附加扣除合计"：填写按规定本年度可在税前扣除的子女教育、继续教育、大病医疗、住房贷款利息或住房租金、赡养老人等专项附加扣除费用的合计金额。

第 14 行 = 第 15 行 + 第 16 行 + 第 17 行 + 第 18 行 + 第 19 行 + 第 20 行。

8. 第 21 行"其他扣除合计"：填写按规定本年度可在税前扣除的年金、商业健康保险、税延养老保险、允许扣除的税费等其他扣除项目的合计金额。

第 21 行 = 第 22 行 + 第 23 行 + 第 24 行 + 第 25 行 + 第 26 行。

9. 第 27 行"准予扣除的捐赠额"：填写按规定本年度准予在税前扣除的捐赠额的合计金额。

10. 第 28 行"应纳税所得额"：根据相应行次计算填报。

第 28 行 = 第 1 行 - 第 6 行 - 第 7 行 - 第 8 行 - 第 9 行 - 第 14 行 - 第 21 行 - 第 27 行。

11. 第 29 ～ 30 行"税率""速算扣除数"：填写按规定适用的税率和速算扣除数。

12. 第 31 行"应纳税额"：按照相关行次计算填报。

第 31 行 = 第 28 行 × 第 29 行 - 第 30 行。

13. 第 32 行"减免税额"：填写符合税法规定的可以减免的税额，并附报《个人所得税减免税事项报告表》。

14. 第 33 行"已缴税额"：填写本年度内纳税人在中国境内已经缴纳或者被扣缴税款的合计金额。

15. 第 34 行"应补 / 退税额"：根据相关行次计算填报。

第 34 行 = 第 31 行 - 第 32 行 - 第 33 行

（三）无住所个人附报信息：本栏由无住所个人填写。不是，则不填。

1. 在华停留天数：填写一个纳税年度内，无住所居民个人在中国境内停留的天数。

2. 已在华停留年数：填写无住所个人已在华连续停留的年份数。

四、其他事项说明

以纸质方式报送本表的，应当一式两份，纳税人、税务机关各留存一份。

二、经营所得的纳税申报

根据《国家税务总局关于个人所得税自行纳税申报有关问题的公告》（国家税务总局公告2018 年第 62 号）第二条规定，个体工商户业主、个人独资企业投资者、合伙企业个人合伙人、承包承租经营者个人以及其他从事生产、经营活动的个人取得经营所得，包括以下情形：

（一）个体工商户从事生产、经营活动取得的所得，个人独资企业投资人、合伙企业的个人合伙人来源于境内注册的个人独资企业、合伙企业生产、经营的所得；

（二）个人依法从事办学、医疗、咨询以及其他有偿服务活动取得的所得；

值得注意的是，劳务报酬所得和经营所得的解释中，均包含了从事"医疗"、"咨询"等内容，两者的主体都是个人，应如何区分劳务报酬所得还是经营所得呢？

劳务报酬所得中的列举项，在现行法律法规框架下是无需办理批准或登记手续，以自然人身份即可独立开展的独立劳务；而经营所得中的列举项，则必须依法（经过批准或登记手续）开展经营。

个人从事医疗服务收入应当按劳务报酬所得还是按经营所得缴纳个人所得税，关键看是否"依法"取得从业资质。如果不需要取得从业资质，而是利用他人资质从业取得的收入，就是劳务报酬所得；如果必须取得从业资质，从事医疗服务取得的收入应当按经营所得缴纳个人所得税。

例如，某专家医生，除了在一家医院按时上班之外，还在一周内有两个半天到其他医院临时上班（走穴坐诊）。那么，他这部分走穴收入如何认定是劳务报酬所得中的医疗报酬所得，还是经营所得中的医疗所得呢？

该医生在受雇医院上班取得的报酬应该属于个人所得税法上的工资薪金所得；到其他医院临时上班（走穴坐诊）取得的收入，应该属于个税法上的劳务报酬所得。

假如该医生精力充沛，还经过有关部门批准或登记利用业余时间以自己的名义在家开设私人门诊，则其取得的该部分收入应该属于个人所得税法上的经营所得。

（三）个人对企业、事业单位承包经营、承租经营以及转包、转租取得的所得；

（四）个人从事其他生产、经营活动取得的所得。

纳税人取得经营所得，按年计算个人所得税，由纳税人在月度或季度终了后 15 日内，向经营管理所在地主管税务机关办理预缴纳税申报，并报送《个人所得税经营所得纳税申报表（A 表）》。在取得所得的次年 3 月 31 日前，向经营管理所在地主管税务机关办理汇算清缴，并报送《个人所得税经营所得纳税申报表（B 表）》；从两处以上取得经营所得的，选择向其中一处经营管理所在地主管税务机关办理年度汇总申报，并报送《个人所得税经营所得纳税申报表（C 表）》。

附件：个人所得税经营所得纳税申报表（A 表）

税款所属期： 年 月 日至 年 月 日

纳税人姓名：

纳税人识别号：□□□□□□□□□□□□□□□□□□ 　金额单位：人民币元（列至角分）

被投资单位信息	名称		纳税人识别号（统一社会信用代码）	
征收方式	□查账征收（据实预缴）　　□查账征收（按上年应纳税所得额预缴） □核定应税所得率征收　　□核定应纳税所得额征收 □税务机关认可的其他方式 ＿＿＿			
项目			行次	金额/比例
一、收入总额			1	
二、成本费用			2	
三、利润总额（3=1-2）			3	
四、弥补以前年度亏损			4	
五、应税所得率（%）			5	
六、合伙企业个人合伙人分配比例（%）			6	
七、允许扣除的个人费用及其他扣除（7=8+9+14）			7	
（一）投资者减除费用			8	
（二）专项扣除（9=10+11+12+13）			9	
1.基本养老保险费			10	
2.基本医疗保险费			11	

3.失业保险费	12	
4.住房公积金	13	
（三）依法确定的其他扣除（14=15+16+17）	14	
1.	15	
2.	16	
3.	17	
八、应纳税所得额	18	
九、税率（%）	19	
十、速算扣除数	20	
十一、应纳税额（21=18×19－20）	21	
十二、减免税额（附报《个人所得税减免税事项报告表》）	22	
十三、已缴税额	23	
十四、应补/退税额（24=21－22－23）	24	

谨声明：本表是根据国家税收法律法规及相关规定填报的，是真实的、可靠的、完整的。

纳税人签字：　　　　年　　月　　日

经办人： 经办人身份证件号码： 代理机构签章： 代理机构统一社会信用代码：	受理人： 受理税务机关（章）： 受理日期：　　年　　月　　日

国家税务总局监制

　　《个人所得税经营所得纳税申报表（A表）》填表说明

　　一、适用范围

　　本表适用于查账征收和核定征收的个体工商户业主、个人独资企业投资人、合伙企业个人合伙人、承包承租经营者个人以及其他从事生产、经营活动的个人在中国境内取得经营所得，办理个人所得税预缴纳税申报时，向税务机关报送。

　　合伙企业有两个或者两个以上个人合伙人的，应分别填报本表。

　　二、报送期限

　　纳税人取得经营所得，应当在月度或者季度终了后15日内，向税务机关办理预缴纳税申报。

　　三、本表各栏填写

　　（一）表头项目

　　1.税款所属期：填写纳税人取得经营所得应纳个人所得税款的所属期间，应填写具体的起止年月日。

　　2.纳税人姓名：填写自然人纳税人姓名。

　　3.纳税人识别号：有中国公民身份号码的，填写中华人民共和国居民身份证上载明的"公民身份号码"；没有中国公民身份号码的，填写税务机关赋予的纳税人识别号。

（二）被投资单位信息

1. 名称：填写被投资单位法定名称的全称。

2. 纳税人识别号（统一社会信用代码）：填写被投资单位的纳税人识别号或者统一社会信用代码。

3. 征收方式：根据税务机关核定的征收方式，在对应框内打"√"。采用税务机关认可的其他方式的，应在下划线填写具体征收方式。

（三）表内各行填写

1. 第1行"收入总额"：填写本年度开始经营月份起截至本期从事经营以及与经营有关的活动取得的货币形式和非货币形式的各项收入总金额。包括：销售货物收入、提供劳务收入、转让财产收入、利息收入、租金收入、接受捐赠收入、其他收入。

2. 第2行"成本费用"：填写本年度开始经营月份起截至本期实际发生的成本、费用、税金、损失及其他支出的总额。

3. 第3行"利润总额"：填写本年度开始经营月份起截至本期的利润总额。

4. 第4行"弥补以前年度亏损"：填写可在税前弥补的以前年度尚未弥补的亏损额。

5. 第5行"应税所得率"：按核定应税所得率方式纳税的纳税人，填写税务机关确定的核定征收应税所得率。按其他方式纳税的纳税人不填本行。

6. 第6行"合伙企业个人合伙人分配比例"：纳税人为合伙企业个人合伙人的，填写本行；其他则不填。分配比例按照合伙协议约定的比例填写；合伙协议未约定或不明确的，按合伙人协商决定的比例填写；协商不成的，按合伙人实缴出资比例填写；无法确定出资比例的，按合伙人平均分配。

7. 第7~17行"允许扣除的个人费用及其他扣除"：

（1）第8行"投资者减除费用"：填写根据本年实际经营月份数计算的可在税前扣除的投资者本人每月5000元减除费用的合计金额。

（2）第9~13行"专项扣除"：填写按规定允许扣除的基本养老保险费、基本医疗保险费、失业保险费、住房公积金的金额。

（3）第14~17行"依法确定的其他扣除"：填写商业健康保险、税延养老保险以及其他按规定允许扣除项目的金额。其中，税延养老保险可在申报四季度或12月份税款时填报扣除。

8. 第18行"应纳税所得额"：根据相关行次计算填报。

（1）查账征收（据实预缴）：第18行=（第3行－第4行）×第6行－第7行。

（2）查账征收（按上年应纳税所得额预缴）：第18行=上年度的应纳税所得额÷12×月份数。

（3）核定应税所得率征收（能准确核算收入总额的）：第18行=第1行×第5行×第6行。

（4）核定应税所得率征收（能准确核算成本费用的）：第18行=第2行÷（1－第5行）×第5行×第6行。

（5）核定应纳税所得额征收：直接填写应纳税所得额；

（6）税务机关认可的其他方式：直接填写应纳税所得额。

9. 第19~20行"税率"和"速算扣除数"：填写按规定适用的税率和速算扣除数。

10. 第21行"应纳税额"：根据相关行次计算填报。第21行=第18行×第19行－第20行。

11. 第 22 行"减免税额"：填写符合税法规定可以减免的税额，并附报《个人所得税减免税事项报告表》。

12. 第 23 行"已缴税额"：填写本年度在月（季）度申报中累计已预缴的经营所得个人所得税的金额。

13. 第 24 行"应补／退税额"：根据相关行次计算填报。第 24 行 ＝ 第 21 行 － 第 22 行 － 第 23 行。

四、其他事项说明

以纸质方式报送本表的，应当一式两份，纳税人、税务机关各留存一份。

三、取得应税所得，扣缴义务人未扣缴税款的纳税申报

根据《国家税务总局关于个人所得税自行纳税申报有关问题的公告》（国家税务总局公告 2018 年第 62 号）第三条规定，纳税人取得应税所得，扣缴义务人未扣缴税款的，应当区别以下情形办理纳税申报：

（一）居民个人取得综合所得的，按照规定在次年 3 月 1 日至 6 月 30 日期间自行办理汇算清缴。

（二）非居民个人取得工资、薪金所得，劳务报酬所得，稿酬所得，特许权使用费所得的，应当在取得所得的次年 6 月 30 日前，向扣缴义务人所在地主管税务机关办理纳税申报，并报送《个人所得税自行纳税申报表（A 表）》。有两个以上扣缴义务人均未扣缴税款的，选择向其中一处扣缴义务人所在地主管税务机关办理纳税申报。

非居民个人在次年 6 月 30 日前离境（临时离境除外）的，应当在离境前办理纳税申报。

（三）纳税人取得利息、股息、红利所得，财产租赁所得，财产转让所得和偶然所得的，应当在取得所得的次年 6 月 30 日前，按相关规定向主管税务机关办理纳税申报，并报送《个人所得税自行纳税申报表（A 表）》。

税务机关通知限期缴纳的，纳税人应当按照期限缴纳税款。

四、取得境外所得的纳税申报

根据《国家税务总局关于个人所得税自行纳税申报有关问题的公告》（国家税务总局公告 2018 年第 62 号）第四条规定，居民个人从中国境外取得所得的，应当在取得所得的次年 3 月 1 日至 6 月 30 日内，向中国境内任职、受雇单位所在地主管税务机关办理纳税申报；在中国境内没有任职、受雇单位的，向户籍所在地或中国境内经常居住地主管税务机关办理纳税申报；户籍所在地与中国境内经常居住地不一致的，选择其中一地主管税务机关办理纳税申报；在中国境内没有户籍的，向中国境内经常居住地主管税务机关办理纳税申报。

纳税人取得境外所得办理纳税申报的具体规定，另行公告。

五、因移居境外注销中国户籍的纳税申报

纳税人因移居境外注销中国户籍的，应当在申请注销中国户籍前，向户籍所在地主管税务机关办理纳税申报，进行税款清算。

1. 纳税人在注销户籍年度取得综合所得的，应当在注销户籍前，办理当年综合所得的汇算清缴，并报送《个人所得税年度自行纳税申报表》。尚未办理上一年度综合所得汇算清缴的，应当在办理注销户籍纳税申报时一并办理。

2. 纳税人在注销户籍年度取得经营所得的，应当在注销户籍前，办理当年经营所得的汇算清缴，并报送《个人所得税经营所得纳税申报表（B 表）》。从两处以上取得经营所得的，还应当一并报送《个人所得税经营所得纳税申报表（C 表）》。尚未办理上一年度经营所得汇算清缴的，应当在办理注销户籍纳税申报时一并办理。

3. 纳税人在注销户籍当年取得利息、股息、红利所得，财产租赁所得，财产转让所得和偶然所得的，应当在注销户籍前，申报当年上述所得的完税情况，并报送《个人所得税自行纳税申报表（A 表）》。

4. 纳税人有未缴或者少缴税款的，应当在注销户籍前，结清欠缴或未缴的税款。纳税人存在分期缴税且未缴纳完毕的，应当在注销户籍前，结清尚未缴纳的税款。

5. 纳税人办理注销户籍纳税申报时，需要办理专项附加扣除、依法确定的其他扣除的，应当向税务机关报送《个人所得税专项附加扣除信息表》《商业健康保险税前扣除情况明细表》《个人税收递延型商业养老保险税前扣除情况明细表》等。

六、非居民个人在中国境内从两处以上取得工资薪金所得的纳税申报

非居民个人在中国境内从两处以上取得工资、薪金所得的，应当在取得所得的次月 15 日内，向其中一处任职、受雇单位所在地主管税务机关办理纳税申报，并报送《个人所得税自行纳税申报表（A 表）》。

七、纳税申报方式

纳税人可以采用远程办税端、邮寄等方式申报，也可以直接到主管税务机关申报。

八、纳税记录

根据《国家税务总局关于将个人所得税〈税收完税证明〉（文书式）调整为〈纳税记录〉有关事项的公告》（国家税务总局公告 2018 年第 55 号）规定，为配合个人所得税制度改革，进一步落实国务院减证便民要求，优化纳税服务，国家税务总局决定将个人所得税《税收完税证明》（文书式）调整为《纳税记录》。现将有关事项公告如下：

1. 从 2019 年 1 月 1 日起，纳税人申请开具税款所属期为 2019 年 1 月 1 日（含）以后的个人所得税缴（退）税情况证明的，税务机关不再开具《税收完税证明》（文书式），调整为开具《纳税记录》（具体内容及式样见附件，略）；纳税人申请开具税款所属期为 2018 年 12 月 31 日（含）以前个人所得税缴（退）税情况证明的，税务机关继续开具《税收完税证明》（文书式）。

2. 纳税人 2019 年 1 月 1 日以后取得应税所得并由扣缴义务人向税务机关办理了全员全额扣缴申报，或根据税法规定自行向税务机关办理纳税申报的，不论是否实际缴纳税款，均可以申请开具《纳税记录》。

3. 纳税人可以通过电子税务局、手机 APP 申请开具本人的个人所得税《纳税记录》，也可到

办税服务厅申请开具。

4.纳税人可以委托他人持下列证件和资料到办税服务厅代为开具个人所得税《纳税记录》：

（1）委托人及受托人有效身份证件原件；

（2）委托人书面授权资料。

5.纳税人对个人所得税《纳税记录》存在异议的，可以向该项记录中列明的税务机关申请核实。

6.税务机关提供个人所得税《纳税记录》的验证服务，支持通过电子税务局、手机 APP 等方式进行验证。具体验证方法见个人所得税《纳税记录》中的相关说明。

第三节　汇算清缴

主要政策依据：

《中华人民共和国个人所得税法》（以下简称《税法》）（2018年修正，主席令第9号）；

《中华人民共和国个人所得税法实施条例》（以下简称《实施条例》）（国务院令第707号）。

个人所得税改革将工资薪金、劳务报酬、稿酬和特许权使用费4项劳动性所得纳入综合征税范围，在按年计税的基础上，实行"代扣代缴、自行申报，汇算清缴、多退少补，优化服务、事后抽查"的征管制度。

一、需要办理汇算清缴的情况

（一）综合所得

1.居民个人取得综合所得

居民个人取得综合所得，按年计算个人所得税；有扣缴义务人的，由扣缴义务人按月或者按次预扣预缴税款；需要办理汇算清缴的，应当在取得所得的次年三月一日至六月三十日内办理汇算清缴。预扣预缴办法由国务院税务主管部门制定。

（二）经营所得

纳税人取得经营所得，按年计算个人所得税，由纳税人在月度或者季度终了后十五日内向税务机关报送纳税申报表，并预缴税款；在取得所得的次年三月三十一日前办理汇算清缴。

二、不需要办理汇算清缴的情况

（一）利息、股息、红利所得，财产租赁所得，财产转让所得和偶然所得

纳税人取得利息、股息、红利所得，财产租赁所得，财产转让所得和偶然所得，按月或者按次计算个人所得税，有扣缴义务人的，由扣缴义务人按月或者按次代扣代缴税款。不办理汇算清缴。

（二）非居民个人取得综合所得

非居民个人取得工资、薪金所得，劳务报酬所得，稿酬所得和特许权使用费所得，有扣缴义务人的，由扣缴义务人按月或者按次代扣代缴税款，不办理汇算清缴。

三、汇算清缴期限

（一）综合所得的汇算清缴期限

居民个人取得综合所得，需要办理汇算清缴的，应当在取得所得的次年三月一日至六月三十日内办理汇算清缴。

（二）经营所得的汇算清缴期限

纳税人取得经营所得，按年计算个人所得税，由纳税人在月度或者季度终了后十五日内向税务机关报送纳税申报表，并预缴税款；在取得所得的次年三月三十一日前办理汇算清缴。

（三）居民个人取得境外所得

居民个人从中国境外取得所得的，应当在取得所得的次年三月一日至六月三十日内申报纳税。

（四）移居境外

纳税人因移居境外注销中国户籍的，应当在注销中国户籍前办理税款清算。

四、委托汇算清缴

《中华人民共和国个人所得税法实施条例》第二十九条 纳税人可以委托扣缴义务人或者其他单位和个人办理汇算清缴。

五、汇算清缴退税

纳税人办理汇算清缴退税或者扣缴义务人为纳税人办理汇算清缴退税的，税务机关审核后，按照国库管理的有关规定办理退税。

《中华人民共和国个人所得税法实施条例》第三十一条规定，纳税人申请退税时提供的汇算清缴信息有错误的，税务机关应当告知其更正；纳税人更正的，税务机关应当及时办理退税。

扣缴义务人未将扣缴的税款解缴入库的，不影响纳税人按照规定申请退税，税务机关应当凭纳税人提供的有关资料办理退税。

第四节　部门协作

主要政策依据:

《中华人民共和国个人所得税法》（以下简称《税法》）（2018年修正，主席令第9号）；

《中华人民共和国个人所得税法实施条例》（以下简称《实施条例》）（国务院令第707号）。

《国务院关于印发个人所得税专项附加扣除暂行办法的通知》（国发〔2018〕41号）

《国家税务总局关于发布＜个人所得税专项附加扣除操作办法（试行）＞的公告》（国家税务总局公告2018年第60号）

一、个人所得税信息协作涉及的部门及义务

《国务院关于印发个人所得税专项附加扣除暂行办法的通知》（国发〔2018〕41号）第二十六条规定，有关部门和单位有责任和义务向税务部门提供或者协助核实以下与专项附加扣除有关的信息：

1. 公安部门有关户籍人口基本信息、户成员关系信息、出入境证件信息、相关出国人员信息、户籍人口死亡标识等信息；

2. 卫生健康部门有关出生医学证明信息、独生子女信息；

3. 民政部门、外交部门、法院有关婚姻状况信息；

4. 教育部门有关学生学籍信息（包括学历继续教育学生学籍、考籍信息）、在相关部门备案的境外教育机构资质信息；

5. 人力资源社会保障等部门有关技工院校学生学籍信息、技能人员职业资格继续教育信息、专业技术人员职业资格继续教育信息；

6. 住房城乡建设部门有关房屋（含公租房）租赁信息、住房公积金管理机构有关住房公积金贷款还款支出信息；

7. 自然资源部门有关不动产登记信息；

8. 人民银行、金融监督管理部门有关住房商业贷款还款支出信息；

9. 医疗保障部门有关在医疗保障信息系统记录的个人负担的医药费用信息；

10. 国务院税务主管部门确定需要提供的其他涉税信息。

二、数据信息的格式、标准、共享方式

部门协作数据信息的格式、标准、共享方式，由国务院税务主管部门及各省、自治区、直辖市和计划单列市税务局商有关部门确定。

三、未按规定向税务部门提供信息的法律责任

1. 有关部门和单位拥有专项附加扣除涉税信息，但未按规定要求向税务部门提供的，拥有涉税信息的部门或者单位的主要负责人及相关人员承担相应责任。

2. 扣缴义务人发现纳税人提供的信息与实际情况不符的，可以要求纳税人修改。纳税人拒绝修改的，扣缴义务人应当报告税务机关，税务机关应当及时处理。

四、其他部门的协助要求

税务机关核查专项附加扣除情况时，纳税人任职受雇单位所在地、经常居住地、户籍所在地的公安派出所、居民委员会或者村民委员会等有关单位和个人应当协助核查。

练习与解析

一、单选

1. 全员全额扣缴申报，是指扣缴义务人应当在代扣税款的次月（　　）内，向主管税务机关报送其支付所得的所有个人的有关信息、支付所得数额、扣除事项和数额、扣缴税款的具体数额和总额以及其他相关涉税信息资料。

A、5 日　B、10 日　C、15 日　D、30 日

【答案】C

【答案解析】个人所得税法规定，全员全额扣缴申报，是指扣缴义务人应当在代扣税款的次月十五日内，向主管税务机关报送其支付所得的所有个人的有关信息、支付所得数额、扣除事项和数额、扣缴税款的具体数额和总额以及其他相关涉税信息资料。

2. 支付工资、薪金所得的扣缴义务人应当于年度终了后两个月内，向纳税人提供其个人所得和已扣缴税款等信息。纳税人年度中间需要提供上述信息的，扣缴义务人应当提供。

A、扣缴税款后

B、支付工资薪金所得后的两个月内

C、支付工资薪金所得后的六个月内

D、支付工资薪金所得所属年度终了后的两个月内

【答案】D

【答案解析】个人所得税法规定：1. 支付工资、薪金所得的扣缴义务人应当于年度终了后两个月内，向纳税人提供其个人所得和已扣缴税款等信息。2. 纳税人取得除工资、薪金所得以外的其他所得，扣缴义务人应当在扣缴税款后，及时向纳税人提供其个人所得和已扣缴税款等信息。

3. 扣缴义务人有未按照规定向税务机关报送资料和信息、未按照纳税人提供信息虚报虚扣专项附加扣除、应扣未扣税款、不缴或少缴已扣税款、借用或冒用他人身份等行为的，依照（　　）等相关法律、行政法规处理。

A、《中华人民共和国个人所得税法》

B、《个人所得税专项附加扣除操作办法（试行）》

C、《中华人民共和国税收征收管理法》

D、《个人所得税扣缴申报管理办法（试行）》

【答案】C

【答案解析】《个人所得税扣缴申报管理办法（试行）》（国家税务总局公告 2018 年第 61 号）第十九条规定，扣缴义务人有未按照规定向税务机关报送资料和信息、未按照纳税人提供信息虚报虚扣专项附加扣除、应扣未扣税款、不缴或少缴已扣税款、借用或冒用他人身份等行为的，依照《中华人民共和国税收征收管理法》等相关法律、行政法规处理。

4.扣缴义务人向居民个人支付工资、薪金所得时，应当按照（　　）计算预扣税款，并按月办理扣缴申报。

A、七级超额累进税率法

B、五级超额累进税率法

C、三级超额累进税率法

D、累计预扣法

【答案】D

【答案解析】《个人所得税扣缴申报管理办法（试行）》（国家税务总局公告2018年第61号）第六条 规定，扣缴义务人向居民个人支付工资、薪金所得时，应当按照累计预扣法计算预扣税款，并按月办理扣缴申报。

5.个人所得税的预扣预缴，下列说法不正确的是（　　）。

A、居民个人向扣缴义务人提供专项扣除信息的，扣缴义务人按月预扣预缴税款时应当按照规定予以扣除，不得拒绝

B、预扣预缴办法由国务院税务主管部门制定

C、个人所得税有扣缴义务人的，由扣缴义务人按月或者按次预扣预缴税款

D、非居民个人取得工资、薪金所得，劳务报酬所得，稿酬所得和特许权使用费所得，有扣缴义务人的，由扣缴义务人按月或者按次代扣代缴税款，不办理汇算清缴

【答案】A

【解析】个人所得税法第十一条 居民个人取得综合所得，按年计算个人所得税；有扣缴义务人的，由扣缴义务人按月或者按次预扣预缴税款；需要办理汇算清缴的，应当在取得所得的次年三月一日至六月三十日内办理汇算清缴。预扣预缴办法由国务院税务主管部门制定。

居民个人向扣缴义务人提供专项附加扣除信息的，扣缴义务人按月预扣预缴税款时应当按照规定予以扣除，不得拒绝。

非居民个人取得工资、薪金所得，劳务报酬所得，稿酬所得和特许权使用费所得，有扣缴义务人的，由扣缴义务人按月或者按次代扣代缴税款，不办理汇算清缴。

二、多选

1.以下个人所得税应税所得项目应当办理全员全额申报的有（　　）。

A、劳务报酬所得　B、经营所得　C、股权转让所得　D、财产租赁所得　E、偶然所得

【答案】ACDE

【答案解析】个人所得税法规定，实行个人所得税全员全额扣缴申报的应税所得包括：（1）工资、薪金所得；（2）劳务报酬所得；（3）稿酬所得；（4）特许权使用费所得；（5）利息、股息、红利所得；（6）财产租赁所得；（7）财产转让所得；（8）偶然所得。

2.以下关于个人所得税应纳税所得额计算表述准确的是（　　）。

A、利息所得以一个月取得的收入为一次

B、偶然所得以每次取得收入为一次

C、财产租赁所得以不应该月取得收入为一次

D、连载小说取得的稿酬应当按每一次取得收入为一次

E、劳务报酬所得以每月取得的收入为一次

【答案】BC

【答案解析】A 选项应当以每次取得收入为一次；D 选项具有连续性的稿酬所得，应当以每月收入为一次；E 选项应当按每次取得的收入为一次。

3.关于纳税人提交的纳税信息，下列表述正确的是（　　）。

A、扣缴义务人得擅自更改纳税人提供的信息

B、扣缴义务人应当按照纳税人提供的信息计算税款、办理扣缴申报

C、扣缴义务人发现纳税人提供的信息与实际情况不符的，不能移动拒绝受理

D、扣缴义务人应当依法对纳税人报送的专项附加扣除等相关涉税信息和资料保密

【答案】ABD

【答案解析】C 选项应当是，扣缴义务人发现纳税人提供的信息与实际情况不符的，可以要求纳税人修改。纳税人拒绝修改的，扣缴义务人应当报告税务机关，税务机关应当及时处理。

4.关于个人所得税代扣代缴手续费收入有关规定，正确的说法有（　　）。

A、代扣代缴税款的，按年付给 2% 手续费

B、税务机关查补个人所得税也可以按规定支付给扣缴义务人 2% 手续费

C、扣缴义务人领取的扣缴手续费可用于提升办税能力、奖励办税人员

D、个人办理代扣代缴税款手续，按规定取得的扣缴手续费，免征个人所得税

【答案】ACD

【答案解析】选项 B，税务机关、司法机关等查补或者责令补扣的税款，不得给予代扣代缴手续费。

5.根据《中华人民共和国个人所得税法》第十条规定，有下列（　　）情形之一的，纳税人应当依法办理纳税申报。

A、取得综合所得需要办理汇算清缴

B、取得应税所得没有扣缴义务人

C、取得境外所得

D、因移居境外注销中国户籍

E、居民个人在中国境内从两处以上取得工资、薪金所得

【答案】ABCD

【答案解析】根据《中华人民共和国个人所得税法》第十条第六款规定，非居民个人在中国境内从两处以上取得工资、薪金所得。

6.关于个人所得税纳税申报，下列说法正确的是（　　）。

A、需要办理汇算清缴的纳税人，应当在取得所得的次年 3 月 1 日至 6 月 30 日内进行

B、纳税人有两处以上任职、受雇单位的，可以选择向其中一处任职、受雇单位所在地主管税务机关办理纳税申报

C、纳税人没有任职、受雇单位的，可以选择任意一家主管税务机关办理纳税申报

D、纳税人申请退税，应当提供其在中国境内开设的银行账户，并在汇算清缴地就地办理税款退库

E、纳税人申请退税，应当在汇算清缴地就地办理税款退库

【答案】ABDE

【答案解析】选项C，纳税人没有任职、受雇单位的，向户籍所在地或经常居住地主管税务机关办理纳税申报。

7.因移居境外注销中国户籍的纳税申报政策，下列说法正确的是（　）。

A、纳税人因移居境外注销中国户籍的，应当在申请注销中国户籍前进行税款清算

B、纳税人在注销户籍年度取得财产转让所得的，应当在注销户籍前，办理当年财产转让所得的汇算清缴

C、纳税人有未缴或者少缴税款的，应当在注销户籍前，结清欠缴或未缴的税款

D、纳税人存在分期缴税且未缴纳完毕的，应当在注销户籍前，结清尚未缴纳的税款

E、纳税人办理注销户籍纳税申报个人所得税时，不允许办理专项附加扣除、依法确定的其他扣除

【答案】ACD

【答案解析】B选项，纳税人在注销户籍年度取得综合所得的，应当在注销户籍前，办理当年综合所得的汇算清缴；E选项，纳税人办理注销户籍纳税申报时，需要办理专项附加扣除、依法确定的其他扣除的，应当向税务机关报送《个人所得税专项附加扣除信息表》《商业健康保险税前扣除情况明细表》《个人税收递延型商业养老保险税前扣除情况明细表》等。

8.个人所得税汇算清缴制度中，下列说法正确的是（　）。

A、利息、股息所得不需要办理汇算清缴

B、财产转让所得应当办理汇算清缴

C、经营所得应当在次年3月1日至6月30日期间办理汇算清缴

D、非居民个人取得工资薪金所得不需要办理汇算清缴

E、纳税人可以委托税务师事务所办理个人所得税汇算清缴

【答案】ADE

【答案解析】选项B，按税法规定，财产转让所得不属于办理汇算清缴范围，实行一次性缴纳；经营所得的汇算清缴期为次年3月31日前。

三、判断

1.个人也可以构成个人所得税的扣缴义务人。（　）

【答案】正确

【答案解析】个人所得税法规定，扣缴义务人，是指向个人支付所得的单位或者个人。

2.纳税人需要享受税收协定待遇的，可以在取得应税所得时主动向扣缴义务人提出。

【答案】错

【答案解析】纳税人需要享受税收协定待遇的，应当在取得应税所得时主动向扣缴义务人提出。是"应当"而不是"可以"。

3.从两处以上取得综合所得，且综合所得年收入额减除专项附加扣除后的余额超过6万元的，应当依法办理汇算清缴。（　）

【答案】错误

【答案解析】从两处以上取得综合所得，且综合所得年收入额减除专项扣除后的余额超过6万元。专项附加扣除是指税法规定的子女教育等六项扣除，而专项扣除是指个人负担的"三险一金"。

4. 李某2019年只取得劳务报酬所得6万元，没有其他所得，扣除"三险一金"后，余额不超过6万元，则李某不存在依据汇算清缴问题。（　　）

【答案】错误

【答案解析】纳税人取得所得时预扣的个人所得税超过汇算清缴时应当缴纳的个人所得税时，申请办理退税的，应当办理汇算清缴。如果纳税人放弃退税权益，可以不进行汇算清缴。

5. 李某具有注册会计师资格，任职于甲会计师事务所；同时还经常参与乙会计师事务所的业务，但不在鉴证文书等签章。则李某从乙会计事务所取得的报酬属于劳务报酬所得。（　　）

【答案】正确

【答案解析】劳务报酬所得中的列举项，在现行法律法规框架下是无需办理批准或登记手续，以自然人身份即可独立开展的独立劳务；而经营所得中的列举项，则必须依法（经过批准或登记手续）开展经营。

6. 非居民个人取得工资、薪金所得，劳务报酬所得，稿酬所得，特许权使用费所得的，应当在取得所得的次年3月1日至6月30日前，向扣缴义务人所在地主管税务机关办理纳税申报。（　　）

【答案】错误

【答案解析】非居民个人取得工资、薪金所得，劳务报酬所得，稿酬所得，特许权使用费所得的，应当在取得所得的次年6月30日前，向扣缴义务人所在地主管税务机关办理纳税申报

7. 纳税人取得利息、股息、红利所得，财产租赁所得，财产转让所得和偶然所得的，应当在取得所得的次年6月30日前，按相关规定向主管税务机关办理纳税申报。与经营所得汇算清缴时间不一致。

【答案】正确

【答案解析】纳税人取得利息、股息、红利所得，财产租赁所得，财产转让所得和偶然所得的，应当在取得所得的次年6月30日前，按相关规定向主管税务机关办理纳税申报。

8. 居民个人从中国境外取得所得的，应当在取得所得的次年3月1日至6月30日内，向中国境内任职、受雇单位所在地主管税务机关办理纳税申报。（　　）

【答案】正确

【答案解析】居民个人从中国境外取得所得的，应当在取得所得的次年3月1日至6月30日内，向中国境内任职、受雇单位所在地主管税务机关办理纳税申报。与个人所得税综合所得汇算清缴时间一致。

第九章
自然人税收管理系统
（个人所得税部分）

第一节 自然人税收管理系统简介

党的十九大明确要求"增加低收入者收入，调节过高收入，取缔非法收入，履行好政府再分配调节职能"。为实现税收调节社会财富再分配的功能，充分体现个人税负公平，保障和改善民生，补齐民生短板，党中央、国务院提出了关于实施个人所得税综合与分类相结合的税制改革要求。为此，国家税务总局决定用三年时间（2018-2020）完成"自然人税收管理系统（个人所得税部分）软件升级完善项目"建设，构建自然人税收管理系统（简称 ITS 系统），完善自然人税收服务与管理体系。

根据个税改革一次立法、分步实施的总体规划，自然人税收管理系统项目建设分为三个大的阶段。第一阶段的保证过渡期税改政策落地，2018 年 10 月 1 日正式上线，支撑新的基本扣除费用标准和工薪所得、生产经营所得新税率表的落地生效。第二阶段保证税改全面实施，2019 年 1 月 1 日正式上线，全面支撑新税制改革，包括实现综合所得预缴申报、年度申报补退税等税改业务，支撑子女教育、大病医疗等六项专项附加扣除政策落地。第三阶段全面完成自然人服务和管理功能，2020 年 1 月正式上线，全面完成个人所得税汇算清缴服务和管理功能，支撑自然人税收管理体系。

一、系统构成

该系统包括局端大厅、扣缴客户端、自然人办税服务平台。其中自然人办税服务平台分为 Web 端和 APP 端，两端数据实时同步、信息共享。

（一）局端大厅

1、自然人税收管理系统（非会统部分）是核心税收业务系统之一，是对原金税三期个人税收管理系统的重大优化升级，将按照个人所得税改革的政策要求和业务需求，分步把金税三期个人税收管理系统的功能，转为依托云平台建设、全国数据大集中的自然人税收管理系统的功能。

2、自然人税收管理系统（会统部分）是以自然人税收管理系统的业务数据为基础，以自然人为核算对象，按照总局收规司的核算规则和报表样式，以区县局为核算单位，采用借、贷记账方法，加工原始凭证，生成报表，同步给决策一包，一包合并金三核心征管报表，生成汇总会统报表。

（二）自然人税收管理系统扣缴客户端

2018 年 8 月 1 日，金税三期个人所得税扣缴客户端更名为自然人税收管理系统扣缴客户端。自然人税收管理系统扣缴客户端是由国家税务局推出的地区个人所得税缴费系统，由税务总局统一研发，融入了现行的税收政策和申报流程，供扣缴义务人远程办税使用，提供离线填写和在线申报等功能。扣缴客户端主要完成企业办理预扣预缴业务，支撑办税人员实名，员工实名信息采集，专项抵扣信息采集等业务。实现了信息采集、信息报送、自动计税、申报校验、查询统计和自助学习等功能，便于扣缴义务人使用操作和防范税收风险。

（三）自然人办税服务平台

自然人办税服务平台分为 Web 端、APP 端，是个人所得税网上办税平台，简称：个人所得税 Web、个人所得税 APP。该平台包含了注册、登录和专项附加扣除、申报、缴款等功能，注册成功登录进入平台后可以自行完善、修改自然人信息，以后可以直接通过该平台进行相关涉税业务操作，使纳税人无需再往返税务机关办理，减轻了纳税人的办税负担，节约了纳税人的办税时间，更加方便、快捷的完成相关涉税业务操作。

自然人税收管理系统（个人所得税部分）要求对所有自然人不仅要登记身份证号和手机号，还要通过公安部实名核对。将自然人身份信息通过报送和公安部人员数据库身份信息比对反馈，纠正错误信息，建立完整可靠数据库。对所有以个人身份信息进行的申报数据，通过唯一纳税识别号汇总起来，为个人所得税综合征税做好自然人数据基础的准备，为构建个人所得税汇算清缴申报制度、完善纳税人自行申报打下基础。

本章主要介绍自然人税收管理系统扣缴客户端及自然人办税服务平台的操作和应用。

二、运行环境

（一）自然人税收管理系统扣缴客户端

纳税人可在各地税务机关网站上获取安装包，双击安装包程序，点击【立即安装】，即可安装扣缴客户端到本地电脑，也可选择自定义安装目录进行安装。

操作系统：Windows 7/ Windows 8/ Windows 10 中文操作系统；

分辨率：推荐 1366×768；

系统日期：必须设置成当天日期；

日期格式：YYYY-MM-DD（以 Windows 7 为例："电脑桌面右下角点击日历→更改日期和时间设置→更改日期和时间"中设置）；

内存：建议 4G 及以上；

硬盘：建议硬盘合计大小 500G 及以上；

网络：直接连接网络即可。

（二）自然人办税服务平台

1、Web 端

纳税人可通过访问各省门户网站首页或登录各省电子税务局后，点击自然人办税服务平台链接登录，首次访问需要先实名认证注册。为保障纳税人更好的体验，建议使用 ie8 以上版本、chrome 谷歌或 QQ 浏览器等，若使用 360 浏览器建议切换到极速模式。

2、APP 端

纳税人可通过自然人办税服务平台 Web 端首页点击"扫码登录"下方的【手机端下载】，扫描二维码下载安装。

苹果 iOS 系统通过 App Store 搜索"个人所得税"下载安装。

安卓 Android 系统目前已经在华为、小米、VIVO、OPPO 等应用市场上架，后续会上架更多应用市场。广大纳税人可以在上述应用市场搜索"个人所得税"下载安装。

苹果 IOS 系统需要 IOS 9.0 或更高版本；安卓 Android 系统需要 4.3 或更高版本。

第二节 实名办税管理

实名办税是对纳税人的办税人员（包括税务代理人）身份确认的制度。办税人员在办理涉税事项时提供有效个人身份证明，税务机关采集、比对、确认其身份信息后，办理涉税事项。

一、现实意义

（一）有利于建设服务型政府。党的十八届三中全会提出了建设服务型政府的要求。《深化国税、地税征管体制改革方案》也明确要创新纳税服务机制，最大限度便利纳税人。推行实名办税，办税人员只需提供一次身份信息，无需每次核验各类证明材料，便可无障碍享受优质办税服务。税务机关通过分析实名办税信息，能够更及时响应纳税人个性化服务需求，合理安排服务资源，创新开展定制化服务，提高服务精准性。

（二）有利于促进诚信体系建设。国家《社会信用体系建设规划纲要（2014-2020年）》明确要加强包括法定代表人、会计从业人员在内的重点人群职业信用建设。实名办税有利于厘清纳税人与其办税人员之间委托授权关系，强化法定代表人税收主体责任意识，提升办税人员对个人信息和信用的重视程度。依托实名办税信息建立诚信办税记录，与信用级别评价紧密关联，实现让守信者"一路绿灯"、失信者"处处受限"。

（三）有利于打击税收违法行为。实名办税的身份信息采集功能，对办税人员信息具有可溯性。既能为追究责任提供可靠证据和线索，有效打击税收违法行为，也能对潜在的违法犯罪分子起到震慑作用，降低违法行为发生概率。同时，办税人员离职后，能够及时变更实名办税信息，可以有效解决基础征管数据缺失、错误等问题，提升征管数据质量，夯实征管基础。

二、实名注册

（一）扣缴客户端

自然人税收管理系统扣缴客户端安装完成后，需要进行系统初始化注册。初始化注册的过程，即通过纳税人识别号从税务机关系统获取最新的企业信息，保存到本地扣缴客户端的过程。

1、录入单位信息

在 [纳税人识别号]/[确认纳税人识别号]的位置输入扣缴单位的纳税人识别号，已进行过三证合一的单位则输入统一社会信用代码，点击【下一步】，即可完成注册的第一步。（如下图）

2、获取办税信息

系统自动从税务机关端口获取最新的当地年平均工资、月平均工资以及月公积金减除上限等办税基础信息。（如下图）

3、备案办税人员信息

办税人员如实填写姓名、手机号、岗位等信息。（如下图）

4、设置登录密码

为了保障本系统的使用安全，建议"启用登录密码"，并牢记登录密码。（如下图）

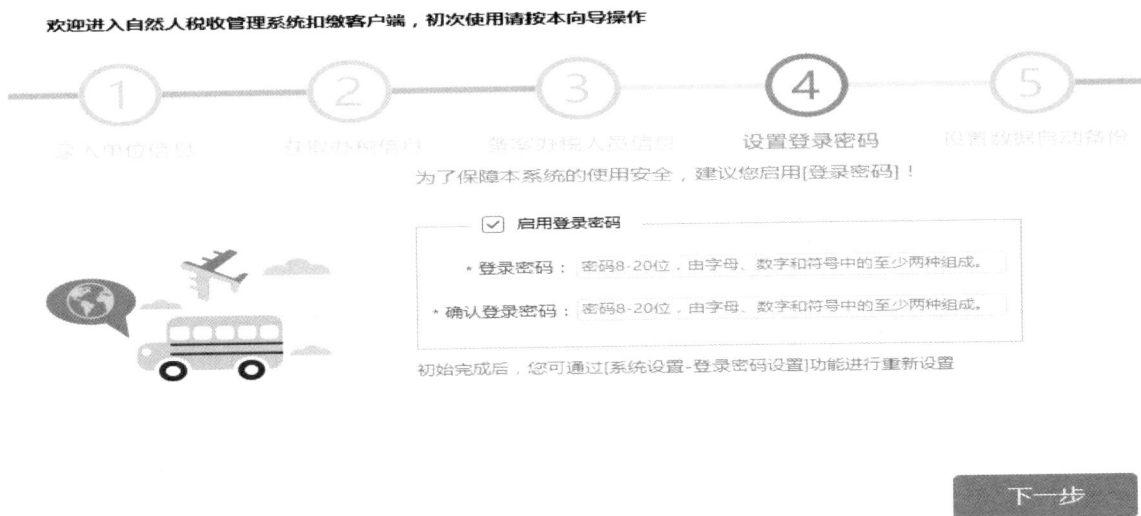

注意事项：

（1）登录密码的长度必须是 8–20 位；

（2）登录密码至少是数字、英文字母、符号三种中的两种组合；

（3）若忘记密码，在登录界面可通过点击【忘记密码】重置登录密码；

（4）进入系统后，点击【系统设置】→【系统管理】→【登录密码设置】可修改登录密码。

5、设置数据自动备份

扣缴客户端的数据是保存在本地电脑的，为防止重装操作系统或因操作系统损坏而造成数据丢失，建议启用自动备份功能。

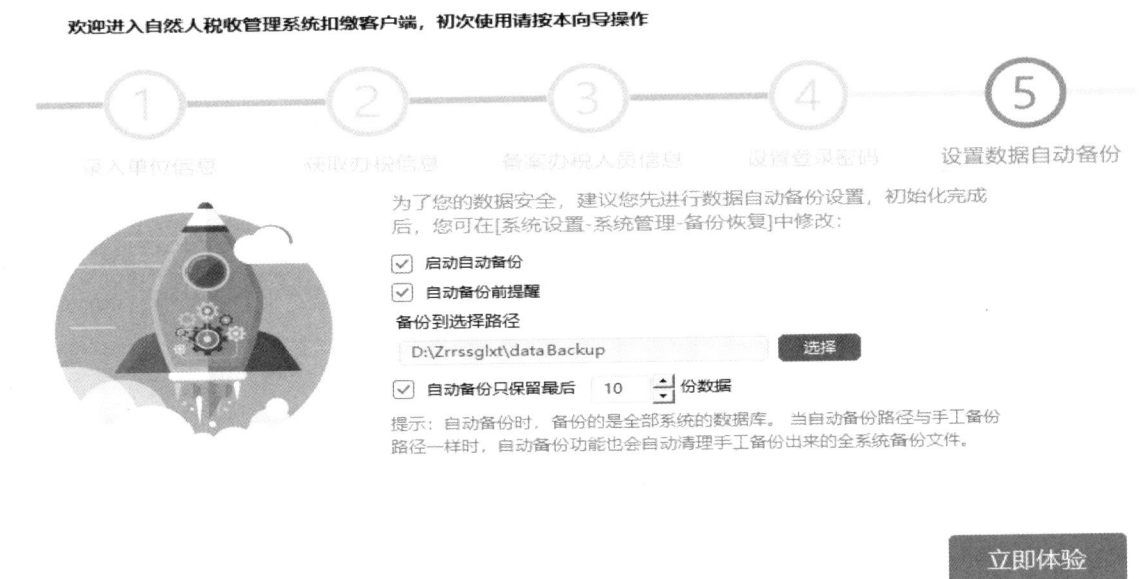

（二）自然人办税服务平台

实名注册的目的是为了验证绑定的账户是否属于本人，对纳税人信息的真实性进行验证审核，保障纳税人的合法权益和涉税数据安全，建立完善可靠的互联网信用基础。

1、Web 端

"大厅注册码注册"是指纳税人为了开通自然人办税服务平台的账号进行办税，先行在办税服务厅获取注册码，然后使用注册码在该平台中开通账号，以后凭此账号即可远程办税。此注册方式适用于所有的证件类型注册。

（1）纳税人需先到办税服务厅获取注册码，注册码有限期7天，由6位的数字、字母随机组成。（如下图）

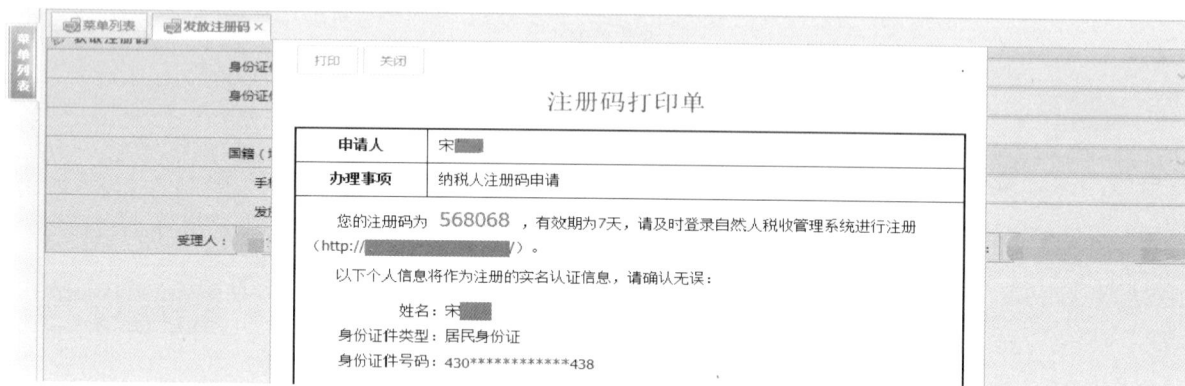

（2）登录自然人办税服务平台，点击【立即注册】或页面右上角【注册】，需自然人授权点击【同意并继续】。（如下图）

（3）选择【大厅注册码注册】方式，如实填写身份信息，包括：姓名、证件类型、证件号码等，填写的个人信息必须真实准确。（如下图）

（4）设置登录名、密码、手机号（需短信验证）、户籍所在地完成注册，系统对登录名和密码有校验规则，设置完成后即可通过手机号码/证件号码/登录名登录，并进行相关业务操作。（如下图）

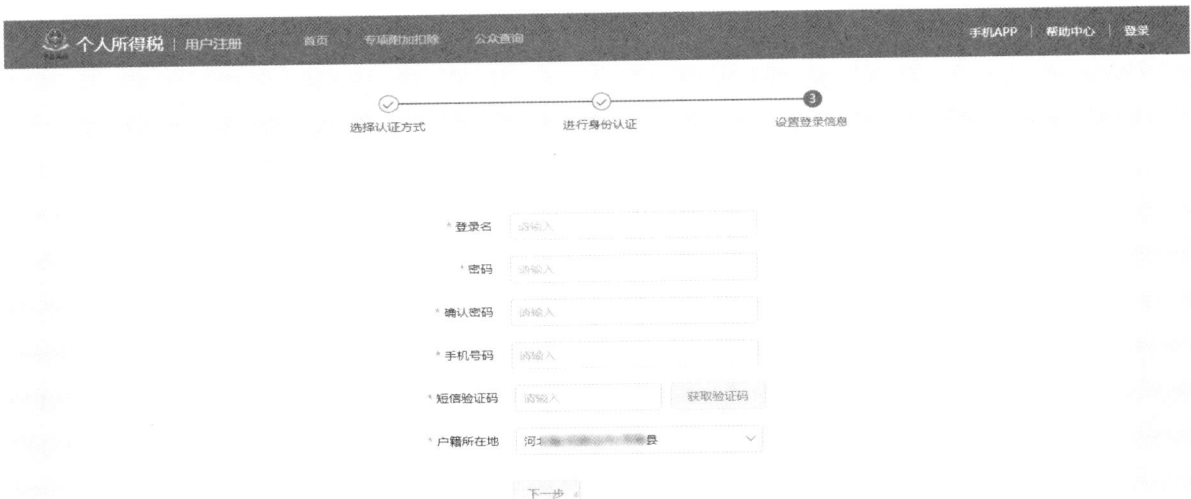

注意事项：

（1）登录名应为 2-16 位字符，可由大小写字母、数字、中文、下划线构成，不支持纯数字，字母需区分大小写。

（2）密码应为 8-15 位字符，至少包含字母、数字、符号中的两种，不允许有空格，字母需区分大小写。

（3）注册码有效期为 7 天，若过期可再次申请。

2、APP 端

目前系统支持以下两种注册方式：大厅注册码注册、人脸识别认证注册。其中人脸识别认证注册仅支持居民身份证，其他证件暂不支持。纳税人可以选择任意一种方式进行注册。

（1）大厅注册码注册

"大厅注册码注册"是指纳税人为了开通自然人办税服务平台的账号进行办税，先行在办税服务厅获取注册码，然后使用注册码在该平台中开通账号，以后凭此账号即可远程办税。此注册方式适用于所有的证件类型注册。

纳税人需先到办税服务厅获取注册码，注册码有限期 7 天，由 6 位的数字、字母随机组成；打开个人所得税 APP 系统，点击【注册】；选择【大厅注册码注册】方式；阅读并同意用户注册协议；如实填写身份信息，包括：注册码、证件类型、证件号码、姓名、国籍。填写的个人信息必须真实准确；设置登录名、密码、手机号码（短信校验）完成注册，系统对登录名和密码有校验规则，设置完成后即可通过手机号码 / 证件号码 / 登录名登录。

（2）人脸识别认证注册

"人脸识别认证注册"是调用公安人像数据进行比对验证，验证通过后即可完成实名注册。此注册方式仅支持居民身份证，因此国籍（地区）为中华人民共和国。

打开个人所得税 APP 系统，点击【注册】；选择【人脸识别认证注册】方式；阅读并同意用户注册协议；如实填写身份相关信息，包括：证件类型、证件号码，姓名。点击【开始人脸识别】；垂直握紧手机进行拍摄，系统调用公安接口进行比对验证，验证通过后会跳转到登录设置页面；设置登录名、密码、手机号（需短信校验）完成注册；系统对登录名和密码有规则校验，设置完成后即可通过手机号码 / 证件号码 / 登录名登录。

三、办税授权管理

为方便企业办税，自然人办税服务平台增加了"企业办税权限"和"我的办税权限"功能，可进行授权管理、新增授权人员、授权变更及解除等操作。

企业法人，财务负责人登录平台后，个人中心页面显示"企业办税权限"。"企业办税权限"自动展示当前任职受雇单位列表，可进行授权管理。

1、企业办税权限

企业法人，财务负责人登录平台后，个人信息办税授权管理页面显示"企业权限管理"。"企业权限管理"自动展示当前任职受雇单位列表，可进行授权管理。

（1）个人中心选择【企业办税权限】；

（2）可录入企业名称或纳税人识别号进行查询；

（3）新增授权人员信息，系统不限制人数；

（4）录入办税人员信息，权限类型分为：办税权限和管理权限，前者可在自然人税收管理系统扣缴客户端添加企业纳税人识别号后进行办税操作，后者不仅可在扣缴客户端添加企业纳税人识别号进行办税操作，还可给其他人员分配权限。

根据授权人员情况，将授权期限类型分为定期和长期。选择长期，则只需填写授权期限起；选择定期，需要填写授权期限起和授权期限止；

（5）已授权页面显示已添加的授权人员信息；

（6）添加成功后，可对办税人员信息进行变更和解除授权。

2、我的办税权限

被授予办税权限的办税人员，个人中心页面只展示"我的办税权限"。在此页面可查看当前任职受雇单位列表和授权状态，办税人员可进行【解除授权】，解除后则可进行删除该条信息。

第三节 人员信息采集

综合与分类相结合的个人所得税制是对现有税制的全面改革，税收征管能力是决定改革能否顺利实施的关键保障之一，自行纳税申报和全员全额明细申报作为个人所得税征管的重要基础和前提，其水平高低直接决定改革落实效果，自然人信息采集的准确性和真实性直接决定着税收政策能不能真正落实。人员信息采集的途径分为扣缴义务人通过扣缴客户端采集、自然人通过 Web 端和 App 端自行采集。

一、扣缴义务人采集渠道

扣缴义务人可通过扣缴客户端采集报送自然人基础信息。

人员信息采集主要包括【添加】、【导入】、【报送】、【获取反馈】、【同步人员】、【导出】、【展开查询条件】和【更多操作】功能。

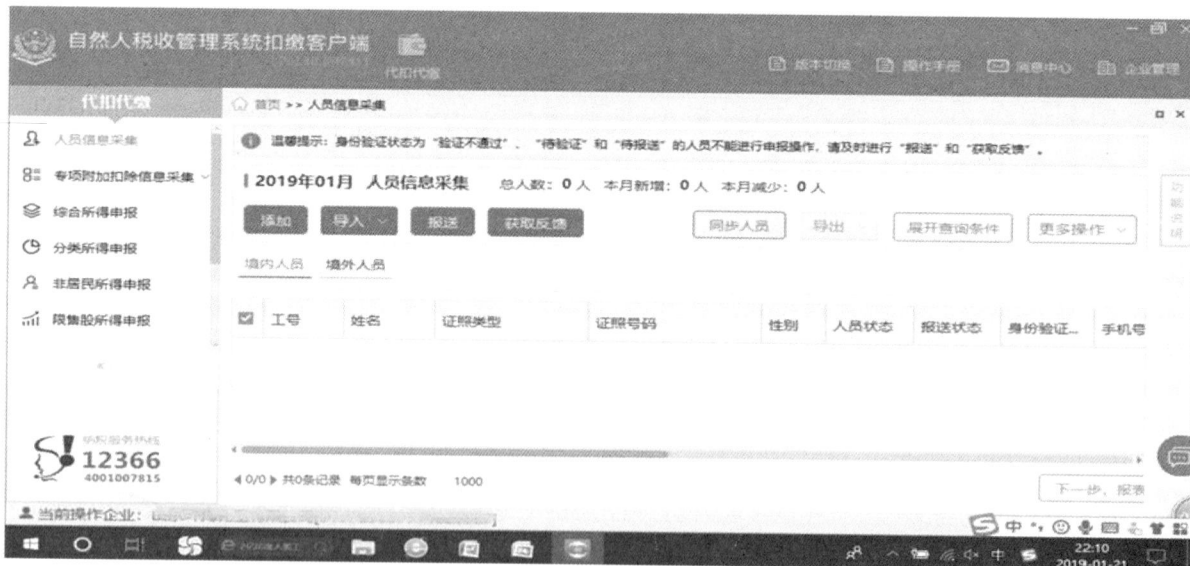

（一）人员信息登记

将人员信息采集到客户端中有两种方式：单个添加和批量导入。

1、单个添加

点击【添加】，进入"境内人员信息"/"境外人员信息"界面，录入人员基本信息，点击【保存】即可添加成功。

若采集人员时姓名中包含生僻字，不能通过输入法正常录入的，可先安装生僻字补丁包后再进行人员姓名录入。

2、批量导入

点击【导入】→【模板下载】，下载客户端中提供的标准 Excel 模板。将人员各项信息填写到模板对应列，然后点击【导入】→【导入文件】，选择 Excel 文件，导入到客户端中。

当填写信息不符合规范时，在【添加】或【导入】时会有相应的提示。如：身份证号码不满足校验规则、姓名中不能有特殊字符等。需按照提示要求，更正相应信息后，重新保存。

（二）人员信息编辑

人员信息编辑，指对已添加人员的修改和删除操作。人员信息采集到系统后，人员信息存在错误或发生变化时，需修改或删除人员信息后重新采集人员。

人员已报送成功，则人员信息不允许删除，只能修改；未报送的人员，既可删除重新采集，也可直接修改错误信息。

1、人员信息修改

（1）报送成功情况下，关键信息（包括姓名、国籍、证照类型、证照号码）修改：

①证照类型、证照号码、国籍：此三项信息不允许修改。若录入错误，需将人员状态改为【非正常】，重新采集正确的人员信息。

②姓名：若身份验证状态为"验证通过"，则不可修改，其他状态允许修改，需谨慎操作。

（2）报送成功情况下，非关键信息修改：

①人员非关键信息修改，可在人员信息采集页双击该条人员信息记录的任何位置，打开"境内人员信息"/"境外人员信息"界面修改信息后保存即可。

②多个人员非关键信息需修改为同一信息时，勾选多人后，点击【更多操作】→【批量修改】，选择需要修改的项目，录入正确的内容保存即可。

2、人员信息删除

只有未报送的人员可以删除，勾选人员后，点击【更多操作】→【删除】进行信息删除。

（三）人员信息报送验证

人员信息采集完毕后，需先将人员信息报送至税务机关端进行验证，再获取报送结果和身份验证结果，报送成功的人员才能填写、报送申报表。

1、报送

点击【报送】，客户端会将报送状态为"待报送"的人员信息报送至税务机关进行验证。

2、获取反馈

报送成功后，税务机关系统将对居民身份证信息进行验证（其他类型证件的验证会陆续增加），点击【获取反馈】获取报送的人员信息身份验证结果。

（1）身份验证状态为"验证通过"的，表示该自然人身份信息与公安机关的居民身份登记信息一致。

（2）身份验证状态为"验证不通过"的，表示该自然人身份信息与公安机关的居民身份登记信息不一致，扣缴单位应对其进行核实，经核实确存在问题的，应予以修正；如果经核实自然人身份信息准确无误的，则该自然人需前往办税服务厅进行登记。

（3）身份验证状态为"验证中"的，表示尚未获取到公安机关的居民身份登记信息。扣缴单位可以忽略该结果，正常进行后续操作。

（4）身份验证状态为"暂不验证"的，表示税务系统暂未与第三方系统联通交互，目前尚无法进行验证。扣缴单位可以忽略该结果，正常进行后续操作。

（四）人员信息查询

1、同步人员

为方便纳税人办税，系统在税制交替环节提供同步功能，该功能可从"原税制"环境中同步当前单位在"新税制"环境里不存在的人员信息。系统只迁移在职（状态为【正常】）的人员，同步成功的人员，需要及时完善信息并进行"报送"和"获取反馈"。

2、展开查询条件

客户端的查询功能，是指人员众多的情况下，需要查找某个人员的具体信息时，点击【展开查询条件】来展开具体的查询条件，而后按钮名称变成【收折查询条件】。

可通过工号、姓名、证照号码等信息，模糊查找相应的人员信息；也可根据身份验证状态、报送状态、是否残孤烈、是否雇员、更新时间进行筛选。

3、导出

点击【导出】，可选择【选中人员】或【全部人员】将人员信息导出到 Excel 表格中进行查看。

4、更多操作

更多操作包括删除、批量修改、自定义显示列、隐藏非正常人员、特殊情形处理功能。

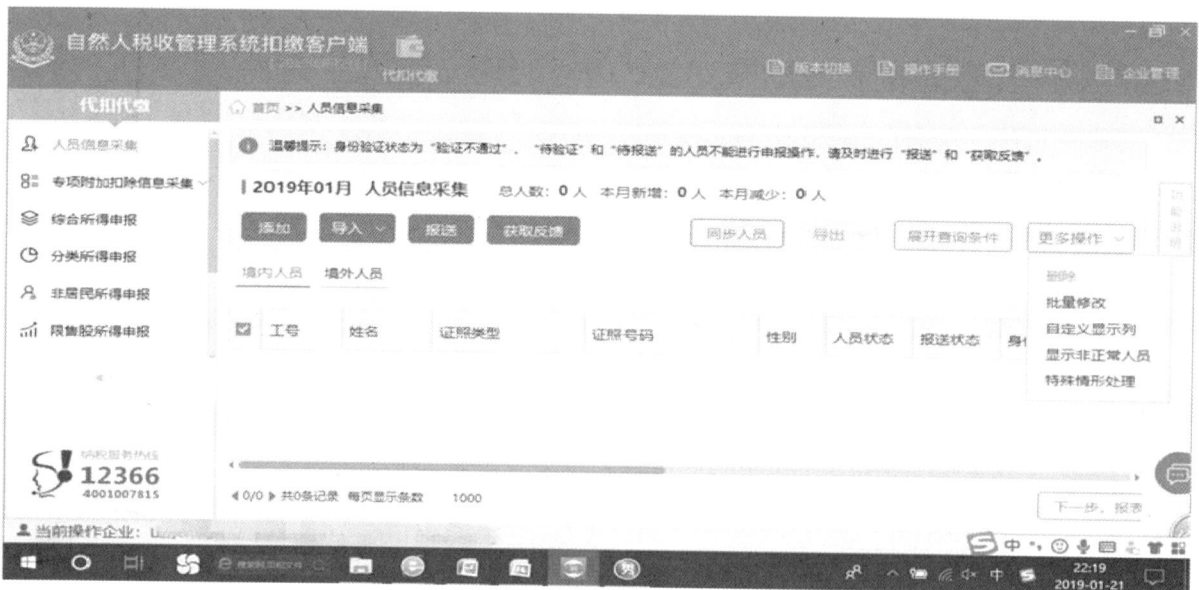

（1）删除

当选中单个人员信息，点击【删除】，可删除单个人员信息。

当选中多个人员信息，点击【删除】，可批量删除人员信息。

（2）批量修改

当多个人员存在相同信息时，可以通过批量修改功能，一键来完成。主要包括：工号、人员状态、任职受雇日期、离职日期、学历、开户银行。

（3）自定义显示列

人员信息采集列表中，可以自定义列表中展示的信息。对无需显示的人员信息，可以取消勾选。

（4）隐藏非正常人员

采集界面上会显示人员状态为非正常的人员，在系统中不再对该人员进行业务操作时，可通过本功能隐藏非正常（已离职）人员。隐藏后，该按钮会变成【显示非正常人员】，点击后会重新显示非正常人员。

（5）特殊情形处理

包括人员添加和姓名更新两项功能。人员添加功能主要是添加证照类型为居民身份证，姓名中含有生僻字或居民身份证不符合公安系统一般赋码规则的人员，添加前，请确保该人员已在税务机关做过自然人信息特殊采集；姓名更新功能主要是更新在税务机关已变更过人员姓名，但在扣缴客户端中无法手工修改的人员姓名。

二、自然人个人信息采集渠道

自然人个人可以通过自然人办税服务平台进行个人信息采集。为了便于纳税人查看和维护个人信息、享受税收优惠以及后续快速补退税款，需先采集自然人相关信息。包含个人信息、任职受雇信息、家庭成员信息和银行卡等相关内容采集。

（一）个人信息

个人信息分为【基本信息】、【可享税收优惠】、【其他身份证件】和【境外人员信息】四部分。

1、用户基础信息：姓名、证件类型、证件号码（隐藏部分数字）、国籍（地区）、出生日期、性别和纳税人识别号由系统自动带出，性别和出生日期可修改。

2、户籍所在地：证件类型为居民身份证，自动带出注册时选择的省市地区和详细地址，可进行修改。

3、经常居住地：证件类型为居民身份证以外的证件类型，自动带出注册时选择的省市地区和详细地址，可进行修改。

4、联系地址：可编辑省市地区、乡镇街道以及详细地址。

5、学历：分为研究生、大学本科和大学本科以下。

6、民族：根据实际情况进行选择。

7、电子邮箱：填写正确的邮箱即可。

8、其他身份证件：纳税人在添加其他身份证件后，可持其他身份证件到办税服务厅办理业务。

9、可享税收优惠情形：分为残疾、孤老、烈属三种情形。选择残疾或烈属情形后，还需补充录入残疾证号（必填）或烈属证号（非必填）并上传证件图片（最多可添加五张照片）。

10、境外人员信息：居民身份证注册时，该页隐藏不予显示；其他证件注册时，该页显示，可编辑，据实选择出生地、首次入境时间、预计离境时间和涉税事由（任职受雇、提供临时劳务、转让财产、从事投资和经营活动和其他）。

第四节 专项附加扣除信息采集

个人所得税专项附加扣除，是指个人所得税法规定的子女教育、继续教育、大病医疗（暂未开放）、住房贷款利息或者住房租金、赡养老人等六项专项附加扣除。

符合子女教育、继续教育、住房贷款利息或住房租赁、赡养老人专项附加扣除范围和条件的纳税人，自其符合条件开始，可以向取得工资、薪金所得的扣缴义务人提供上述专项附加扣除有关信息，由扣缴义务人在次月预扣预缴税款时办理扣除；也可以在次年3月1日至6月30日内，向税务机关办理汇算清缴申报时扣除。

专项附加扣除信息采集是指纳税人根据税收法律法规的有关规定，需要进行专项附加扣除的，由扣缴义务人采集或是自行采集。

一、扣缴义务人采集

在自然人税收管理系统扣缴客户端首页功能菜单下点击【专项附加扣除信息采集】，显示可采集的专项附加扣除项目，分别为"子女教育支出"、"继续教育支出"、"住房贷款利息支出"、"住房租金支出"、"赡养老人支出"。

所有专项附加扣除信息的采集操作基本类似，只是各项专项附加扣除采集的数据项有所不同。以子女教育为例（如下图）

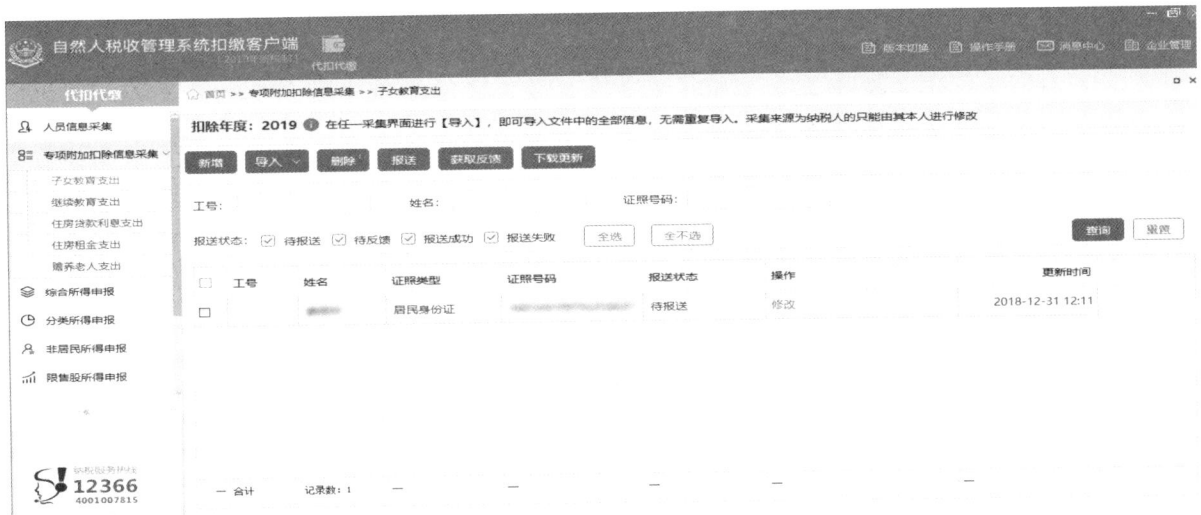

【新增】：单个采集纳税人专项附加扣除信息。

【导入】：下拉包括【导入文件】和【模板下载】。点击【模板下载】，下载专项附加扣除标准 Excel 模板，纳税人填写信息后，点击【导入文件】选择 Excel 模板所在的文件夹，即可将模版中的所有专项附加扣除信息导入到客户端中。

【删除】：对于采集的专项附加扣除信息，可勾选进行删除。

【报送】：将报送状态为未报送的信息发送至税务机关。

【获取反馈】：点击后获取税务机关反馈的专项附加信息报送结果。

【下载更新】：从税务局端下载获取纳税人通过各渠道（税务局端、扣缴客户端、WEB、APP 端）采集并指定给该扣缴业务人预扣预缴扣除的专项附加扣除信息。

二、自行采集

自然人办税服务平台的 Web 端提供了 2 个业务入口和 1 个快捷入口。

业务入口：纳税人可通过【首页】顶部导航 –【专项附加扣除】或【首页】–【专项附加扣除填报】功能进入专项附加扣除信息采集页面；（如下图）

快捷入口：快捷入口位于【首页】中下部常用服务区域。（如下图）

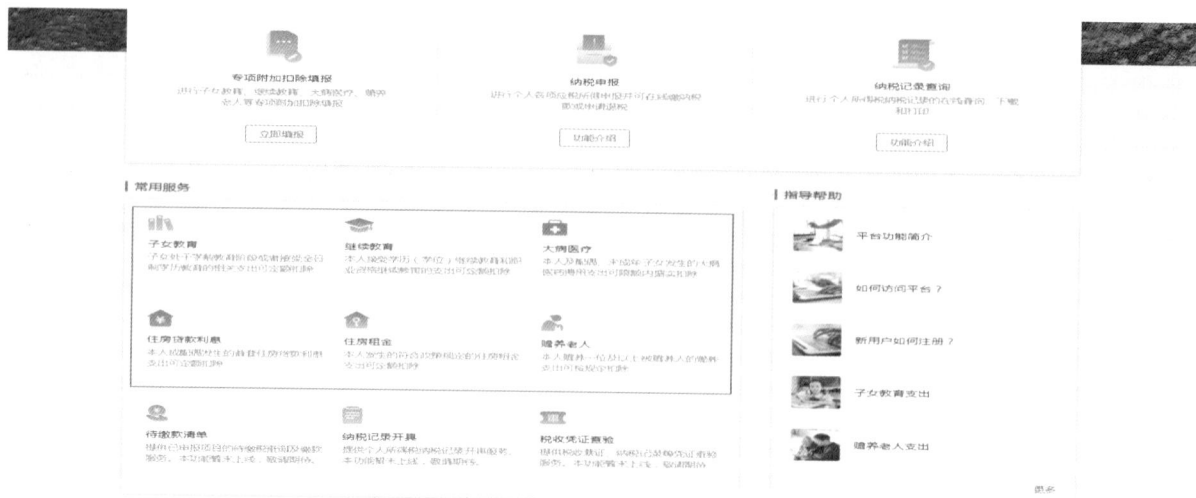

App 端首页设置了专项附加扣除信息采集的快捷入口。

纳税人采集专项附加扣除信息完毕后，可以根据实际情况选择"通过扣缴义务人申报"或"综合所得年度自行申报"方式。

三、数据修改

自然人纳税人可以通过自然人办税服务平台的"专项附加扣除填报记录"功能对专项附加扣除填报记录进行查询修改。具体操作步骤：Web 端，可点击【首页】-【专项附加扣除】-【已填报】，选择需要查询的申报项目和扣除年度进行查询，点击【查看】可修改或作废该条数据。App 端，可点击【查询】-【专项附加扣除填报记录】进行修改和作废。

四、申诉管理

申诉是指纳税人通过自然人办税服务平台查询数据或者办理业务时，对特定数据信息存在异议，认为其与实际情况不符的，可选取与实际情况不符合的数据记录，将其作为申诉事由提起申诉，可能适用的场景有：任职受雇单位查询、查询个人明细申报数据、进行综合所得年度申报等，其中由扣缴义务人申报的明细才可发起申诉，自行申报的明细记录不提供申诉操作按钮。

申请异议处理（特定业务）目前仅适用自然人纳税人信息被冒用的情况。信息被冒用主要是指自然人在进行任职受雇单位查询、申报明细数据查询、综合所得年度申报（包括更正申报）时，发现系统记录的申报数据实际上并不存在，存在纳税人信息被冒用，可以通过该功能发起异议处理申请。

（一）Web 端操作步骤

1、点击【任职受雇信息】-【申诉】（如下图）

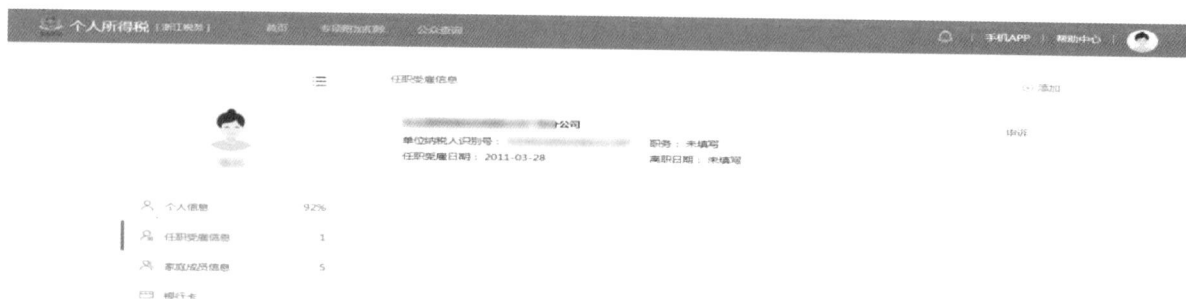

2、选择申诉类型并完善补充说明，补充说明需大于15个字符，确认填写信息真实有效点击【提交】（如下图）

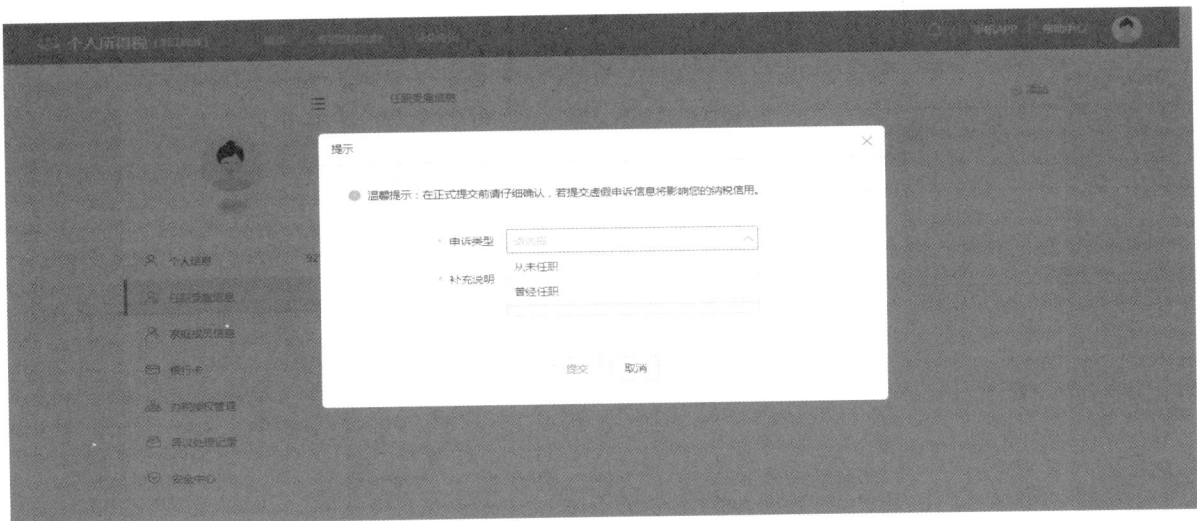

3、提交申诉后，可通过申诉提交成功页面点击【查看申诉】或【完善个人信息】-【异议处理记录】查看申诉状态

（二）App 端操作步骤

1、点击【个人中心】-【任职受雇信息】；

2、点击需要申诉的企业；

3、点击【申诉】；

4、选择申诉类型并完善补充说明，补充说明需大于15个字符，确认填写信息真实有效点击【提交】。

5、提交申诉后，可通过申诉成功页面点击【查看申诉】或者【个人中心】-【异议处理记录】查看申诉详情。

第五节 综合所得预扣预缴申报

综合所得个人所得税预扣预缴申报，是指扣缴义务人在向居民个人支付综合所得时，根据已采集的个人身份信息，结合当期收入、扣除等情况，在支付所得的月度终了之日起十五日内，向主管税务机关报送《综合所得个人所得税预扣预缴报告表》和主管税务机关要求报送的其他有关材料，进行综合所得个人所得税预扣预缴申报。

实行个人所得税预扣预缴申报的综合所得包括：工资、薪金所得；劳务报酬所得；稿酬所得；特许权使用费所得。

一、收入及减除填写

用于录入综合所得各项目的收入及减除项数据，所得项目包括"正常工资薪金所得"、"全年一次性奖金收入"、"企业年金"、"劳务报酬所得"、"稿酬所得"和"特许权使用费所得"。点击界面下方综合所得申报表名称或【填写】进入表单，即可进行数据的录入，各项表单的填写方式，与"人员信息采集"操作类似，都可选择使用单个添加，或下载模板批量导入。（如下图）

点击【正常工资薪金所得】，进入"正常工资薪金所得"界面。包括【返回】、【添加】、【导入】、【预填专项附加扣除】、【导出】、【展开查询条件】和【更多操作】功能。（如下图）

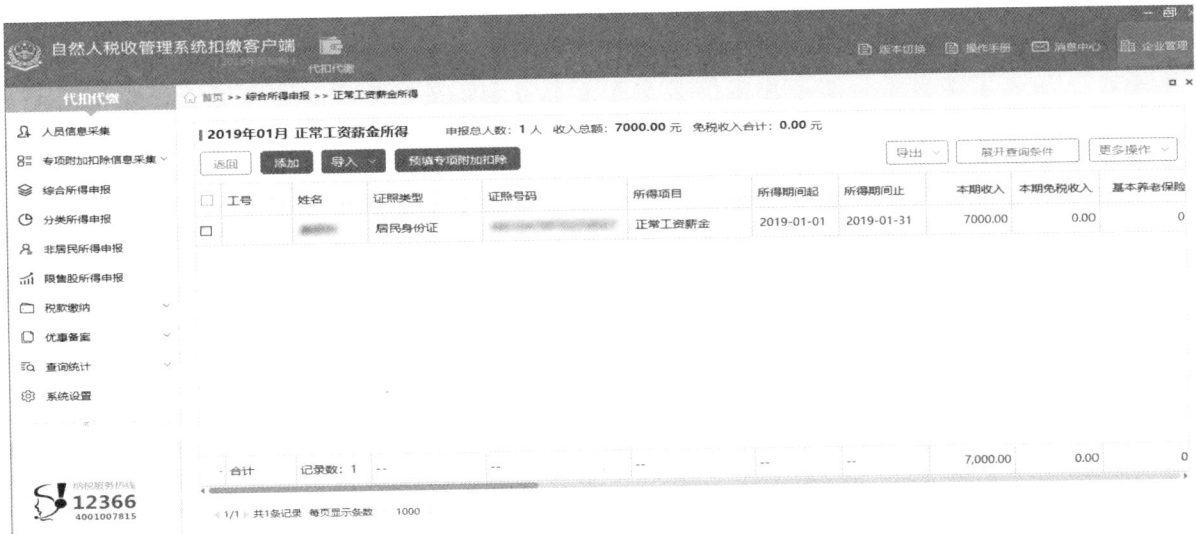

点击【导入】→【模板下载】下载标准模板，录入数据后，点击【导入数据】→【标准模板导入】选择模板文件批量导入数据。（如下图）

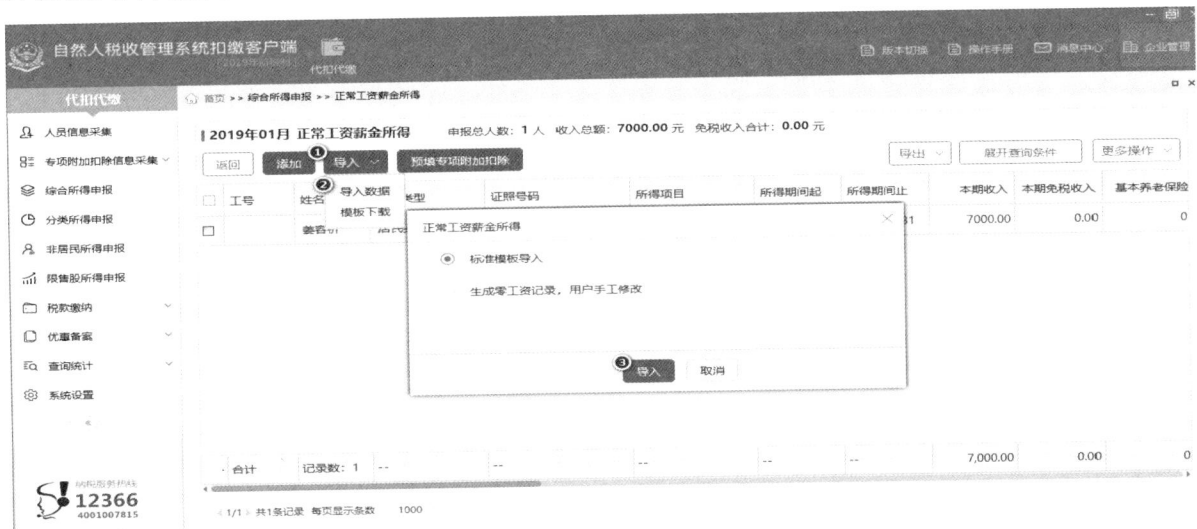

点击【添加】弹出"正常工资薪金所得 新增"界面，进行单个数据录入。（如下图）

【本期收入】：取得的全部收入，默认保留两位小数。

【基本养老保险费】、【基本医疗保险费】、【失业保险费】、【住房公积金】：按国家有关规定缴纳的三险一金，填写个人承担且不超过当地规定限额的部分。

【子女教育支出】、【继续教育支出】、【住房贷款利息支出】、【住房租金支出】、【赡养老人支出】：点击"正常工资薪金所得"界面【预填专项附加扣除】自动获取填充报送成功人员的可扣除额度，也可手动录入。根据政策要求，住房租金支出、住房贷款利息支出不允许同时扣除。

【商业健康保险】：填写按税法规定允许税前扣除的商业健康保险支出金额，扣除限额 2400 元／年（200 元／月）。

【税延养老保险】：填写按税法规定允许税前扣除的税延商业养老保险支出金额，扣除限额为年度收入总额的 6% 与 12000 元之间的孰小值。仅试点地区可录入。

【准予扣除的捐赠额】：按照税法规定，个人将其所得对教育、扶贫、济困等公益慈善事业进行捐赠，捐赠额未超过纳税人申报的应纳税所得额百分之三十的部分，可以从其应纳税所得额中扣除；国务院规定对公益慈善事业捐赠实行全额税前扣除的，从其规定。

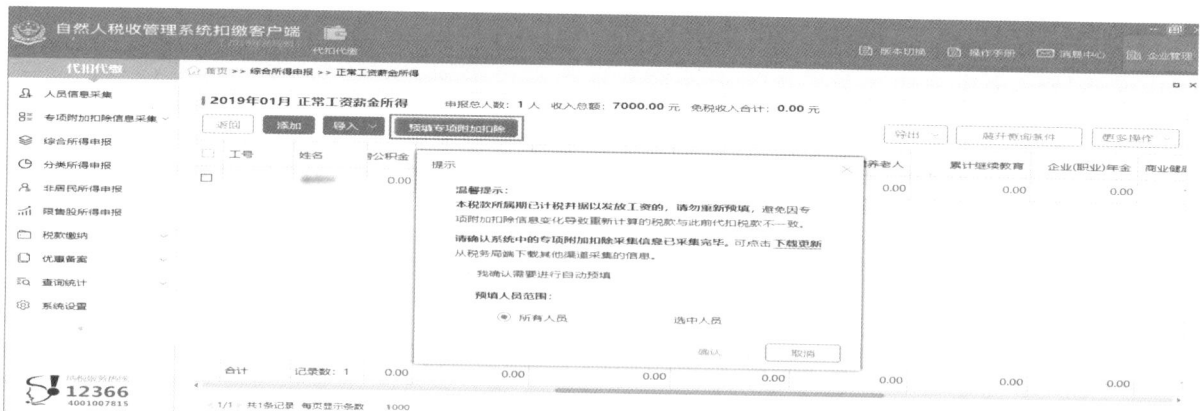

点击【预填专项附加扣除】，弹出提示框，勾选确认需要进行自动预填，选择预填人员范围后，点击【确认】，可自动将已报送至税务机关的专项附加扣除信息下载到对应纳税人名下，自动填充入申报表。（如上图）

其他综合所得项目"全年一次性奖金收入"、"企业年金"、"劳务报酬所得"、"稿酬所得"和"特许权使用费所得"的数据采集方式基本一致，具体填写规则如下：

1、【全年一次性奖金收入】：填写当月发放的全年一次性奖金收入总额。

2、【年金领取收入额】：本次领取年金的金额。【已完税缴费额】：指在财税〔2013〕103号文件实施之前缴付的年金单位缴费和个人缴费且已经缴纳个人所得税的部分，通常指的是 2014 年前的年金已完税缴费额。【全部缴费额】：账户中实际年金缴纳部分。

3、【劳务报酬所得】：【所得项目】：包含"一般劳务报酬所得"、"其他劳务报酬所得"。【费用】：每次收入不超过四千元的，费用按八百元计算；每次收入四千元以上的，费用按百分之二十计算。

4、【稿酬所得】：【本期免税收入】：稿酬所得的收入额减按百分之七十计算（30% 做免税收入处理），即显示本期收入减除费用后的 30% 部分，可修改。

特别说明：预扣预缴申报时全年一次性奖金收入、企业年金、劳务报酬、稿酬所得和特许权使用费所得没有专项扣除和专项附加扣除填写项。

二、税款计算

点击【税款计算】，系统自动对"收入及减除填写"模块中填写的数据进行计税，其中工资薪金所得项目会从局端下载往期累计数据，再与当期填写的数据合并累计计税。

"税款计算"页面上会分所得项目显示对应项目的明细数据和合计数据，右上角显示综合所得的合计数据，包括申报总人数、收入总额、应纳税额和应补退税额。

三、附表填写

在收入及减除中填写了减免税额、商业健康保险、税延养老保险的情况下，需要在相应附表里面完善减免信息，比如：减免事项、减免性质、减免税额等。

1、减免事项附表

用于补充减免税额对应的具体减免事项信息。

综合所得中填写过减免税额的人员，系统会自动在减免事项附表界面生成一条该人员本次填写的减免税数据，双击该条记录补充完善对应的减免税事项名称等内容。减免税额等于综合所得中减免税额之和，"减税事项"页签下补充完善减免税额信息。

2、商业健康保险附表

根据税法规定，对个人购买或单位统一购买符合规定的商业健康保险产品的支出，允许税前扣除，扣除限额为2400元/年（200元/月）。在综合所得预扣预缴申报表里录入了商业健康保险数据的人员，应报送《商业健康保险税前扣除情况明细表》。

3、税延养老保险附表

自2018年5月1日起，在上海市、福建省(含厦门市)和苏州工业园区实施个人税收递延型商业养老保险试点。

对试点地区个人通过个人商业养老资金账户购买符合规定的商业养老保险产品的支出，允许在一定标准内税前扣除。在综合所得中填写税延养老保险支出税前扣除申报的人员，应报送《税延型商业养老保险税前扣除情况明细表》

四、申报表报送

申报表填写、税款计算完成后，点击【申报表报送】进入报表申报界面。该界面可完成综合所得预扣预缴的正常申报、更正申报以及作废申报操作。当月第一次申报发送时，进入"申报表报送"界面，默认申报类型为正常申报，申报状态为未申报，显示【发送申报】。

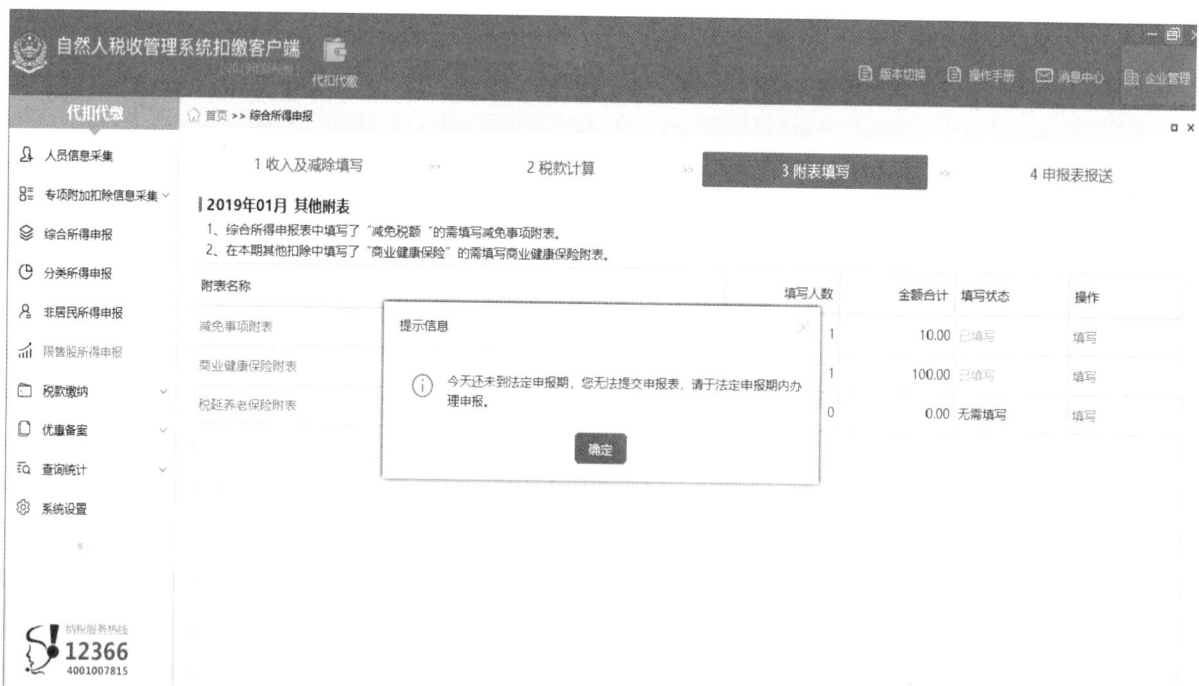

注意事项：【申报表报送】需在法定申报期时才可点击进入申报界面。

第六节 分类所得代扣代缴申报

分类所得个人所得税代扣代缴申报是指扣缴义务人向居民个人支付分类所得时，不论其是否属于本单位人员、支付的分类所得是否达到纳税标准，扣缴义务人应按月或按次计算个人所得税，在代扣税款的次月十五日内，向主管税务机关报送《分类所得个人所得税代扣代缴申报表》和主管税务机关要求报送的其他有关资料。各项所得的计算，以人民币为单位。所得为人民币以外货币的，按照人民币汇率中间价折合成人民币缴纳税款。

实行个人所得税分类所得扣缴申报的应税所得包括：利息、股息、红利所得；财产租赁所得；财产转让所得；偶然所得。取得的所得适用比例税率，税率为百分之二十。

一、分类所得个人所得税代扣代缴申报

自然人税收管理系统扣缴客户端首页功能菜单点击【分类所得申报】，进入"一般分类所得代扣代缴申报"页面，点击界面下方一般分类所得申报表名称或【填写】进入表单，即可进行数据的录入（如下图）。

（一）一般分类所得项目填表调整项和注意点。

1、股息利息红利所得申报表：

【税率】：取消利息股息红利所得中的"协定税率"，税率统一为20%。

2、其他财产租赁所得申报表：

其他财产租赁所得，分类所得中只有此项所得有减除费用概念，每次收入不超过四千元的，减除费用八百元；四千元以上的，减除百分之二十的费用。

【减免税额】：分类所得所有所得项目有符合规定的减免情形，均可填写。

3、财产拍卖所得及回流文物拍卖所得申报表：

【是否提供财产原值凭证】若为"是"，以收入减除财产原值、允许扣除的税费、其他和准予扣除的捐赠后的余额，为应纳税所得额，财产拍卖所得税率3%，回流文物拍卖所得税率2%。

【是否提供财产原值凭证】若为"否"，以收入减除其他和准予扣除的捐赠后的余额，为应纳税所得额，税率是20%。

4、股权转让所得申报表：

【财产原值】：为买入价以及买入时按照规定缴纳的有关费用，或按相关规定确定的财产原值。

【其他】：里面包含"投资抵扣"和"其他"。

5、其他财产转让所得申报表：

【实际捐赠额】：填写当月收入中实际捐赠的金额。

【捐赠方式】：默认"限额扣除"，可下拉选择"限额扣除"、"全额扣除"或"混合"。个人将其所得对教育、扶贫、济困等公益慈善事业进行捐赠，捐赠额未超过纳税人申报的应纳税所得额百分之三十的部分，可从其应纳税所得额中扣除，选择"限额扣除"；国务院规定对公益慈善事业捐赠实行全额税前扣除的，从其规定选择"全额扣除"。

6、偶然所得申报表：

【所得项目】包含"省级、部级、军级奖金"、"外国组织和国际组织奖金"、"见义勇为奖金"、"举报、协查违法犯罪奖金"、"社会福利募捐奖金、体彩奖金"、"有奖发票奖金"、"其他偶然所得"。

（二）附表填写

减免事项附表用于补充减免税额对应的具体减免事项等信息，整体业务与综合所得预扣预缴填写操作基本一致。

在分类所得项目中填写了减免税额，减免事项附表里会自动生成一条状态为未填写的减免税额记录，点击【填写】打开编辑界面，补充完善具体的减免事项和减免性质等信息，点击【保存】即可。

（三）申报表报送

申报表报送用于完成一般分类所得代扣代缴的正常申报、更正申报以及作废申报操作。

二、限售股转让扣缴申报

（一）限售股申报范围包括六类：

1、财税〔2009〕167号文件规定的限售股；

2、个人从机构或其他个人受让的未解禁限售股；

3、个人因依法继承或家庭财产依法分割取得的限售股；

4、个人持有的从代办股份转让系统转到主板市场（或中小板、创业板市场）的限售股；

5、上市公司吸收合并中，个人持有的原被合并方公司限售股所转换的合并方公司股份；

6、上市公司分立中，个人持有的被分立方公司限售股所转换的分立后公司股份；

（二）按照8类交易方式分别缴纳：

1、个人通过证券交易所集中交易系统或大宗交易系统转让限售股；

2、个人用限售股认购或申购交易型开放式指数基金（ETF）份额；

3、个人用限售股接受要约收购；

4、个人行使现金选择权将限售股转让给提供现金选择权的第三方；

5、个人协议转让限售股；

6、个人持有的限售股被司法扣划；

7、个人因依法继承或家庭财产分割让渡限售股所有权；

8、个人用限售股偿还上市公司股权分置改革中由大股东代其向流通股股东支付的对价；

纳税人发生第二条第1、2、3、4项情形的，对其应纳个人所得税按照财税〔2009〕167号文件规定，采取证券机构预扣预缴、纳税人自行申报清算和证券机构直接扣缴相结合的方式征收。

（三）收入及减除填写

自然人税收管理系统扣缴客户端功能菜单点击【限售股所得申报】，进入"限售股转让所得申报"页面，页面上方为申报主流程导航栏，根据【1 收入及减除填写】和【2 申报表报送】两步流程完成限售股所得代扣代缴申报。（如下图）

点击【添加】进入"限售股转让所得 新增"界面，进行单个数据录入。或点击【导入】→【模板下载】下载标准模板，录入数据后，点击【导入数据】→【标准模板导入】选择模板文件批量导入数据。

（四）申报表报送

申报表填写完成后，点击【2 申报表报送】进入报表申报界面。该界面可完成限售股转让所得申报的正常申报、更正申报以及作废申报操作。当月第一次申报发送时，进入"申报表报送"界面，默认申报类型为正常申报，申报状态为未申报，显示【发送申报】。

申报成功后，当前所得月份未缴款或无需缴款时发现申报数据有误，可点击【作废申报】，对已申报的数据进行作废处理，或点击【更正申报】对申报成功的申报表数据修改后重新申报；当前所得月份已缴款，只可使用更正申报功能修改已申报数据重新申报。

第七节 代理经营所得申报

一、扣缴客户端

当单位类型是个体工商户、个人独资企业、合伙企业这三种类型之一时，进入系统后上方会显示生产经营申报通道，点击【生产经营】，则进入"生产经营"申报模块，可进行经营所得月（季）度申报、缴款等操作。

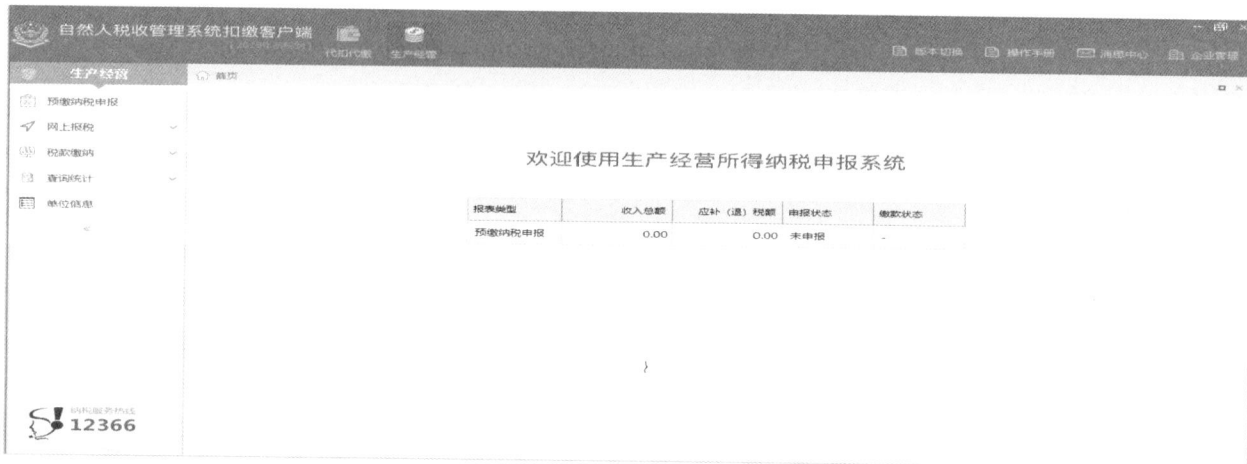

经营所得个人所得税月（季）度申报

扣缴客户端中经营所得预缴纳税申报适用于个体工商户业主、个人独资企业投资者和合伙企业自然人合伙人预缴纳税申报。

填写说明

系统自动获取企业核定信息，包含企业类型、征收方式、投资者信息。也可点击【单位信息】→【征收方式】/【投资者信息】→【更新】，手动下载获取企业最新核定信息。

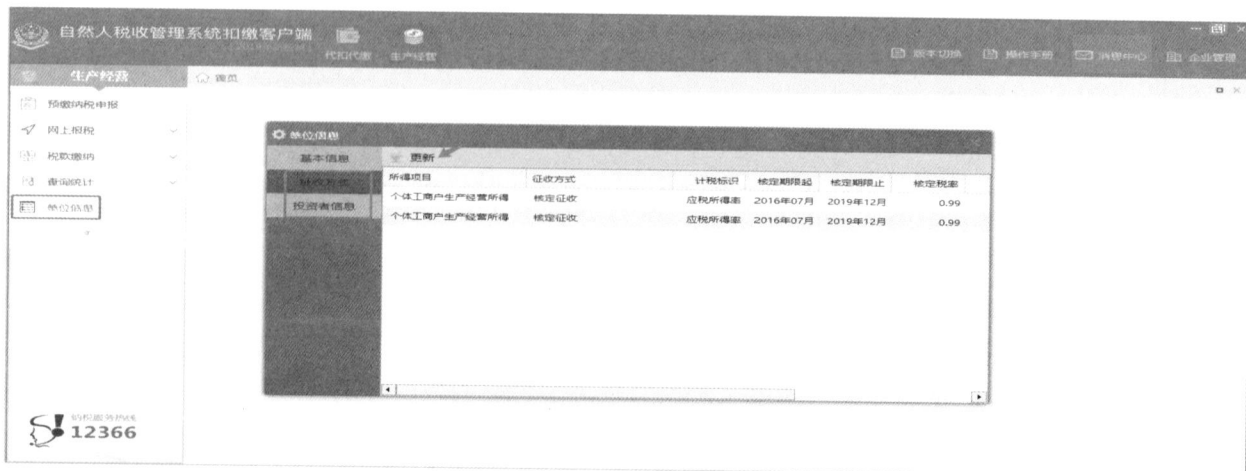

注意事项：人员信息里采集报送成功且验证通过（或暂不验证）的投资者信息均显示在单位信息里。预缴纳税申报界面显示的投资者仅根据当前申报税款所属期从单位信息的投资者中获取，预缴纳税申报界面获取到的记录均可填写并申报。

二、WEB 端

1、经营所得个人所得税月（季）度申报（A 表）

本表适用于查账征收经营所得个人所得税的个体工商户业主、企事业单位承包承租经营者、个人独资企业投资者和合伙企业自然人合伙人、从事其他生产、经营活动取得的所得的个人的预缴纳税申报，以及实行核定征收的纳税申报。

合伙企业有两个或两个以上自然人合伙人的，应分别填报本表。

2、经营所得个人所得税年度申报（B 表）

本表适用于被投资单位为查账征收的个体工商户业主、企事业单位承包承租经营者、个人独资企业投资者和合伙企业自然人合伙人以及在中国境内从事其他生产、经营活动取得所得的个人 2019 年及以后纳税年度的汇算清缴。

查账征收的合伙企业有两个或两个以上自然人合伙人的，应分别填报本表。未填写"经营所得个人所得税月（季）度申报"的企业，应在填写完成后进行此表操作。

第八节 非居民个人所得税代扣代缴申报

非居民个人所得税代扣代缴申报是指扣缴义务人向非居民个人支付应税所得时，扣缴义务人应当履行代扣代缴应税所得个人所得税的义务，并在次月十五日内向主管税务机关报送《非居民个人所得税代扣代缴报告表》和主管税务机关要求报送的其他有关资料。实行非居民个人所得税代扣代缴申报的应税所得包括：工资薪金所得；劳务报酬所得；稿酬所得；特许权使用费所得；利息、股息、红利所得；财产租赁所得；财产转让所得；偶然所得。

通过自然人税收管理系统扣缴客户端功能菜单点击【非居民所得申报】，进入"非居民代扣代缴申报"页面，页面上方为申报主流程导航栏，根据【1 收入及减除填写】、【2 附表填写】和【3 申报表报送】三步流程完成非居民代扣代缴申报。

一、收入及减除填写

点击界面下方应税所得报表名称或【填写】进入表单，即可进行数据的录入。填写方式与综合所得、分类所得基本类似，下面就非居民所得与综合所得、分类所得不同之处进行讲解。

非居民个人的工资薪金所得，以每月收入额减除费用五千元后的余额为应纳税所得额，非居民没有扣除专项扣除和专项附加扣除项目。

劳务报酬所得中所得项目包含"一般劳务报酬所得"、"保险营销员劳务报酬所得"、"证券经纪人劳务报酬所得"、"其他劳务报酬所得"。

劳务报酬所得、稿酬所得、特许权使用费所得以收入减除百分之二十的费用后的余额为收入额。稿酬所得的收入额减按百分之七十计算。劳务报酬所得、稿酬所得、特许权使用费所得以每次收入额为应纳税所得额。

利息股息红利所得、其他财产租赁所得、财产转让所得和偶然所得，适用比例税率，税率为百分之二十。

二、附表填写

其他附表包括"减免事项附表"和"个人股东股权转让信息表"。

减免事项附表用于对申报表填写中录入的减免税额、协定税率进行补充对应的具体优惠事项信息。非居民代扣代缴申报与分类所得、综合所得申报在减免事项附表上的区别在于增加了"税收协定附表"。

非居民所得项目中填写了减免税额，系统会在减免事项附表中自动生成一条状态为未填写的减免税额记录，点击【填写】打开编辑界面，补充完善具体的减免事项和减免性质，点击【保存】即可。

非居民所得项目特许权使用费所得或利息股息红利所得中填写了协定税率，系统会在税收协定附表中自动生成一条状态为未填写的税收协定记录，点击【填写】打开编辑界面，补充完善具体税收协定内容及条款等相关信息，点击【保存】即可。

三、申报表报送

申报表报送用于完成非居民所得代扣代缴的正常申报、更正申报以及作废申报操作。

第九节 申报辅助功能

一、综合所得申报更正

综合所得个人所得税预扣预缴申报成功之后，发现有错报、漏报的情况，可使用预扣预缴申报更正功能，修改已申报的数据重新申报。已缴款或未缴款的情况下均可使用此功能进行更正申报。

当申报表报送界面下申报类型为正常申报，申报状态为申报成功的情况下，可以点击【更正申报】。（如上图）

点击【更正申报】，跳出"已启动更正申报，可在申报表填写中修改申报数据后重新申报"确认操作提示框，点击【确认】后申报类型变更为更正申报，申报状态变更为未申报，并在列表右上角显示【发送申报】和【撤销更正】。（如上图）

点击【发送申报】，对已更正数据重新发送申报，申报流程同正常申报流程。点击【撤销更正】，弹出"撤销更正后，修改后的申报数据将无法还原，是否继续？"确认提示框，点击【确定】，则执行撤销更正操作，可将已修改未重新申报的数据还原为启动更正前的数据；反之，取消撤销操作。

二、综合所得申报作废

综合所得个人所得税预扣预缴申报成功之后，在当前所得月份未缴款的前提下，可以使用预扣预缴申报作废功能，对已申报的数据进行作废处理。

预扣预缴更正申报与作废申报的区别在于，申报成功后是否已缴税款。已缴款时只能更正申报，无法作废申报表。

当申报表报送界面下申报类型为正常申报，申报状态为申报成功未扣款时，发现已申报数据有误，点击【作废申报】，提交作废申请。（如上图）

点击【作废申报】后申报类型为正常，申报状态为作废处理中，稍后点击【获取反馈】查看作废结果。（如上图）

反馈信息为作废成功，则说明已经作废成功当月已申报数据，同时申报状态变更为未申报，按正常流程重新填写申报即可。反馈信息为作废失败，则申报状态变更为作废前的状态，即申报成功状态。

三、分类所得扣缴申报更正及作废

分类所得扣缴申报更正功能是对于申报成功，已缴款或是未缴款的情况下均可使用此功能进行更正申报。

分类所得扣缴申报作废功能是对于申报成功，当前所得月份未缴款或无需缴款时，可向税务机关发送请求作废当前所得月份的申报表。

相关操作与预扣预缴申报更正、申报作废功能基本一致。

第十节 税款缴纳与查询

一、综合、分类、非居民所得缴款

系统默认提供三方协议缴款方式，因地区差异化，部分地区可能会有其他的缴款方式。

三方协议缴款：单位需要和税务机关、银行签订《委托银行代缴税款协议书》才能使用"三方协议缴款"方式。已经签订过的，不需要重新签订。

申报表申报成功后，若采用三方协议缴款方式，则点击【税款缴纳】→【三方协议缴款】，界面下方显示应缴未缴税款相关内容，包括：所得月份、申报表、征收品目、税率、税款所属期起止、应补（退）税额以及缴款期限。

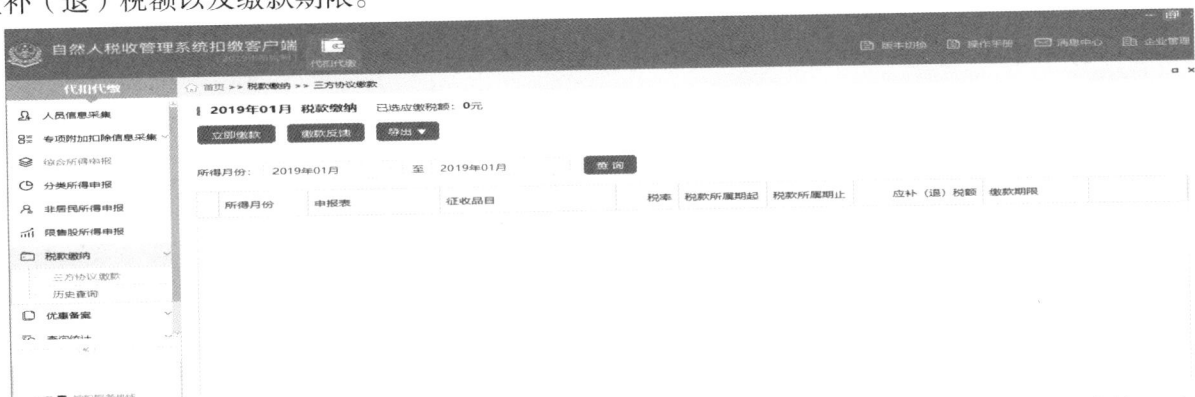

点击【立即缴款】，系统自动获取企业三方协议，并核对信息是否存在及正确。确认三方协议的开户行、账户名称等基本信息无误后，点击【确认扣款】发起缴款，进度条刷新完毕后得到缴款结果，即完成缴款。（如上图）

二、单位申报记录查询

用于对已申报所得申报表数据，申报表明细数据和代扣代缴个人纳税情况的查询。

点击左侧功能菜单【查询统计】→【单位申报记录查询】，进入"单位申报记录查询"界面。税款所属期起止默认显示为最近一条申报记录的归属月份往前跨度 12 个月，点击【查询】则查询到所选属期申报成功的各类所得数据。

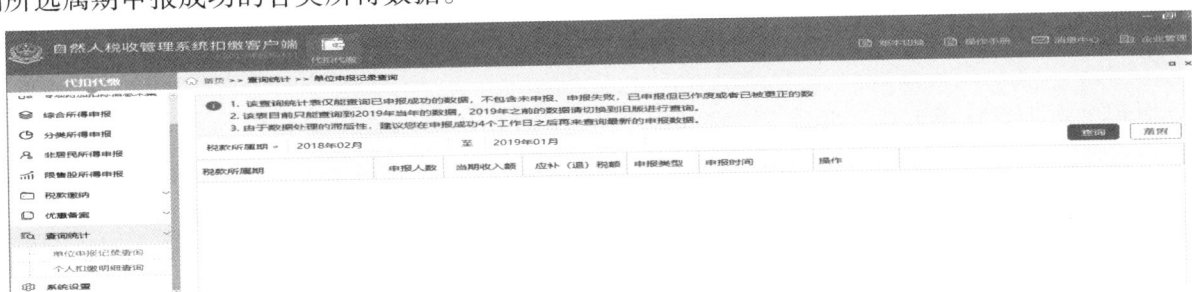

三、个人扣缴明细查询

用于查询单个员工按所得项目汇总的明细数据。

点击左侧功能菜单【查询统计】→【个人扣缴明细查询】，进入"个人扣缴明细查询"界面。税款所属期起止默认显示为当年1月至系统当前时间的上月。

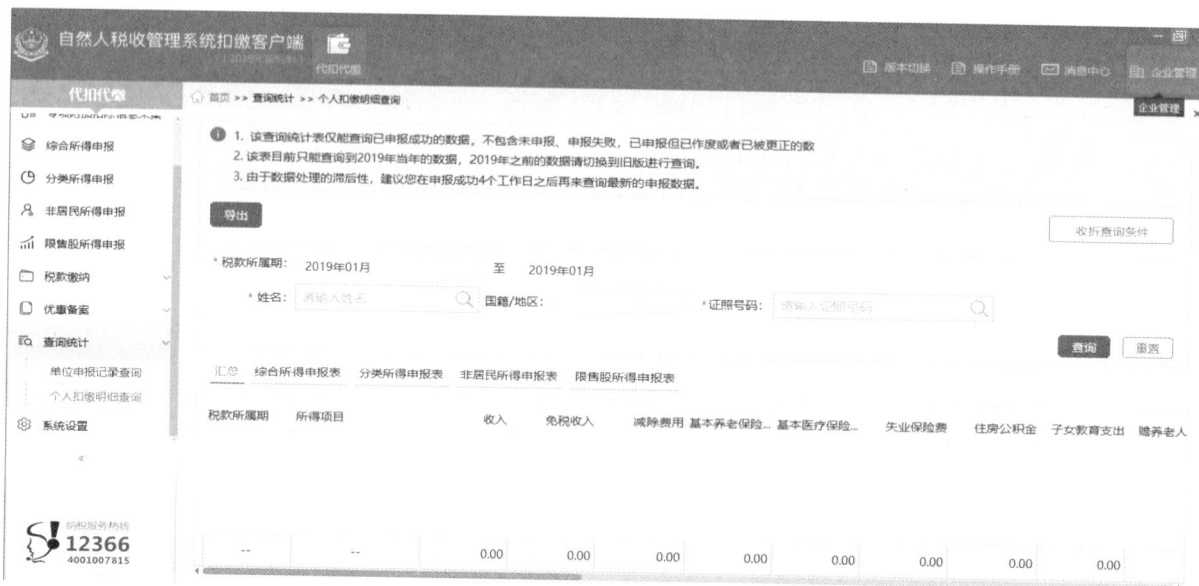

三、个人扣缴明细查询

用于查询单个员工按所得项目汇总的明细数据。

点击左侧功能菜单【查询统计】→【个人扣缴明细查询】，进入"个人扣缴明细查询"界面。税款所属期起止默认显示为当年1月至系统当前时间的上月。

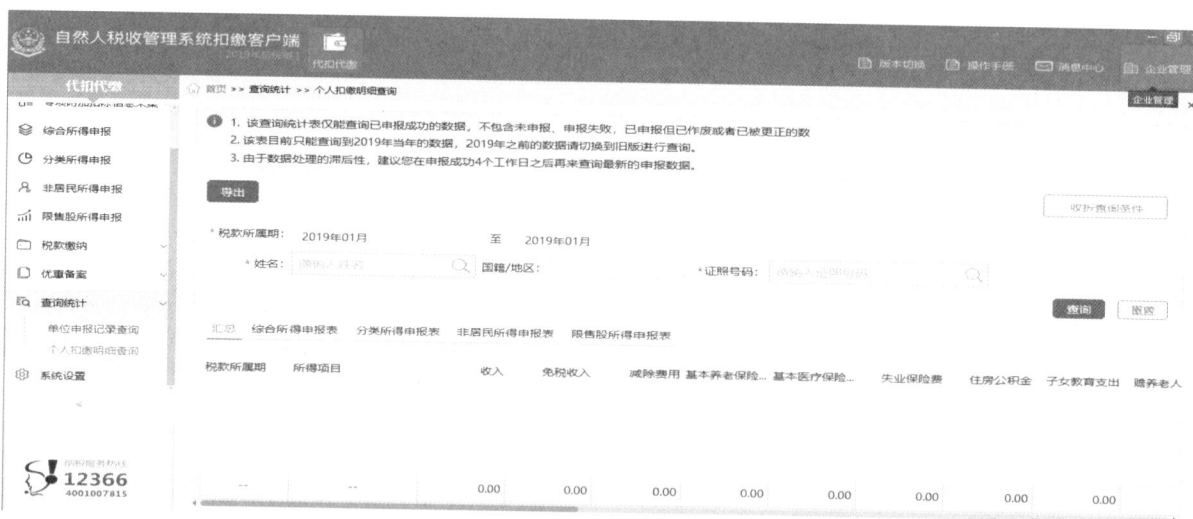

申报表类型默认是汇总，报表可以选择"汇总"、"综合所得申报表"、"分类所得申报表"、"非居民所得申报表"和"限售所得申报表"，选择"姓名""国籍/地区""证照号码"之后点击【查询】进行条件查询。

第十一节 备案表

一、分期缴纳备案表

分期缴纳备案，是指个人所得税纳税人按照政策的规定，可以分期缴纳个人所得税的，按规定由纳税人或扣缴义务人向主管机关报送相关资料进行备案。具体可分为个人取得股票期权或认购股票个人所得税分期缴纳备案、股权奖励个人所得税分期缴纳备案、转增股本个人所得税分期缴纳备案。

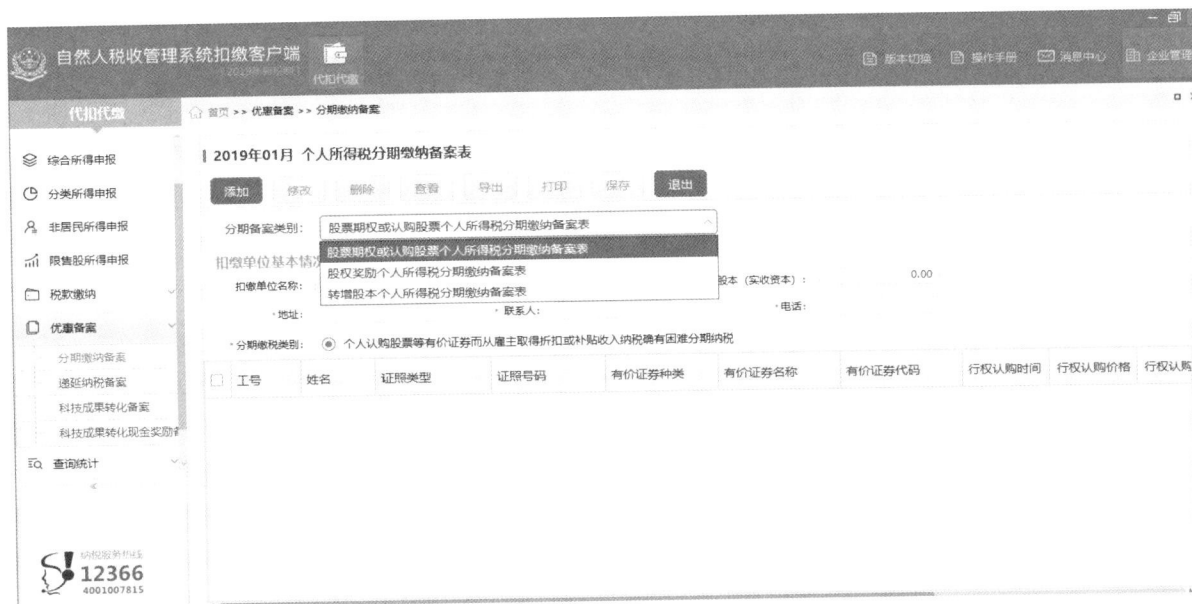

（一）股票期权或认购股票个人所得税分期缴纳备案

根据税法规定，纳税人若选择分期缴纳个人所得税，其扣缴义务人应在实际认购股票等有价证券的次月 15 日内，向主管税务机关办理分期缴纳个人所得税备案手续，报送《个人取得股票期权或认购股票等取得折扣或补贴收入分期缴纳个人所得税备案表》，其他相关证明材料由扣缴义务人留存备查。

在 [分期备案类别] 中选择"股票期权或认购股票个人所得税分期缴纳备案表"。

（二）股权奖励个人所得税分期缴纳备案

获得股权奖励的企业技术人员需要分期缴纳个人所得税的，应自行制定分期缴税计划，由企业于发生股权奖励的次月 15 日内，向主管税务机关办理分期缴税备案手续。

办理股权奖励分期缴税，企业应向主管税务机关报送高新技术企业认定证书、股东大会或董事会决议、《个人所得税分期缴纳备案表（股权奖励）》、相关技术人员参与技术活动的说明材料、企业股权奖励计划、能够证明股权或股票价格的有关材料、企业转化科技成果的说明、最近一期企业财务报表等。

在[分期备案类别]中选择"股权奖励个人所得税分期缴纳备案表"。

（三）转增股本个人所得税分期缴纳备案

企业转增股本涉及的股东需要分期缴纳个人所得税的，应自行制定分期缴税计划，由企业于发生转增股本的次月15日内，向主管税务机关办理分期缴税备案手续。

在[分期备案类别]中选择"转增股本个人所得税分期缴纳备案表"。

二、递延纳税备案

符合《财政部 国家税务总局关于完善股权激励和技术入股有关所得税政策的通知》（财税〔2016〕101号）、《国家税务总局关于做好股权激励和技术入股所得税政策贯彻落实工作的通知》（税总函〔2016〕496号）、《国家税务总局关于股权激励和技术入股所得税征管问题的公告》（国家税务总局公告〔2016〕62号）规定条件的单位和纳税人，需要办理递延纳税备案，应于股票（权）期权行权、限制性股票解禁、股权奖励获得之次月15日内，填报备案表向主管税务机关报送备案，上市公司人员获得股权激励或奖励，符合上述规定，需要申请延期纳税的，应自股票期权行权、限制性股票解禁、股权奖励获得之次月15日内，向主管税务机关报送《上市公司股权激励个人所得税延期纳税备案表》；个人因非上市公司实施股权激励或以技术成果投资入股取得的股票（权），实行递延纳税期间，扣缴义务人应于每个纳税年度终了后30日内，向主管税务机关报送《个人所得税递延纳税情况年度报告表》。

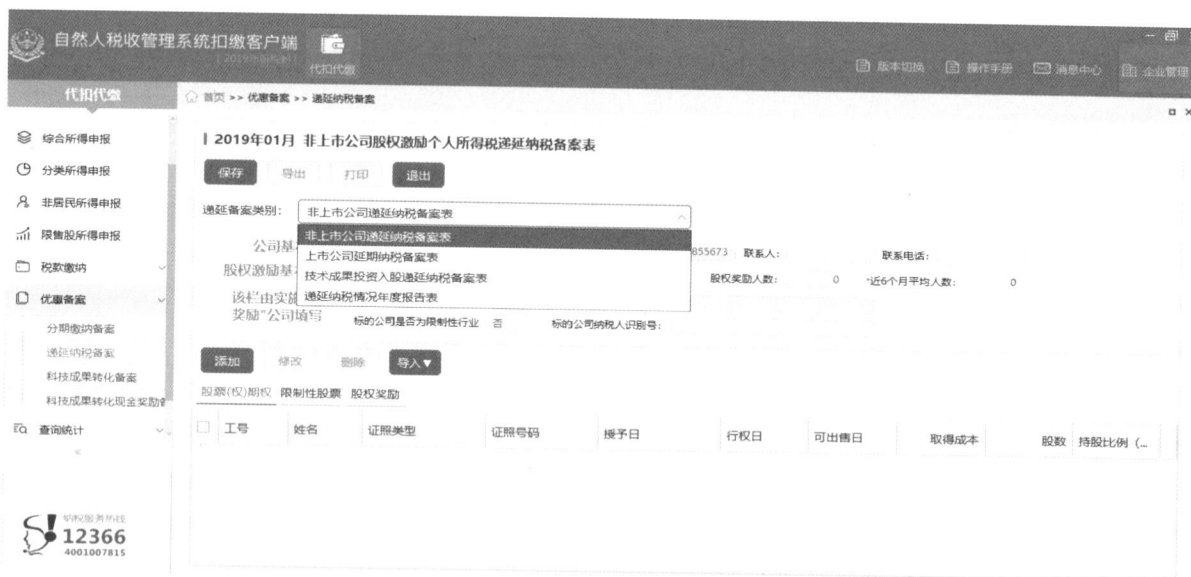

（一）非上市公司股权激励个人所得税递延纳税备案

非上市公司授予本公司员工的股票期权、股权期权、限制性股票和股权奖励，符合规定条件的，经向主管税务机关备案，可实行递延纳税政策，即员工在取得股权激励时可暂不纳税，递延至转让该股权时纳税；股权转让时，按照股权转让收入减除股权取得成本以及合理税费后的差额，适用"财产转让所得"项目，按照20%的税率计算缴纳个人所得税。股票（权）期权取得成本按行权价确定，限制性股票取得成本按实际出资额确定，股权奖励取得成本为零。

在 [递延备案类别] 中选择"非上市公司递延纳税备案表",录入公司基本情况和股权激励基本情况,点击【添加】,录入申请人员的具体备案信息。

（二）上市公司股权激励个人所得税税延期纳税备案

上市公司授予个人的股票期权、限制性股票和股权奖励,经向主管税务机关备案,个人可自股票期权行权、限制性股票解禁或取得股权奖励之日起,在不超过12个月的期限内缴纳个人所得税。

在 [递延备案类别] 中选择"上市公司延期纳税备案表",录入公司基本情况和股权激励方式,点击【添加】,录入申请人员的具体备案信息。

（三）技术成果投资入股个人所得税递延纳税备案

个人以技术成果投资入股到境内居民企业,被投资企业支付的对价全部为股票（权）的,个人可选择继续按现行有关税收政策执行,也可选择适用递延纳税优惠政策。选择技术成果投资入股递延纳税政策的,经向主管税务机关备案,投资入股当期可暂不纳税,允许递延至转让股权时,按股权转让收入减去技术成果原值和合理税费后的差额计算缴纳所得税。个人选择适用上述任一项政策,均允许被投资企业按技术成果投资入股时的评估值入账并在企业所得税前摊销扣除。

在 [递延备案类别] 中选择"技术成果投资入股递延纳税备案表",录入被投资单位基本情况、技术成果基本情况和技术成果投资入股情况,点击【添加】,录入申请人员的具体备案信息。

第十二节 系统设置

系统设置功能分为系统管理、单位管理以及申报管理设置。

一、系统管理

通过本功能菜单可对网络管理设置、备份恢复、登录密码设置进行管理。

二、单位管理

通过本功能菜单查看及修改办税人员信息、单位信息。其中单位信息界面只能修改"电子邮箱"、"是否上市企业"和"公司股本总额",其他信息是从税局自动获取的,如需修改请到办税服务厅办理。

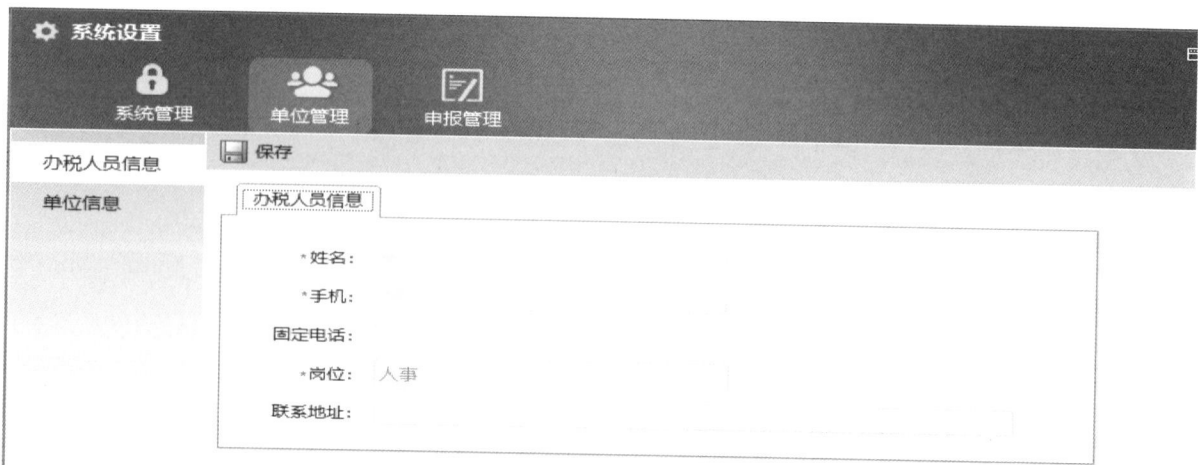

三、申报管理

通过本功能菜单下载更新办税信息、申报安全设置。

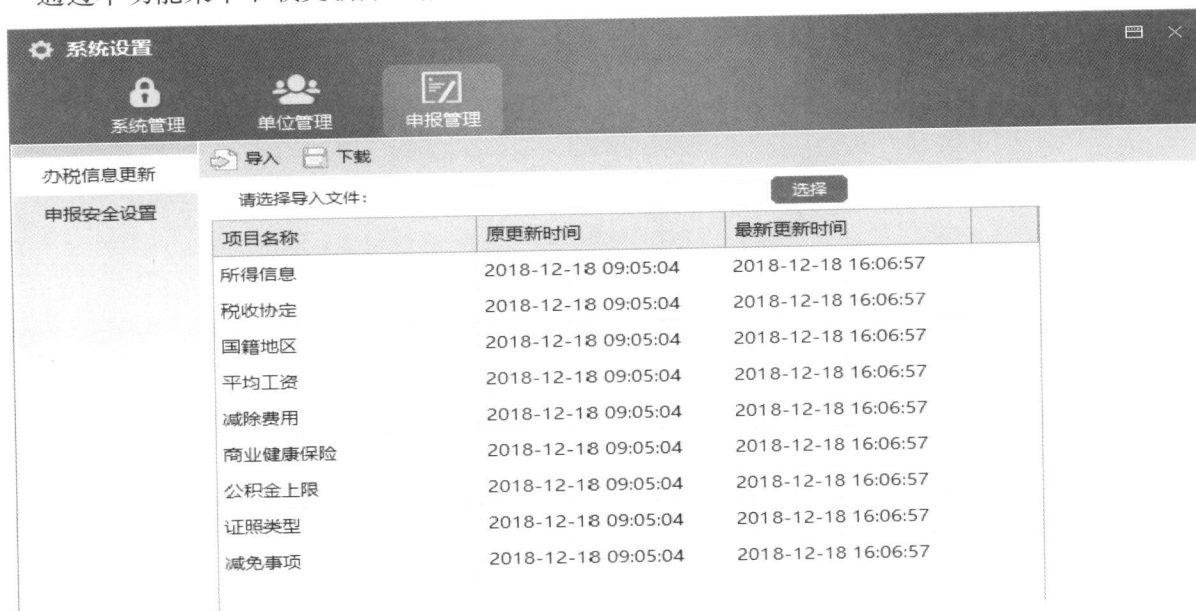

四、企业管理

通过本功能进行添加、删除企业以及切换企业，该界面下可查看系统中所有企业当月个税的申报状态。

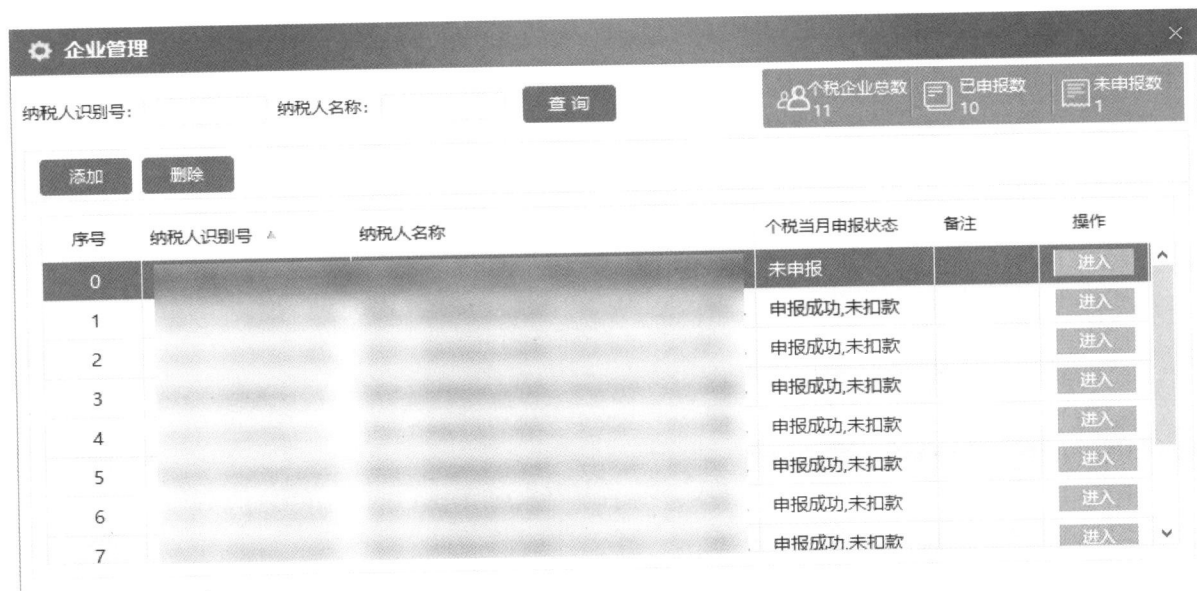

实名登录客户端后，通过首页右上角的【消息中心】菜单，能获取到企业相关信息和最新的消息。目前主要包含通知公告、争议申诉两种。通知公告主要是指税务机关下发给企业无需回复的消息，例如新政策、注意事项、须知等；争议申诉是指税务机关下发给企业需要回复的消息，例如纳税人反应其未在某公司入职，但是该公司给其申报了收入，这类消息需要单位核实后将结果反馈给税务机关。

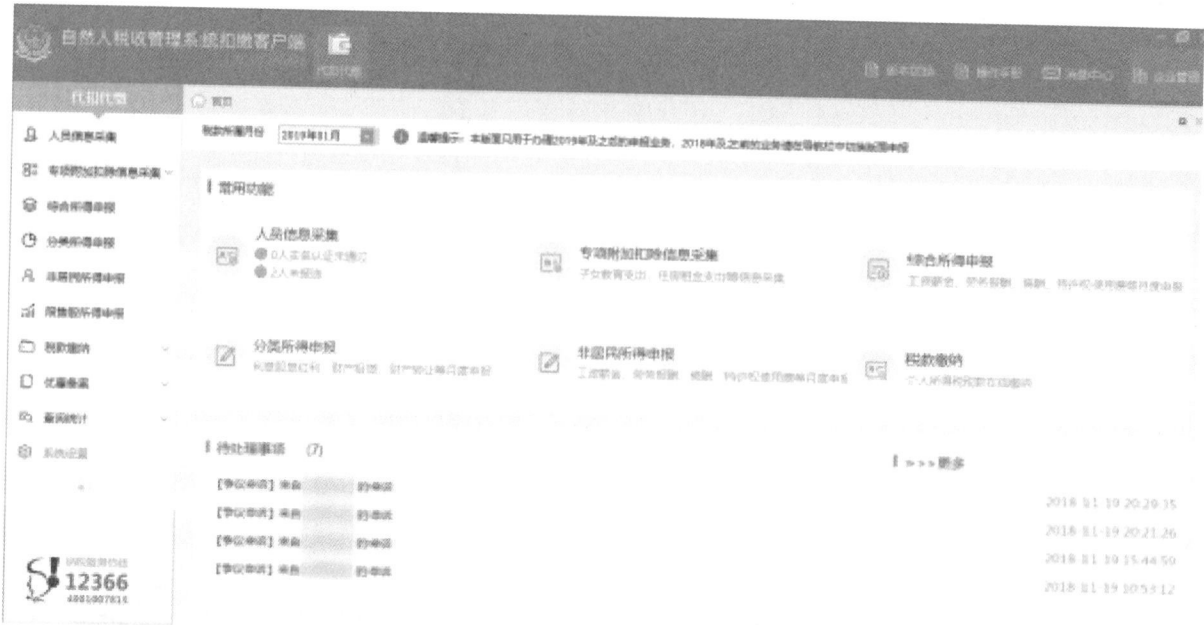

注：上述内容参考了自然人税收管理系统相关操作手册以及总局领导讲课内容。